工业和信息化高职高专
“十三五”规划教材立项项目

高等职业教育『十三五』土建类技能型人才培养规划教材

建筑工程资料管理

刘兵伟／主编
孙丽娟 苏丹娜／副主编

人 民 邮 电 出 版 社
北 京

图书在版编目（CIP）数据

建筑工程资料管理 / 刘兵伟主编. -- 北京 : 人民邮电出版社, 2016.1
高等职业教育“十三五”土建类技能型人才培养规划教材
ISBN 978-7-115-40124-3

Ⅰ. ①建… Ⅱ. ①刘… Ⅲ. ①建筑工程－技术档案－档案管理－高等职业教育－教材 Ⅳ. ①G275.3

中国版本图书馆CIP数据核字(2015)第227230号

内 容 提 要

本书按照高等人才培养目标并配合专业教学改革的需要，依据最新政策法规、标准规范编写。全书主要内容包括建设工程法规体系、城乡规划法律制度、建设工程勘察设计法律制度、建设工程许可法律制度、建设工程发包与承包法律制度、建设工程招标与投标法律制度、建设工程合同管理法律制度、建设工程监理法律制度、建设工程质量管理法律制度、建设工程安全生产法律制度、建设工程环境保护与节能法律制度。

本书在编排上，注重理论与实践相结合，采用案例式教学模式，突出实践环节。将各个学习情境分为若干个学习单元，每个学习单元由知识目标、技能目标、基础知识三部分组成，全书共设置学习单元42个。正文中设置了情境导入、案例导航、小技巧、课堂案例、学习案例、案例分析、知识拓展等特色模块，意在提高学生的学习兴趣，促进学生的全面发展。全书共设置小技巧3个、情境导入11个、案例导航11个、课堂案例13个、知识拓展11个、学习案例和案例分析各11个、小提示132。每个学习情境最后设置了情境小结和学习检测。

本书既可作为高等院校土建类相关专业教材，也可作为工程设计、施工、监理等相关专业人员学习、培训的参考用书。

◆ 主　　编　刘兵伟
副 主 编　孙丽娟　苏丹娜
责任编辑　刘盛平
执行编辑　刘　佳
责任印制　杨林杰

◆ 人民邮电出版社出版发行　　北京市丰台区成寿寺路11号
邮编　100164　　电子邮件　315@ptpress.com.cn
网址　http://www.ptpress.com.cn
北京鑫正大印刷有限公司印刷

◆ 开本：787×1092　1/16
印张：14.5　　2016年1月第1版
字数：378千字　　2016年1月北京第1次印刷

定价：35.00元

读者服务热线：(010)81055256　印装质量热线：(010)81055316
反盗版热线：(010)81055315
广告经营许可证：京崇工商广字第0021号

前　言

建筑业是我国国民经济的支柱产业。近年来，为了适应建筑业的发展需要，国家对建筑设计、建筑结构、施工质量验收等一系列标准规范进行了大规模的修订。同时，在各种工程建设新技术、新设备、新工艺、新材料已得到广泛应用的今天，做好工程施工准备工作，理解各分部的分项工程的施工要求和方法，以及按照施工组织设计和有关标准、经济文件的要求进行施工等，是住房和城乡建设领域专业技术管理人员应具备的重要技能。为适应建筑业的高速、可持续发展，大力发展以职业技能培养为重点的职业教育，培养千万名掌握技术技能的建筑技术工人，是当务之急。他们的管理能力、技术水平的高低，直接关系到建设工程的效率、质量，关系到企业的信誉、前途和发展。

本书在编排上，注重理论与实践相结合，采用“工学结合”模式，突出实践环节。将各个学习情境分为若干个学习单元，每个单元由知识目标、技能目标和基础知识三部分组成，书中设置了情境导入、案例导航、小提示、小技巧、课堂案例、学习案例、知识拓展等特色模块，意在提高学生的学习兴趣，促进学生的全面发展。每个学习情境最后设置了情境小结和学习检测。

本书由河南省交通规划勘察设计院有限责任公司的刘兵伟担任主编，郑州铁路职业技术学院的孙丽娟、苏丹娜任副主编。参加本书编写的还有郑州铁路职业技术学院的耿文燕、北京城建中南土木工程集团有限公司的孙超、郑州铁路职业技术学院的孙洪硕、王大帅。

本教材既可作为高职高专院校土建类建筑工程技术专业的教学用书，也可作为建筑工程技术人员及有关经济管理人员的参考用书。

本书编写过程中，参阅了国内同行多部著作，部分高等院校教师也提出了很多宝贵意见，在此，对他们表示衷心感谢！

本书编写过程中，虽几经推敲核证，但限于编者的专业水平和实践经验，仍难免有疏漏或不妥之处，恳请广大读者指正。

编　者

2015 年 7 月

目录

参考文献

学习情境一

工程资料管理基础知识

情境导入

某医院投资 1 亿元兴建一幢综合楼，其中土建采用公开招标选定施工单位。该院委托某建筑事务所编制标底。2013 年 10 月 6 日招标公告发出后，共有 A、B、C、D、E、F 六家省内单位参加招标。2013 年 10 月 30 日为投标文件截止时间，2013 年 11 月 3 日举行开标会。

但 E 单位 2013 年 11 月 1 日才提交招标保证金，编制标底高达 6200 多万元，A、B、C、D 的招标报价均在 5200 万元以下，与标底相差 1000 万余元。因标底高出实际估算近 1000 万元，四家单位投诉，D 单位撤回投标文件。该院请求省建委复核。2014 年 1 月 28 日，复核报告验证了这一观点。

由于中标书开标 3 个月未能发出，该院更改了标底金额和工程结算方式，确定某省某公司为中标单位。

案例导航

上述案例中，工程资料指工程建设过程中形成的各种形式的信息记录，包括基建文件、监理资料、施工资料、竣工图、工程档案等。工程资料应真实反映工程的实际情况，具有永久和长期保存价值的材料必须完整、准确和系统。

要了解工程资料的内容，需要掌握的相关知识有：

（1）工程资料管理的职责。

（2）工程资料的归档范围和保管期限。

（3）工程资料的分类和编号原则。

学习单元一　工程资料的定义、特征与职责

知识目标

了解工程资料及管理的定义及其必要性；理解工程资料管理的职责及特征。

技能目标

通过本单元的学习，学生能够了解工程资料及管理的定义；掌握工程资料管理的职责。

基础知识

一、工程资料的定义

工程资料是指在工程建设过程中形成的各种形式的信息记录，包括工程准备阶段文件、监理文件、施工文件、竣工图和竣工验收文件，也可称为工程文件。工程准备阶段文件是指在工程开工以前，在立项、审批、征地、勘察、设计、招投标等工程准备阶段形成的文件；监理文件是指监理单位在工程设计、施工等监理过程中形成的文件；施工文件是指施工单位在工程施工过程中形成的文件；竣工图是指在工程竣工验收后，真实反映建设工程项目施工结果的图样；竣工验收文件是指在建设工程项目竣工验收活动中形成的文件。

☼小提示

（1）工程资料应真实反映工程的实际情况，具有永久和长期保存价值的材料必须完整、准确和系统。

（2）工程资料应使用原件，因各种原因不能使用原件的，应在复印件上加盖公章，注明原件存放处，并由经办人签字和注明时间。

（3）工程资料应保证字迹清晰，签字、盖章手续齐全，签字必须使用档案规定用笔。计算机形成的工程资料应采用内容打印、手工签名的方式。

二、工程资料的特征

工程资料具有以下几方面的特征。

1. 真实性和全面性

真实性是对所有文件、档案资料的共同要求，但对建设工程文件和档案资料来讲，这方面的要求更为迫切。建设工程文件和档案资料只有全面反映建设工程的各类信息，形成一个完整的系统，才更有实用价值，只言片语地引用往往会起到误导作用。所以，建设工程文件和档案资料必须真实地反映建设工程的情况，包括发生的事故和存在的隐患。

2. 分散性和复杂性

建设工程项目周期长且影响因素多，生产工艺复杂，建筑材料种类多，建设阶段性强且相互穿插，由此导致了建设工程文件和档案资料的分散性和复杂性。这个特征决定了建设工程文件和档案资料是多层次、多环节、相互关联的复杂系统。

3. 继承性和时效性

随着建筑技术、施工工艺、新材料和施工企业管理水平的不断提高，建设工程文件和档案资料可被继承和不断积累。新的项目在建设中可以吸取以前的经验和教训，避免重犯以前的错误。同时，建设工程文件和档案资料具有很强的时效性，其作用会随着时间的推移而衰减，有时，文件和档案资料一经形成就必须尽快送达有关部门，否则会造成严重的后果。

4. 随机性

建设工程文件和档案资料产生于项目建设的整个过程中，工程前期、工程开工、施工和竣工等各个阶段和环节都会产生各种文件和档案资料。虽然各类报批文件的产生具有规律性，但是还是有相当一部分文件和档案资料的产生是由于具体工程事件引发的，因此具有随机性。

5. 多专业性和综合性

建设工程文件和档案资料依附于不同的专业对象而存在，又依赖于不同的载体而流动，涉及建筑、市政、公用、消防等各个专业，也涉及力学、电子、声学等多种学科，且同时综合了质量、进度、造价、合同、组织、协调等方面的内容，因此，具有多专业性和综合性的特点。

三、工程资料管理的定义及职责

（一）工程资料管理的定义

工程资料管理是指工程资料的填写、编制、审核、审批、收集、整理、组卷、移交及归档等工作的统称。

（二）通用职责

（1）工程各参建单位填写的建设工程档案应以施工及验收规范、工程合同、设计文件、工程施工质量验收统一标准等为依据。

（2）工程档案资料应随工程进度及时收集、整理，并应按专业归类，认真书写，字迹清楚，项目齐全、准确、真实，无未了事项。表格应采用统一表格，特殊要求需增加的表格应统一归类。

（3）工程档案资料进行分级管理，建设工程项目各单位技术负责人负责本单位工程档案料资全过程的组织工作并负责审核，各相关单位档案管理员负责工程档案资料的收集、整理工作。

（4）对工程档案资料进行涂改、伪造、随意抽撤或损毁、丢失等，应按有关规定予以处罚，情节严重的，应依法追究法律责任。

（三）工程各参建单位的职责

1. 建设单位的职责

（1）负责本单位工程资料管理工作，并设专人进行收集、整理、立卷和归档工作。

（2）在与参建各方签订合同时，应该对工程档案资料的编制责任、套数、费用、质量和移交期限等内容提出明确要求。

（3）向勘察、设计、监理等参建各方提出所需的工程资料，并保证所提供的资料真实、准确、齐全。

（4）本单位自行采购的建筑材料、构配件和设备等，应该保证符合设计文件和合同的要求，并保证相关质量证明文件的完整、齐全、真实有效。

（5）监督和检查参建各方工程资料形成、积累和立卷工作。也可委托监理单位或其他单位监督和检查参建各方工程资料形成、积累和立卷工作。

（6）对须本单位签字的工程资料应及时签署意见。

（7）及时收集和汇总勘察、设计、监理和施工等参建各方立卷归档的工程资料。

（8）组织竣工图的绘制、组卷工作。可自行完成，也可委托设计单位、施工单位来完成。

（9）工程开工前，与城建档案馆签订《建筑工程竣工档案责任书》，工程竣工验收前，提请城建档案馆对列入城建档案馆接收范围的工程档案，进行预验收。未取得《建筑工程竣工档案预验收意见》的，不得组织工程竣工验收。

（10）在工程竣工验收后 3 个月内，将一套符合规范、标准规定的工程档案原件，移交给城建档案馆，办理好移交手续。

2. 勘察设计单位职责

（1）按照合同和规范的要求及时提供完整的勘察、设计文件。

（2）对需要勘察、设计单位签字的工程资料应签署意见。

（3）在工程竣工验收时，应据实签署本单位对工程质量检查验收意见。

3. 监理单位的职责

（1）应设熟悉业务的专业技术人员来负责监理文件的收集、整理、归档等方面的管理工作。

（2）依据合同约定，在工程的勘察、设计阶段，对勘察、设计文件的形成、积累、立卷、归档工作进行监督和检查；在施工阶段，对施工资料形成的形成、积累、立卷、归档进行监督和检查，使施工资料符合有关规定，并确保其完整、齐全、准确、真实、可靠。

（3）负责对施工报送的施工资料进行审查、签字。

（4）对列入城建档案馆接收范围内的监理文件，应在工程竣工验收后，及时移交给建设单位。

4. 施工单位的职责

（1）负责施工资料的管理工作，实行技术负责人负责制，逐级建立健全施工资料管理岗位责任制。

（2）总包单位负责汇总各分包单位编制的施工资料，分包单位负责其分包范围内施工资料的收集、整理、汇总，并对其提供资料的真实性、完整性及有效性负责。

（3）在工程竣工验收前，负责施工资料整理、汇总和立卷。

（4）按照合同的要求和有关规定，负责编制施工资料，自行保存一套。其他几份及时移交建设单位。

5. 城建档案馆的职责

（1）负责对建设工程档案的接收、收集、保管和利用等日常性的管理工作。

（2）负责对建设工程档案的编制、整理、汇档工作，进行监督、检查、指导。

（3）组织精通业务的专业技术人员，对国家和省、市重点工程项目建设过程中工程档案编制、整理归档等工作，进行业务指导。

（4）在工程开工前，与建设单位签订《建筑工程竣工档案责任书》；在工程竣工验收前，对工程档案进行预验收，并出具《建筑工程竣工档案预验意见》。

（5）在工程竣工后的3个月内，对工程档案进行正式验收。合格后，接收入馆，并发放《工程项目竣工档案合格证》。

学习单元二　工程资料的归档范围及质量要求

知识目标

了解工程准备阶段、监理文件、施工文件、施工图、竣工验收文件等归档范围和保管期限；了解工程资料管理的意义及其质量要求。

技能目标

通过本单元的学习，掌握工程准备阶段文件、监理文件、施工文件、施工图、竣工验收文件等的归档范围和保管期限。

基础知识

一、工程资料管理的意义

对与工程建设有关的重要活动、记载工程建设主要过程和现状、具有保存价值的各种载体的文件均应收集齐全，整理立卷后归档。建设工程文件和档案资料管理是保证工程质量与安全的重要环节，做好建设工程文件和档案资料的管理具有以下重要意义。

（1）按照规范的要求积累而成的完整、真实、具体的工程技术资料，是工程竣工验收交付的必备条件；

（2）工程技术资料为工程的检查、维护、改造、扩建提供可靠的依据；

（3）一个质量合格的工程必须要有一份内容齐全、原始技术资料完整、文字记载真实可靠的技术资料；

（4）对于优良工程的评定，更有赖于技术资料的完整无缺；

（5）做好建设工程文件和档案资料管理工作也是项目管理的重要内容；

（6）建设工程文件和档案资料是建设单位对建设工程管理的依据。

二、建设工程文件和档案资料的归档范围

建设工程文件归档是指工程文件形成单位完成其工作任务后，将形成的文件整理立卷，按规定移交档案管理机构。对一个建设工程而言，归档有两方面含义：一是建设、勘察、设计、施工、监理等单位将本单位在工程建设过程中形成的文件向本单位档案管理机构移交；二是勘察、设计、施工、监理等单位将本单位在工程建设过程中形成的文件向建设单位档案管理机构移交。归档应符合下列规定。

（1）归档文件必须完整、准确、系统，能够反映工程建设活动的全过程。文件材料归档范围详见表 1-1。文件材料的质量应符合有关要求。归档的文件必须经过分类整理，并应组成符合要求的案卷。

（2）根据建设程序和工程特点，归档可以分阶段进行，也可以在单位或分部工程通过竣工验收后进行。勘察、设计单位应当在任务完成时，施工、监理单位应当在工程竣工验收前，将各自形成的有关工程档案向建设单位归档。

（3）勘察、设计、施工单位在收齐工程文件并整理立卷后，建设单位、监理单位应根据城建管理机构的要求对档案文件的完整、准确、系统情况和案卷质量进行审查，审查合格后向建设单位移交。

（4）工程档案一般不少于两套，一套由建设单位保管，另一套（原件）移交当地城建档案馆（室）。

（5）勘察、设计、施工、监理等单位向建设单位移交档案时，应编制移交清单，双方签字、盖章后方可交接。

（6）凡设计、施工及监理单位需要向本单位归档的文件，应按国家有关规定和表 1-1～表 1-5 的要求单独立卷归档。

归档范围的基本原则是：对与工程建设有关的重要活动、记载工程建设主要过程和现状、具有保存价值的各种载体的文件，均应收集齐全，整理立卷后归档。工程文件的具体归档范围应符合表 1-1 的要求。

表 1-1　　　　工程准备阶段文件归档和保管期限表

序号	归档文件	保存单位和保管期限				
		建设单位	施工单位	设计单位	监理单位	城建档案馆
一	立项文件	永久				
1	项目建议书	永久				√
2	项目建议书审批意见及前期工作通知书	永久				√
3	可行性研究报告及附件	永久				√
4	可行性研究报告审批意见	永久				√
5	关于立项有关的会议纪要、领导讲话	永久				√
6	专家建议文件	永久				√
7	调查资料及项目评估研究材料	长期				√
二	建设用地、征地、拆迁文件					
1	选址申请及选址规划意见通知书	永久				√
2	用地申请报告及县级以上人民政府城乡建设用地批准书	永久				√
3	拆迁安置意见、协议、方案等	长期				√
4	建设用地规划许可证及其附件	永久				√
5	划拨建设用地使用证	永久				√
6	国有土地使用证	永久				√
三	勘察、测绘、设计文件					
1	工程地质勘察报告	永久		永久		√
2	水文地质勘察报告、自然条件、地震调查	永久		永久		√
3	建设用地钉桩通知单（书）	永久				√
4	地形测量和拨地测量成果报告	永久		永久		√
5	申报的规划设计和规划设计条件通知书	永久		长期		√
6	初步设计图纸说明	长期		长期		
7	技术设计图纸说明	长期		长期		
8	审定设计方案通知书及审查意见	长期		长期		√
9	有关行政主管部门（人防、环保、消防、交通、园林、市政、文物、通信、保密、河湖、教育、白蚁防治、卫生等）批准文件获取的有关协议	永久				√
10	施工图及其说明	长期		长期		
11	设计计算书	长期		长期		
12	政府有关部门对施工图设计文件的审批意见	永久		长期		√
四	招投标文件					
1	勘察设计招投标文件	长期				
2	勘察设计承包合同	长期		长期		√

续表

序号	归档文件	保存单位和保管期限				
		建设单位	施工单位	设计单位	监理单位	城建档案馆
3	施工招投标文件	长期				
4	施工承包合同	长期	长期			√
5	工程监理招投标文件	长期				
6	监理委托合同	长期			长期	√
五	开工审批文件					
1	建设项目列入年度计划的申报文件	永久				√
2	建设项目列入年度计划的批复或年度计划项目表	永久				√
3	规划申报表及报送的文件和图纸	永久				
4	建设工程规划许可证及其附件	永久				√
5	建设工程开工审查表	永久				
6	建设工程施工许可证	永久				√
7	投资许可证、审计证明、缴纳绿化建设费等证明	长期				√
8	工程质量监督手续	长期				√
六	财务文件					
1	工程投资估算材料	短期				
2	工程设计概算材料	短期				
3	施工图预算材料	短期				
4	施工预算	短期				
七	建设、施工、监理机构及负责人					
1	工程项目管理机构（项目经理）及负责人名单	长期				√
2	工程项目管理机构（项目经理）及负责人名单	长期			长期	√
3	工程项目施工管理机构（施工项目经理部）及负责人名单	长期	长期			√

表 1-2　　监理文件归档范围和保管期限表

序号	归档文件	保存单位和保管期限				
		建设单位	施工单位	设计单位	监理单位	城建档案馆
1	监理规划					
①	监理规划	长期			短期	√
②	监理实施细则	长期			短期	√
③	监理部总控制计划等	长期			短期	

续表

序号	归档文件	保存单位和保管期限				
		建设单位	施工单位	设计单位	监理单位	城建档案馆
2	监理月报中的有关质量问题	长期			长期	√
3	监理会议纪要中的有关质量问题	长期			长期	√
4	进度控制					
①	工程开工/复工审批表	长期			长期	√
②	工程开工/复工暂停令	长期			长期	√
5	质量控制					
①	不合格项目通知	长期			长期	√
②	质量事故报告及处理意见	长期			长期	√
6	造价控制					
①	预付款报审与支付	短期				
②	月付款报审与支付	短期				
③	设计变更、洽商费用报审与签认	长期				
④	工程竣工决算审核意见书	长期				√
7	分包资质					
①	分包单位资质材料	长期				
②	供货单位资质材料	长期				
③	试验等单位资质材料	长期				
8	监理通知					
①	有关进度控制的监理通知	长期				
②	有关质量控制的监理通知	长期				
③	有关造价控制的监理通知	长期				
9	合同与其他事项管理					
①	工程延期报告及审批	永久			长期	√
②	费用索赔报告及审批	长期			长期	
③	合同争议、违约报告及处理意见	永久			长期	√
④	合同变更材料	长期			长期	√
10	监理工作总结					
①	专题总结	长期			短期	
②	月报总结	长期			短期	
③	工程竣工总结	长期			长期	√
④	质量评价意见报告	长期			长期	√

表 1-3　施工文件归档范围和保管期限表

序号	归档文件	保存单位和保管期限				
		建设单位	施工单位	设计单位	监理单位	城建档案馆
一	建筑安装工程					
（一）	土建（建筑与结构）工程					
1	施工技术准备工作					
①	施工组织设计	长期				
②	技术交底	长期	长期			
③	图纸会审记录	长期	长期	长期		√
④	施工预算的编制和审查	短期	短期			
⑤	施工日志	短期	短期			
2	施工现场准备					
①	控制网设置资料	长期	长期			√
②	工程定位测量资料	长期	长期			√
③	基槽开挖线测量资料	长期	长期			√
④	施工安全措施	短期	短期			
⑤	施工环保措施	短期	短期			
3	地基处理记录					
①	地基钎探记录和钎探平面布点图	永久	长期			√
②	验槽记录和地基处理记录	永久	长期			√
③	桩基施工记录	永久	长期			√
④	试桩记录	长期	长期			√
4	工程图纸变更记录					
①	设计会议会审记录	永久	长期	长期		√
②	设计变更记录	永久	长期	长期		√
③	工程洽商记录	永久	长期	长期		√
5	施工材料预制构件质量证明文件及复试试验报告					
①	砂、石、砖、水泥、钢筋、防水材料、隔热保温、防腐材料、轻集料试验汇总表	长期				√
②	砂、石、砖、水泥、钢筋、防水材料、隔热保温、防腐材料、轻集料出厂证明文件	长期				√
③	砂、石、砖、水泥、钢筋、防水材料、轻集料、焊条、沥青复试试验报告	长期				√
④	预制构件（钢、混凝土）出厂合格证、试验记录	长期				√
⑤	工程物质选样送审表	短期				
⑥	进场物质批次汇总表	短期				
⑦	工程物质进场报验表	短期				

续表

序号	归档文件	保存单位和保管期限				
		建设单位	施工单位	设计单位	监理单位	城建档案馆
6	施工试验记录					
①	土壤（素土、灰土）干密度试验报告	长期				√
②	土壤（素土、灰土）击实试验报告	长期				√
③	砂浆配合比通知单	长期				
④	砂浆（试块）抗压强度试验报告	长期				√
⑤	混凝土配合比通知单	长期				
⑥	混凝土（试块）抗压强度试验报告	长期				√
⑦	混凝土抗渗试验报告	长期				√
⑧	商品混凝土出厂合格证、复试试验报告	长期				√
⑨	钢筋接头（焊接）试验报告	长期				√
⑩	防水工程试水检查记录	长期				
⑪	楼地面、屋面坡度检查记录	长期				
⑫	土壤、砂浆、混凝土、钢筋连接、混凝土抗渗试验报告汇总表	长期				√
7	隐蔽工程检查记录					
①	基础和主体结构钢筋工程	长期	长期			√
②	钢结构工程	长期	长期			√
③	防水工程	长期	长期			√
④	高程控制	长期	长期			√
8	施工记录					
①	工程定位测量检查记录	永久	长期			√
②	预检工程检查记录	短期				
③	冬施混凝土搅拌测温记录	短期				
④	冬施混凝土养护测温记录	短期				
⑤	烟道、垃圾道检查记录	短期				
⑥	沉降观测记录	长期				√
⑦	结构吊装记录	长期				
⑧	现场施工预应力记录	长期	长期			√
⑨	工程竣工测量	长期	长期			√
⑩	新型建筑材料	长期	长期			√
⑪	施工新技术	永久				√
9	工程质量事故处理记录					√
10	工程质量检验记录					
①	检验批质量验收记录	长期	长期		长期	

续表

序号	归档文件	保存单位和保管期限				
		建设单位	施工单位	设计单位	监理单位	城建档案馆
②	分项工程质量验收记录	长期	长期		长期	
③	基础、主体工程验收记录	永久	长期		长期	√
④	幕墙工程验收记录	永久	长期		长期	√
⑤	分部（子分部）工程质量验收记录	永久	长期		长期	√
（二）	电气、给排水、消防、采暖、通风、空调、燃气、建筑智能化、电梯工程					
1	一般施工记录					
①	施工组织设计	长期	长期			
②	技术交底	短期				
③	施工日志	短期				
2	图纸变更记录					
①	图纸会审	永久	长期			√
②	设计变更	永久	长期			√
③	工程洽商	永久	长期			√
3	设备、产品质量检查、安装记录					√
①	设备、产品质量合格证、质量保证书	长期				
②	设备装箱单、商检证明和说明书、开箱报告	长期				√
③	设备安装记录	长期	长期			√
④	设备试运行记录	长期				√
⑤	设备明细表	长期				√
4	预检记录	短期				√
5	隐蔽工程检查记录	长期	长期			
6	施工试验记录					√
①	电气接地电阻、绝缘电阻、综合布线、有线电视终端等测试记录	长期				√
②	楼宇自控、监视、安装、视听、电话系统调试记录	长期				√
③	变配电设备安装、检查、通电、满负荷测试记录	长期				√
④	给排水、消防、采暖、通风、空调、燃气等管道强度、严密性、灌水、通水、吹洗、漏风、试压、通球、阀门等实验记录	长期				√
⑤	电气照明、动力、给排水、消防、采暖、通风、空调、燃气等系统调试、试运行记录	长期				√
⑥	电梯接地电阻、绝缘电阻测试记录；空载、半载、满载、超载试运行记录；平衡、运速、噪声调整试验报告	长期				√

续表

序号	归档文件	保存单位和保管期限				
		建设单位	施工单位	设计单位	监理单位	城建档案馆
7	质量事故处理记录	永久	长期			
8	工程质量检验记录					
①	检验批质量验收记录	长期	长期		长期	
②	分项工程质量验收记录	长期	长期		长期	√
③	分部（子分部）工程质量验收记录	永久	长期		长期	
（三）	室外工程					√
1	室外安装（给水、雨水、污水、热水、热力、燃气、电信、电力、照明、电视、消防等）施工文件	长期				√
2	室外建筑环境（建筑小品、水景、道路、园林绿化等）施工文件	长期				√
二	市政基础设施工程					
（一）	施工技术准备					
1	施工组织设计	短期	短期			
2	技术交底	长期	长期			
3	图纸会审	长期	长期			√
4	施工预算的编制和审查	短期	短期			
（二）	施工现场准备					
1	工程定位测量资料	长期	长期			√
2	工程定位测量复核记录	长期	长期			√
3	导线点、水准点测量复核记录	长期	长期			√
4	工程轴线、定位桩、高程测量复核记录	长期	长期			√
5	施工安全措施	短期	短期			
6	施工环保措施	短期	短期			
（三）	设计变更、洽商记录					
1	设计变更通知单	长期	长期			√
2	洽商记录	长期	长期			√
（四）	原材料、成品、半成品、构配件、设备出厂质量合格证及试验报告					
1	砂、石、水泥、钢筋（材）、石灰、沥青、涂料、混凝土外加剂、防水材料、粘接材料、防腐保温材料、焊接材料等试验汇总表	长期				√
2	砂、石、砌块、水泥、钢筋（材）、石灰、沥青、涂料、混凝土外加剂、防水材料、粘接材料、防腐保温材料、焊接材料等质量合格证书和出厂检（试）验报告及现场复试报告	长期				√

续表

序号	归档文件	保存单位和保管期限				
		建设单位	施工单位	设计单位	监理单位	城建档案馆
3	水泥、石灰、粉煤灰混合料；沥青混合料、商品混凝土等试验汇总表	长期				√
4	水泥、石灰、粉煤灰混合料；沥青混合料、商品混凝土等出厂合格证和试验报告、现场复试报告	长期				√
5	混凝土预制构件、管材、管件、钢结构构件等试验汇总表	长期				√
6	混凝土预制构件、管材、管件、钢结构构件等出厂合格证书和相应的施工技术资料	长期				√
7	厂站工程的成套设备、预应力混凝土张拉设备、各类地下管线井室设施、产品等汇总表	长期				√
8	厂站工程的成套设备、预应力混凝土张拉设备、各类地下管线井室设施、产品等出厂合格证书及安装使用说明	长期				√
9	设备开箱报告	短期				
（五）	施工试验记录					
1	砂浆、混凝土试块强度、钢筋（材）焊连接、填土、路基强度试验等汇总表	长期				√
2	道路压实度、强度试验记录					
①	回填土、路床压实度试验及土质的最大干密度和最佳含水量试验报告	长期				√
②	石灰类、水泥类、二灰类无机混合料基层的标准击实试验报告	长期				√
③	道路基层混合料强度试验记录	长期				√
④	道路面层压实度试验记录	长期				√
3	混凝土试块强度试验记录					
①	混凝土配合比通知单	短期				
②	混凝土试块强度实验报告	长期				√
③	混凝土试块抗渗、抗冻试验报告	长期				√
④	混凝土试块强度统计、评定记录	长期				√
4	砂浆试块强度试验记录					
①	砂浆配合比通知单					
②	砂浆试块强度试验报告	长期				√
③	砂浆试块强度统计评定记录	长期				√
5	钢筋（材）焊、连接试验报告	长期				√
6	钢管、钢结构安装及焊缝处理外观质量检查记录	长期				
7	桩基础试（检）验报告	长期				√

续表

序号	归档文件	保存单位和保管期限				
		建设单位	施工单位	设计单位	监理单位	城建档案馆
8	工程物质选样送审记录	短期				
9	进场物质批次汇总记录	短期				
10	工程物质进场报验记录	短期				
（六）	施工记录					
1	地基与基槽验收记录					
①	地基钎探记录及钎探位置图	长期	长期			√
②	地基与基槽验收记录	长期	长期			√
③	地基处理记录及示意图	长期	长期			√
2	桩基施工记录					
①	桩基位置平面示意图	长期	长期			√
②	打桩记录	长期	长期			√
③	钻孔桩钻进记录及成孔质量检验记录	长期	长期			√
④	钻孔（挖孔）混凝土浇灌记录	长期	长期			√
3	构件设备安装和调试记录					
①	钢筋混凝土大型预制构件、钢结构等吊装记录	长期	长期			
②	厂（场）、站工程大型设备安装调试记录	长期	长期			√
4	预应力张拉记录					
①	预应力张拉记录表	长期				√
②	预应力张拉孔道压浆记录	长期				√
③	孔位示意图	长期				√
5	沉井工程下沉观测记录	长期				√
6	混凝土浇灌记录	长期				
7	管道、箱涵等工程项目推进记录	长期				√
8	构筑物沉降观测记录	长期				√
9	施工测温记录	长期				
10	预制安装水池壁板缠绕钢丝应力测定记录	长期				√
（七）	预检记录					
1	模板预检记录	短期				
2	大型构件和设备安装前预检记录	短期				
3	设备安装位置检查记录	短期				
4	管道安装检查记录	短期				
5	补偿冷器拉机安装情况记录	短期				
6	支（吊）架位置、各部位连接方式等检查记录	短期				

续表

序号	归档文件	保存单位和保管期限				
		建设单位	施工单位	设计单位	监理单位	城建档案馆
7	保温、防腐、油漆等施工检查记录	短期				
（八）	隐蔽工程检查（验收）记录	长期	长期			√
（九）	工程质量检查评定记录					
1	工序工程质量评定记录	长期	长期			
2	部位工程质量评定记录	长期	长期			
3	分部工程质量评定记录	长期	长期			√
（十）	功能性试验记录					
1	道路工程的弯沉试验记录	长期				√
2	桥梁工程的动、静载试验记录	长期				√
3	无压力管道的严密性试验记录	长期				√
4	压力管道的强度试验、严密性试验、通球试验等记录	长期				√
5	水池满水试验	长期				√
6	消化池气密性试验	长期				√
7	电气绝缘电阻、接地电阻测试记录	长期				√
8	电气照明、动力试运行记录	长期				√
9	供热管网、燃气管网等管网试运行记录	长期				√
10	燃气储罐总体试验记录	长期				√
11	电信、宽带网等试运行记录	长期				√
（十一）	质量事故及处理记录					
1	工程质量事故报告	永久	长期			√
2	工程质量事故处理记录	永久	长期			√
（十二）	竣工测量资料					
1	建筑物、构筑物竣工测量记录及测量示意图	永久	长期			√
2	地下管道工程竣工测量记录	永久	长期			√

表 1-4　　竣工图归档范围和保管期限

序号	归档文件	保存单位和保管期限				
		建设单位	施工单位	设计单位	监理单位	城建档案馆
一	建筑安装工程竣工图					
（一）	综合竣工图					
1	综合图					√
①	总平面布置图（包括建筑、建筑小品、水景、照明、道路、绿化等）	永久	长期			√

续表

序号	归档文件	保存单位和保管期限				
		建设单位	施工单位	设计单位	监理单位	城建档案馆
②	竖向布置图	永久	长期			√
③	室外给水、排水、热力、燃气等管网综合图	永久	长期			√
④	电气（包括电力、电信、电视系统等）综合图	永久	长期			√
⑤	设计总说明	永久	长期			√
2	室外专业图					
①	室外雨水	永久	长期			√
②	室外给水	永久	长期			√
③	室外污水	永久	长期			√
④	室外热力	永久	长期			√
⑤	室外燃气	永久	长期			√
⑥	室外电信	永久	长期			√
⑦	室外电力	永久	长期			√
⑧	室外电视	永久	长期			√
⑨	室外建筑小品	永久	长期			√
⑩	室外消防	永久	长期			√
⑪	室外照明	永久	长期			√
⑫	室外水景	永久	长期			√
⑬	室外道路	永久	长期			√
⑭	室外绿化	永久	长期			√
（二）	专业竣工图					
1	建筑竣工图	永久	长期			√
2	结构竣工图	永久	长期			√
3	装修（装饰）工程竣工图	永久	长期			√
4	电气工程（智能化工程）竣工图	永久	长期			√
5	给排水工程（消防工程）竣工图	永久	长期			√
6	采暖通风空调工程竣工图	永久	长期			√
7	燃气工程竣工图	永久	长期			√
二	市政基础设施工程竣工图					
1	道路工程	永久	长期			√
2	桥梁工程	永久	长期			√
3	广场工程	永久	长期			√
4	隧道工程	永久	长期			√
5	铁路、公路、航空、水运等交通工程	永久	长期			√

续表

序号	归档文件	保存单位和保管期限				
		建设单位	施工单位	设计单位	监理单位	城建档案馆
6	地下铁道等轨道交通工程	永久	长期			√
7	地下人防工程	永久	长期			√
8	水利防灾工程	永久	长期			√
9	排水工程	永久	长期			√
10	供水、供热、供气、电力、电信等地下管线工程	永久	长期			√
11	高压架空输电线工程	永久	长期			√
12	污水处理、垃圾处理处置工程	永久	长期			√
13	场、厂、站工程	永久	长期			长期

表 1-5　　竣工验收文件归档范围和保管期限

序号	归档文件	保存单位和保管期限				
		建设单位	施工单位	设计单位	监理单位	城建档案馆
一	工程竣工总结					
1	工程概况表	永久				长期
2	工程竣工总结	永久				长期
二	竣工验收记录					
（一）	建筑安装工程					
1	单位（子单位）工程质量验收记录	永久	长期			长期
2	竣工验收证明书	永久	长期			长期
3	竣工验收报告	永久	长期			长期
4	竣工验收备案表（包括各专项验收认可文件）	永久				长期
5	工程质量保修书	永久	长期			长期
（二）	市政基础设施工程					
1	单位工程质量评定表及报验单	永久	长期			长期
2	竣工验收证明书	永久	长期			长期
3	竣工验收报告	永久	长期			长期
4	竣工验收备案表（包括各专项验收认可文件）	永久	长期			长期
5	工程质量保修书	永久	长期			长期
三	财务文件					
1	决算文件	永久				长期
2	交付使用财产总表和财产明细表	永久	长期			长期
四	声像、缩微、电子档案					
1	声像档案					

续表

序号	归档文件	保存单位和保管期限				
		建设单位	施工单位	设计单位	监理单位	城建档案馆
①	工程照片	永久				长期
②	录音、录像材料	永久				长期
2	缩微品	永久				长期
3	电子档案					
①	光盘	永久				长期
②	磁盘	永久				长期

三、建设工程文件和档案资料的归档质量要求

（1）归档的工程文件应为原件。

（2）工程文件的内容及其深度必须符合国家有关工程勘察、设计、施工、监理等方面的技术规范、标准和规程。

（3）工程文件的内容必须真实、准确，与工程实际相符合。

（4）工程文件应采用耐久性强的书写材料，如碳素墨水、蓝黑墨水，不得使用易褪色的书写材料，如红色墨水、纯蓝墨水、圆珠笔、复写纸、铅笔等。

（5）工程文件应字迹清楚，图样清晰，图表整洁，签字盖章手续完备。

（6）工程文件中文字材料幅面尺寸规格宜为 A4 幅面（297mm × 210mm）。图纸宜采用国家标准图幅。

（7）工程文件的纸张应采用能够长期保存的韧性大、耐久性强的纸张。图纸一般采用蓝晒图，竣工图应是新蓝图。计算机出图必须清晰，不得使用计算机出图的复印件。

（8）所有竣工图均应加盖竣工图章。

（9）竣工图章的基本内容应包括“竣工图”字样、施工单位、编制人、审核人、技术负责人、编制日期、监理单位、现场监理、总监。竣工图章尺寸为 50mm × 80mm。竣工图章应使用不易褪色的红印泥，应盖在图标栏上方空白处。竣工图章示例如图 1-1 所示。

<table>
<tr><td colspan="4">竣工图</td></tr>
<tr><td>施工单位</td><td colspan="3"></td></tr>
<tr><td>编制人</td><td></td><td>审核人</td><td></td></tr>
<tr><td>技术负责人</td><td></td><td>编制日期</td><td></td></tr>
<tr><td>监理单位</td><td colspan="3"></td></tr>
<tr><td>总监</td><td></td><td>现场监理</td><td></td></tr>
</table>

图 1-1　竣工图章式样

（10）利用施工图改绘竣工图，必须标明变更修改依据；凡施工图结构、工艺、平面布置等有重大改变，或变更部分超过图面 1/3 的，应当重新绘制竣工图。

（11）不同幅面的工程图纸应按《技术制图复制图的折叠方法》（GB/10609.3—89）统一折叠成 A4 幅面（297mm × 210mm），图标栏露在外面。

学习单元三　工程资料的分类和编号原则

知识目标

了解工程资料的分类及其遵循的原则，了解工程资料分类的编号原则。

技能目标

通过本单元的学习，掌握工程资料的分类原则，掌握工程资料的编号方法。

基础知识

一、工程资料的分类及遵循的原则

（一）工程资料的分类

工程资料可分为工程准备阶段文件、监理资料、施工资料、竣工图和工程竣工文件五大类。

（1）工程准备阶段文件可分为决策立项文件、建设用地文件、勘察设计文件、招投标及合同文件、开工文件、商务文件六类。

（2）监理资料可分为监理管理资料、进度控制资料、质量控制资料、造价控制资料、合同管理资料和竣工验收资料六类。

（3）施工资料可分为施工管理资料、施工技术资料、施工进度及造价资料、施工物资资料、施工记录、施工试验记录及检测报告、施工质量验收记录、竣工验收资料八类。

（4）工程竣工文件可分为竣工验收文件、竣工决算文件、竣工交档文件、竣工总结文件四类。

（二）遵循的原则

建筑工程资料的分类是按照文件资料的来源、类别、形成的先后顺序以及收集和整理单位的不同，来进行分类的，以便于资料的收集、整理、组卷。

（1）从整体上把全部的资料划分为四大类，即分为建设单位的文件资料、监理单位的文件资料、施工单位的文件资料、竣工图资料。其中，建设单位的文件资料又划分为立项文件、建设规划用地文件、勘察设计文件、工程招投标及合同文件、工程开工文件、商务文件、工程竣工验收及备案文件、其他文件八小类；监理单位的文件资料划分为监理管理资料、监理质量控制资料、监理进度控制资料、监理造价控制资料四小类；施工单位的文件资料划分为施工管理资料、施工技术资料、施工物资资料、施工测量记录、施工记录、隐蔽工程检查验收记录、施工检测资料、施工质量验收记录、单位（子单位）工程竣工验收资料九小类；竣工图资料划分为综合竣工图、室外专业竣工图、专业竣工图三小类；在每一小类中，再细分为若干种文件、资料或表格，见表 1-6。

（2）施工资料的分类应根据类别和专业系统来划分。

（3）施工过程中工程资料的分类、整理和保存应执行国家及行业现行法律、法规、规范、标准及地方有关规定。

表 1-6　　　　工程资料分类

类别编号	工程资料名称	资料来源	归档保存单位			
			施工单位	监理单位	建设单位	城建档案馆
A 类	基建文件					
A1	决策立项文件					
A1-1	项目建议书	建设单位			●	●

续表

类别编号	工程资料名称	资料来源	归档保存单位			
			施工单位	监理单位	建设单位	城建档案馆
A1-2	项目建议书的批复文件	建设主管部门			●	●
A1-3	可行性研究报告	工程咨询单位			●	●
A1-4	可行性报告的批复文件	有关主管部门			●	●
A1-5	关于立项的会议纪要、领导批示	组织单位			●	●
A1-6	专家对项目的有关建议文件	建设单位			●	●
A1-7	项目评估研究资料	建设单位			●	●
A2	**建设用地、征地、拆迁文件**					
A2-1	征占用地的批准文件和对使用国有土地的批准意见	政府有关部门			●	●
A2-2	规划意见书及附图	规划部门			●	●
A2-3	建设用地规划许可证、许可证附件及附图	规划部门		●	●	●
A2-4	国有土地使用证	国有土地管理部门			●	●
A3	**勘察、测绘、设计文件**					
A3-1	工程地质勘察报告	勘察单位	●	●	●	●
A3-2	水文地质勘察报告	勘察单位	●	●	●	●
A3-3	建筑用地钉桩通知单	规划部门	●	●	●	●
A3-4	验线通知单	规划部门	●	●	●	●
A3-5	规划设计条件通知书及附图	规划部门			●	●
A3-6	审定设计方案通知书及附图	规划部门			●	●
A3-7	审定设计方案通知书要求，征求有关人防、环保、消防、交通、园林、市政、文物、通信、保密、河湖、教育等部门的审查意见和要求取得的有关协议	有关部门			●	●
A3-8	初步设计图及说明	设计单位			●	
A3-9	施工图设计及说明	设计单位		●	●	
A3-10	设计计算书	设计单位			●	
A3-11	消防设计审核意见	消防单位		●	●	●
A3-12	施工图设计文件审查通知书及施工图审查报告	规划部门		●	●	●
A4	**工程招投标及承包合同文件**					
A4-1	勘察招投标文件	建设、勘察单位			●	
A4-2	设计招投标文件	建设、设计单位			●	
A4-3	施工招投标文件	建设、施工单位	●	●	●	
A4-4	监理招投标文件	建设、监理单位		●	●	

续表

类别编号	工程资料名称	资料来源	归档保存单位			
			施工单位	监理单位	建设单位	城建档案馆
A4-5	勘察合同	建设、勘察单位			●	
A4-6	设计合同	建设、设计单位			●	
A4-7	施工合同	建设、施工单位	●	●	●	
A4-8	监理合同	建设、监理单位		●	●	
A5	**工程开工文件**					
A5-1	年度施工任务批准文件	建设主管部门			●	●
A5-2	修改工程施工图通知书	规划部门			●	●
A5-3	建设工程规划许可证、附件及附图	规划部门	●	●	●	●
A5-4	建设工程施工许可证	规划部门	●	●	●	●
A5-5	工程质量监督手续	质量监督机构	●	●	●	●
A6	**商务文件**					
A6-1	工程投资估算文件	工程造价咨询单位			●	
A6-2	工程设计概算	工程造价咨询单位			●	
A6-3	施工图预算	工程造价咨询单位	●	●	●	
A6-4	施工预算	施工单位	●	●	●	
A6-5	工程结（决）算	合同双方	●	●	●	●
A6-6	交付使用固定资产清单	建设单位			●	●
A6-7	建设工程概况				●	●
A7	**工程竣工验收及备案文件**					
A7-1	建设工程竣工验收备案表	建设单位	●	●	●	●
A7-2	工程竣工验收报告	建设单位	●	●	●	●
A7-3	由规划、公安、消防、人防、环保等部门出具的认可文件或准许使用文件	主管部门	●	●	●	●
A7-4	《房屋建筑工程质量保修书》	建设与施工单位	●	●	●	
A7-5	《住宅质量保证书》《住宅使用说明书》	建设单位			●	
A7-6	建设规划验收合格证	规划部门	●	●	●	●
A7-7	建设工程竣工档案预验收意见	城建档案馆		●	●	
A8	**其他文件**					
A8-1	合同约定由建设单位采购的材料、构配件和设备的质量证明文件及进场报验文件	建设单位	●	●	●	
A8-2	工程竣工总结	建设单位			●	●
A8-3	工程未开工前的原貌、竣工新貌照片	建设单位			●	●
A8-4	工程开工、施工、竣工的录音录像资料	建设单位			●	●

续表

类别编号	工程资料名称	资料来源	归档保存单位			
			施工单位	监理单位	建设单位	城建档案馆
B 类	监理资料					
B1	监理规划、监理实施细则	监理单位		●	●	●
	监理月报	监理单位		●	●	
	监理会议纪要	监理单位	●	●	●	
	监理工作日志	监理单位		●		
	监理工作总结（专题、阶段和竣工总结）	监理单位		●	●	●
B2	监理工作记录					
	施工组织设计（方案）报审表		●	●	●	
	施工测量放线报验申请表		●	●	●	
	施工进度计划报验申请表		●	●	●	
	工程材料/构配件/设备报审表		●	●	●	
	工程开工报审表		●	●	●	
	分包单位资格报审表		●	●	●	
	分项/分部工程报验申请表		●	●	●	
	工程复工报审表		●	●	●	
	费用索赔申请表		●	●	●	
	工程款支付申请表		●	●	●	
	工程临时延期申请表		●	●	●	
	监理工程师通知回复单		●	●	●	
	监理工程师通知单		●	●	●	
	不合格项处置记录		●	●	●	
	工程暂停令		●	●	●	
	工程临时延期审批表		●	●	●	
	工程最终延期审批表		●	●	●	
	费用索赔审批表		●	●	●	
	工程款支付证书		●	●	●	
	旁站监理记录		●	●	●	
	质量事故报告及处理资料	责任单位	●	●	●	●
	见证取样备案文件	监理单位	●	●	●	
B3	竣工验收资料					
	工程竣工报验单		●	●	●	
	竣工移交证书	表 B3-2		●	●	●
	工程质量评估报告	监理单位	●	●	●	●

续表

类别编号	工程资料名称	资料来源	归档保存单位			
			施工单位	监理单位	建设单位	城建档案馆
B4	其他资料					
	监理工作联系单		●	●		
	工程变更单			●	●	
C 类	**施工资料**					
C1	工程管理与验收资料					
	工程概况表		●			●
	建设工程质量事故调（勘）查笔录		●	●	●	●
	建设工程质量事故报告书		●	●	●	●
	单位（子单位）工程质量竣工验收记录		●	●	●	●
	单位（子单位）工程质量控制资料核查记录		●	●	●	
	单位（子单位）工程和功能检查资料核查及主要功能抽查记录		●	●	●	
	单位（子单位）工程观感质量检查记录		●		●	
	室内环境检测报告	检测单位提供	●		●	
	施工总结	施工单位编制	●		●	●
	工程竣工报告	施工单位编制	●	●	●	●
C2	**施工管理资料**					
	施工现场质量管理检查记录		●	●		
	企业资质证书及相关专业人员岗位证书	施工单位提供	●			
	见证记录	监理单位提供	●			
	施工日志		●			
C3	**施工技术资料**					
	施工组织设计及施工方案	施工单位编制	●			
	技术交底记录		●			
	图纸会审记录		●	●	●	●
	设计变更通知单		●	●	●	●
	工程洽商记录		●	●	●	●
C4	**施工测量记录**					
	工程定位测量记录		●	●	●	●
	基槽验线记录		●		●	●
	楼层平面放线记录		●			
	楼层标高抄测记录		●			
	建筑物垂直度、标高测量记录		●		●	
	沉降观测记录	测量单位提供	●	●	●	●

续表

类别编号	工程资料名称	资料来源	归档保存单位			
			施工单位	监理单位	建设单位	城建档案馆
	施工物资资料					
	通用表格					
	材料、构配件进场检验记录		●			
	材料试验报告（通用）		●		●	
	设备开箱检验记录（机电通用）		●			
	设备及管道附件试验记录（机电通用）		●		●	
	建筑与结构工程		●			
	出厂质量证明文件					
	各种物资出厂合格证、质量保证书和商检证等	供应单位提供	●			
	半成品钢筋出厂合格证		●			
	预制混凝土构件出厂合格证		●			
	钢构件出厂合格证		●			
	预拌混凝土出厂合格证		●			
	检测报告					
	钢材性能检测报告	供应单位提供	●		●	●
C5	水泥性能检测报告	供应单位提供	●		●	
	外加剂性能检测报告	供应单位提供	●		●	
	防水材料性能检测报告	供应单位提供	●		●	
	砖（砌块）性能检测报告	供应单位提供	●		●	
	门、窗性能检测报告（建筑外窗应有三性检测报告）	供应单位提供	●		●	
	吊顶饰面材料性能检测报告	供应单位提供	●		●	
	饰面板材性能检测报告	供应单位提供	●		●	
	饰面石材性能检测报告	供应单位提供	●		●	
	饰面砖性能检测报告	供应单位提供	●		●	
	涂料性能检测报告	供应单位提供	●		●	
	玻璃性能检测报告（安全玻璃应有安全检测报告）	供应单位提供	●		●	
	壁纸、墙布防火、阻燃性能检测报告	供应单位提供	●		●	
	装修用黏结剂性能检测报告	供应单位提供	●		●	
	防火涂料性能检测报告	供应单位提供	●		●	
	隔声/隔热/阻燃/防潮材料特殊性能检测报告	供应单位提供	●		●	

续表

类别编号	工程资料名称	资料来源	归档保存单位			
			施工单位	监理单位	建设单位	城建档案馆
	钢结构用焊接材料检测报告	供应单位提供	●		●	
	高强度大六角头螺栓连接副扭矩系数检测报告	供应单位提供	●		●	
	扭剪型高强螺栓连接副预拉力检测报告	供应单位提供	●		●	
	木结构材料检测报告（含水率、木构件、钢件）	供应单位提供	●		●	
	幕墙性能检测报告（三性试验）	供应单位提供	●		●	●
	幕墙用硅酮结构胶检测报告	供应单位提供	●		●	●
	幕墙用玻璃性能检测报告	供应单位提供	●		●	
	幕墙用石材性能检测报告	供应单位提供	●		●	●
	幕墙用金属板性能检测报告	供应单位提供	●		●	
	材料污染物含量检测报告（执行GB50325—2010）	供应单位提供	●		●	
	复试报告					
	钢材试验报告		●		●	●
	水泥试验报告		●		●	●
	砂试验报告		●		●	●
C5	碎（卵）石试验报告		●		●	●
	外加剂试验报告		●		●	●
	掺合料试验报告		●		●	
	防水涂料试验报告		●		●	
	防水卷材试验报告		●		●	
	砖（砌块）试验报告		●		●	●
	轻骨料试验报告		●		●	
	预应力筋复试报告	检测单位提供	●		●	●
	预应力锚具、夹具和连接器复试报告	检测单位提供	●		●	
	装饰装修用门窗复试报告	检测单位提供	●		●	
	装饰装修用人造木板复试报告	检测单位提供	●		●	
	装饰装修用花岗石复试报告	检测单位提供	●		●	
	装饰装修用安全玻璃复试报告	检测单位提供	●		●	
	装饰装修用外墙面砖复试报告	检测单位提供	●		●	
	钢结构金相试验报告	检测单位提供	●		●	●
	钢结构用钢材复试报告	检测单位提供	●		●	●
	钢结构用焊接材料复试报告	检测单位提供	●		●	

续表

类别编号	工程资料名称	资料来源	归档保存单位			
			施工单位	监理单位	建设单位	城建档案馆
C5	钢结构用高强度大六角头螺栓连接副复试报告	检测单位提供	●		●	
	钢结构用扭剪型高强螺栓连接副复试报告	检测单位提供	●		●	
	木结构材料复试报告	检测单位提供	●		●	
	幕墙用铝塑板复试报告	检测单位提供	●		●	●
	幕墙用石材复试报告	检测单位提供	●		●	●
	幕墙用安全玻璃复试报告	检测单位提供	●		●	
	幕墙用结构胶复试报告	检测单位提供	●		●	●
	建筑给水、排水及采暖工程					
	管材的产品质量证明文件	供应单位提供	●		●	
	主要材料、设备等的产品质量合格证及检测报告	供应单位提供	●		●	
	绝热材料的产品质量合格证、检测报告	供应单位提供	●		●	
	给水管道材料卫生检测报告	供应单位提供	●		●	
	成品补偿器预拉伸证明书	供应单位提供	●		●	
	卫生洁具环保检测报告	供应单位提供	●		●	
	锅炉（承压设备）焊缝无损探伤检测报告	供应单位提供	●		●	
	水表、热量表的计量检定证书	供应单位提供	●		●	
	安全阀、减压阀的调试报告及定压合格证书	由试验单位及供应单位提供	●		●	
	主要器具和设备安装使用说明书	供应单位提供	●		●	
	建筑电气工程					
	低压成套配电柜、动力、照明配电箱（盘柜）出厂合格证、生产许可证、试验记录、CCC 认证及证书复印件	供应单位提供	●		●	
	电力变压器、柴油发电机组、高压成套配电柜、蓄电池柜、不间断电源柜、控制柜（屏、台）出厂合格证、生产许可证和试验记录	供应单位提供	●		●	
	电动机、电加热器、电动执行机构和低压开关设备合格证、生产许可证、CCC 认证及证书复印件	供应单位提供	●		●	
	照明灯具、开关、插座、风扇及附件出厂合格证、CCC 认证及证书复印件	供应单位提供	●		●	
	电线、电缆出厂合格证、生产许可证、CCC 认证及证书复印件	供应单位提供	●		●	

续表

类别编号	工程资料名称	资料来源	归档保存单位			
			施工单位	监理单位	建设单位	城建档案馆
C5	导管、电缆桥架和线槽出厂合格证	供应单位提供	●		●	
	型钢和电焊条合格证和材质证明书	供应单位提供	●		●	
	镀锌制品（支架、横担、接地极、避雷用型钢等）和外线金具合格证、镀锌质量证明书	供应单位提供	●		●	
	封闭母线、插接母线合格证、安装技术文件、CCC 认证及证书复印件	供应单位提供	●		●	
	裸母线、裸导线、电缆头部件及接线端子、钢制灯柱、混凝土电杆和其他混凝土制品合格证	供应单位提供	●		●	
	主要设备安装技术文件	供应单位提供	●		●	
	智能建筑系统工程（执行现行标准、规范）	专业施工单位提供	●		●	
	通风与空调工程					
	制冷机组等主要设备和部件的产品合格证、质量证明文件	供应单位提供	●		●	
	阀门、疏水器、水箱、分集水器、减震器、储冷罐、仪表、绝热材料等出厂合格证、质量证明及检测报告	供应单位提供	●		●	
	板材、管材等质量证明文件	供应单位提供	●		●	
	主要设备安装使用说明书	供应单位提供	●		●	
	电梯工程					
	电梯设备开箱检验记录		●		●	
	电梯主要设备、材料及附件出厂合格证、产品说明书、安装技术文件	供应单位提供	●		●	
C6	施工记录					
	通用表格					
	隐蔽工程检查记录		●		●	●
	预检记录		●			
	施工检查记录（通用）		●			
	交接检查记录		●	●		
	建筑与结构工程					
	基坑支护变形监测记录	专业施工单位提供	●		●	
	桩（地）基施工记录	专业施工单位提供	●		●	●
	地基验槽检查记录		●		●	●

续表

类别编号	工程资料名称	资料来源	归档保存单位			
			施工单位	监理单位	建设单位	城建档案馆
	地基处理记录		●		●	●
	地基钎探记录（应附图）		●		●	●
	混凝土浇灌申请书		●	●		
	预拌混凝土运输单		●			
	混凝土开盘鉴定		●			
	混凝土拆模申请单		●			
	混凝土搅拌测温记录表		●			
	混凝土养护测温记录表（应附图）		●			
	大体积混凝土养护测温记录表(应附图)		●			
	构件吊装记录		●			
	焊接材料烘焙记录		●			
	地下工程防水效果检查记录		●		●	
	防水工程试水检查记录		●		●	
	通风（烟道）、垃圾道检查记录		●			
	预应力筋张拉记录（一）		●		●	●
	预应力筋张拉记录（二）		●		●	●
C6	有黏结预应力结构灌浆记录		●		●	●
	钢结构施工记录	专业施工单位提供	●		●	
	网架（索膜）施工记录	专业施工单位提供	●		●	
	木结构施工记录	专业施工单位提供	●		●	
	幕墙注胶检查记录	专业施工单位提供	●		●	
	电梯工程					
	电梯承重梁、起重吊环埋设隐蔽工程检查记录		●		●	●
	电梯钢丝绳头灌注隐蔽工程检查记录		●		●	●
	电梯导轨、层门的支架、螺栓埋设隐蔽工程检查记录		●		●	●
	电梯电气装置安装检查记录(一)~(三)		●		●	
	电梯机房、井道预检记录		●		●	
	自动扶梯、自动人行道安装与土建交接预检记录		●		●	
	自动扶梯、自动人行道的相邻区域检查记录		●		●	
	自动扶梯、自动人行道电气装置检查记录（一）、（二）		●		●	

续表

类别编号	工程资料名称	资料来源	归档保存单位			
			施工单位	监理单位	建设单位	城建档案馆
C6	自动扶梯、自动人行道整机安装质量检查记录		●		●	
C7	**施工试验记录**					
	通用表格					
	施工试验记录（通用）		●		●	
	设备单机试运转记录（机电通用）		●		●	●
	系统试运转调试记录（机电通用）		●		●	●
	建筑与结构工程					
	锚杆、土钉锁定力（抗拔力）试验报告	检测单位提供	●		●	
	地基承载力检验报告	检测单位提供	●		●	●
	桩检测报告	检测单位提供	●		●	●
	土工击实试验报告		●		●	●
	回填土试验报告（应附图）		●		●	●
	钢筋机械连接形式检测报告	技术提供单位提交	●		●	
	钢筋连接工艺检验（评定）报告	检测单位提供	●		●	
	钢筋连接试验报告		●		●	●
	砂浆配合比申请单、通知单		●			
	砂浆抗压强度试验报告		●		●	
	砌筑砂浆试块强度统计、评定记录		●		●	●
	混凝土配合比申请单、通知单		●			
	混凝土抗压强度试验报告		●		●	
	混凝土试块强度统计、评定记录		●		●	●
	混凝土抗渗试验报告		●		●	●
	混凝土碱总量计算书	混凝土供应单位提供	●		●	●
	饰面砖黏结强度试验报告	表 C5-14	●		●	
	后置埋件拉拔试验报告	检测单位提供	●		●	
	超声波探伤报告	表 C5-15	●		●	●
	超声波探伤记录		●		●	●
	钢构件射线探伤报告		●		●	●
	磁粉探伤报告	检测单位提供	●		●	●
	高强螺栓抗滑移系数检测报告	检测单位提供	●		●	
	钢结构焊接工艺评定	检测单位提供	●		●	
	网架节点承载力试验报告	检测单位提供	●		●	
	钢结构涂料厚度检测报告	检测单位提供	●		●	

续表

类别编号	工程资料名称	资料来源	归档保存单位			
			施工单位	监理单位	建设单位	城建档案馆
	木结构胶缝试验报告	检测单位提供	●		●	
	木结构构件力学性能试验报告	检测单位提供	●		●	
	木结构防护剂试验报告	检测单位提供	●		●	
	幕墙双组分硅酮结构胶混匀性及拉断试验报告	检测单位提供	●		●	
	给排水及采暖工程					
	灌（满）水试验记录		●			
	强度严密性试验记录		●		●	●
	通水试验记录		●			
	吹（冲）洗（脱脂）试验记录		●			
	通球试验记录		●		●	
	补偿器安装记录		●			
	消火栓试射记录		●		●	●
	安全附件安装检查记录		●		●	●
	锅炉封闭及烘炉（烘干）记录		●		●	●
	锅炉煮炉试验记录		●		●	●
	锅炉试运行记录		●		●	●
C7	安全阀调试记录	试验单位提供	●		●	●
	建筑电气工程					
	电气接地电阻测试记录		●		●	●
	电气防雷接地装置隐检与平面示意图		●		●	●
	电气绝缘电阻测试记录		●		●	
	电气器具通电安全检查记录		●		●	
	电气设备空载试运行记录		●		●	
	建筑物照明通电试运行记录		●		●	
	大型照明灯具承载试验记录		●		●	
	高压部分试验记录	检测单位提供	●		●	●
	漏电开关模拟试验记录		●		●	
	电度表检定记录	检定单位提供	●		●	
	大容量电气线路节点测温记录		●		●	
	避雷带支架拉力测试记录		●		●	
	智能建筑工程（执行现行标准、规范）	专业施工单位提供	●			
	通风与空调工程					
	风管漏光检测记录		●			

续表

类别编号	工程资料名称	资料来源	归档保存单位			
			施工单位	监理单位	建设单位	城建档案馆
C7	风管漏风检测记录		●			
	现场组装除尘器、空调机漏风检测记录		●			
	各房间室内风量温度测量记录		●			
	管网风量平衡记录		●			
	空调系统试运转调试记录		●		●	●
	空调水系统试运转调试记录		●		●	●
	制冷系统气密性试验记录		●		●	●
	净化空调系统测试记录		●		●	●
	防排烟系统联合试运行记录		●		●	●
	电梯工程					
	轿厢平层准确度测量记录		●		●	●
	电梯层门安全装置检验记录		●		●	●
	电梯电气安全装置检验记录		●		●	
	电梯整机功能检验记录		●		●	●
	电梯主要功能检验记录		●		●	
	电梯负荷运行试验记录		●		●	●
	电梯负荷运行试验曲线图		●		●	
	电梯噪声测试记录		●		●	
	自动扶梯、自动人行道安全装置检验记录（一）、（二）		●		●	
	自动扶梯、自动人行道整机性能、运行试验记录		●		●	●
C8	**施工质量验收记录**					
	结构实体同条件混凝土强度试验报告		●	●	●	
	钢筋保护层厚度试验记录		●	●	●	
	检验批质量验收记录	执行 GB 50300和专业施工质量验收规范	●	●		
	分项工程质量验收记录表		●	●		
	分部（子分部）工程验收记录表		●	●	●	●
D类	竣工图	编制单位提供	●		●	●

注：1. 本表的归档保存单位是指竣工后有关单位对工程资料的归档保存，施工过程中工程资料的留存应按有关程序和约定执行。

2. 表格编号中括号里的数字是指该表在《建设工程监理规范》（GB 50319—2013）中的编号。

知识链接

（1）勘察单位保存资料的内容应包括工程地质勘察报告、勘察招投标文件、勘察合同、勘察单位工程质量检查报告及勘察单位签署的有关质量验收记录等。

（2）设计单位保存资料内容应包括审定设计方案通知书及审查意见、审定设计方案通知书要求征求有关部门的审查意见和要求取得的有关协议、初步设计图及设计说明、施工图及设计说明、设计审核意见、施工图设计文件审查通知书及审查报告、设计招投标文件、设计合同、图样会审记录、设计变更通知单、设计单位签署意见的工程洽商记录（包括技术核定单）、设计单位工程质量检查报告及设计单位签署的有关质量验收的记录。

二、分部（子分部）工程划分及代号规定

（1）分部（子分部）工程代号规定应参考《建筑工程施工质量验收统一标准》（GB 50300—2013）的分部（子分部）工程划分原则与国家质量验收推荐表格编码要求，并结合施工资料分类编号特点制定。

（2）建筑工程共分为九个分部工程，分部（子分部）工程划分及代号见表 1-7。对于专业化程度高、施工工艺复杂、技术先进的子分部工程应分别单独组卷。需单独组卷的子分部名称及代号见表 1-7。

表 1-7　　分部（子分部）工程划分及代号

序号	分部工程名称	分部工程代号	应单独组卷的子分部	应单独组卷的子分部代号
1	地基与基础	01	有支护土方	02
			地基（复合）	03
			桩基	04
			钢结构	09
2	主体结构	02	预应力	01
			钢结构	04
			木结构	05
			网架与索膜	06
3	建筑装饰装修	03	幕墙	07
4	建筑屋面	04	—	—
5	建筑给水、排水及采暖	05	供热锅炉及辅助设备	10
6	建筑电气	06	变配电室（高压）	02
7	智能建筑	07	通信网络系统	01
			建筑设备监控系统	03
			火灾报警及消防联运系统	04
			安全防范系统	05
			综合布线系统	06
			环境	09

续表

序号	分部工程名称	分部工程代号	应单独组卷的子分部	应单独组卷的子分部代号
8	通风与空调	08	—	—
9	电梯	09	—	—

三、施工资料编号的组成

（1）施工资料编号应填入右上角的编号栏。

（2）通常情况下，资料编号有 7 位，由分部工程代号（2 位）、资料类别编号（2 位）和顺序号（3 位）组成，每部分之间用横线隔开。

编号形式如下：

××—××—×××　　　　⟶ 共 7 位编号
①　　②　　③

① 为分部工程代号（共 2 位），应根据资料所属的分部工程，按表 1-7 规定的代号填写。

② 为资料的类别编号（共 2 位），应根据资料所属类别，按表 1-4 规定的类别编号填写。

③ 为顺序号（共 3 位），应根据相同表格、相同检查项目，按时间自然形成的先后顺序号填写。

举例如下：

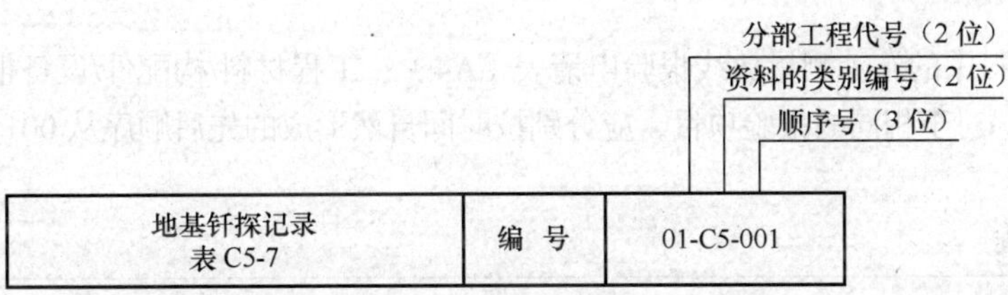

（3）应单独组卷的子分部工程见表 1-7，资料编号应为 9 位，由分部工程代号（2 位），子分部工程代号（2 位）、资料的类别编号（2 位）和顺序号（3 位）组成，每部分之间用横线隔开。

编号形式如下：

××—××—××—×××　　　　⟶ 共 9 位编号
①　　②　　③　　④

① 为分部工程代号（2 位），应根据资料所属的分部工程，按表 1-7 规定的代号填写。

② 为子分部工程代号（2 位），应根据资料所属的子分部工程，按表 1-7 规定的代号填写。

③ 为资料的类别编号（2 位），应根据资料所属类别，按表 1-6 规定的类别编号填写。

④ 为顺序号（共 3 位），应根据相同表格、相同检查项目，按时间自然形成的先后顺序号填写。

举例如下：

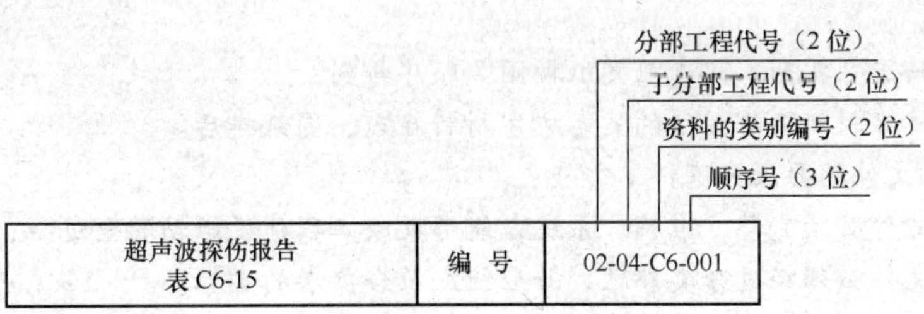

☼**小技巧**

（1）对于施工专用表格，顺序号应按时间先后顺序，用阿拉伯数字从 001 开始连接标注。

（2）对于统一施工表格（如隐蔽工程检查记录、预检记录等）涉及多个（子）分部工程时，顺序号应根据（子）分部工程的不同，按（子）分部工程的各检查项目分别从 001 开始连接标注。

四、资料的类别编号填写原则

资料的类别编号应依据表 1-6 的要求，按 C1 ~ C7 类填写。

五、顺序号的填写原则

（1）对于施工专用表格，顺序号应按时间先后顺序，用阿拉伯数字从 001 开始连续标注。

（2）对于同一施工表格（如隐蔽工程检查记录、预检记录等）涉及多个（子）分部工程时，顺序号应根据（子）分部工程的不同，按（子）分部工程各检查项目分别从 001 开始连续标注。

无统一表格或外部提供的施工资料，应根据表 1-6，在资料的右上角注明编号。

六、监理资料编号

（1）监理资料编号应填入右上角的编号栏。

（2）对于相同的表格或相同的文件材料，应分别按时间自然形成的先后顺序从 001 开始，连续标注。

（3）监理资料中的施工测量放线报验申请表（A4）、工程材料/构配件/设备报审表（A9）应根据报验项目编号，对于相同的报验项目，应分别按时间自然形成的先后顺序从 001 开始，连续标注。

学习案例

某工程为综合办公楼，框架结构六层，层高 3.3 m，总高 19.8 m，建筑面积 5 225 m^2，现工程已竣工验收合格，正在进行立卷和归档工作。

想一想

1. 卷内文件如何排列？
2. 对归档文件有哪些要求？

案例分析

1. 卷内文件排列如下：

（1）文字材料按事项、专业顺序排列。同一事项的请示与批复、同一文件的印本与定稿、主体与附件不能分开，并按批复在前、请示在后，印本在前、定稿在后，主体在前、附件在后的顺序排列；

（2）图纸按专业排列，同专业图纸按图号顺序排列；

（3）既有文字材料又有图纸的案卷文字材料在前，图纸排后。

2. 对归档文件的要求如下：

（1）归档文件必须完整、准确、系统，能够反映工程建设活动的全过程；

（2）归档文件必须经过分类整理，并应组成符合要求的案卷。

知识拓展

公路工程资料员工作职责

一、资料员任职资格

公路工程资料员必须具备一定的知识，否则将很难胜任。根据公路工程实践，项目资料员必须具备以下条件。

（1）资料员必须具有公路工程相关专业中等以上的文化程度，具有一定的文书处理能力。

（2）必须具有工程识图及结构构造的相关知识，了解施工程序及各种关键数据。

（3）资料员必须了解施工企业承包方式、合同签订、施工预算、现场经济活动分析管理的基本知识。

（4）资料员应了解与工程项目设计、施工验收和安全生产有关的法律及规范。

（5）资料员除应具有一定的计算机应用能力外，还应了解国家和项目所在地各级政府有关档案管理的规定。

二、资料员岗位职责

（1）资料员应及时收集、分析市场信息，加强对工程资料的现代化管理。

（2）及时收集、整理工程施工各类图纸以及补充资料，做好工程资料收发、运转、管理等工作，做到文件资料管理规范、完整。

（3）掌握施工技术质量资料的归档要求；积极参与施工生产管理，做好资料的管理和监控。

（4）做好工程图纸的收发和审核，对工程资料和工程图纸等进行独立组合案卷与归档。

（5）处理好各项公共关系，包括与业主、项目经理、技术主管、上级主管部门以及其他相关部门的关系，同时还要处理好与档案管理部门的关系。

三、资料员具体工作

1. 工程资料的收集

（1）资料员收集工程资料必须及时，必须保持与实际施工进度同步。

（2）工程建设资料管理必须纳入项目管理的程序中。

（3）资料员对收集到的资料应认真审核；不符合规定的，应返回施工单位予以修改或重做。

（4）对分包单位必须提供的施工技术资料，从项目经理、技术主管到资料员应严格把关，所提供的资料不符合要求的，不予结算工程款（包括对供货单位）。

（5）资料员对收集到的资料应及时整理、立卷与归档。

2. 工程资料分类与保管

（1）工程资料管理应规范化、制度化和科学化。

（2）工程资料的存放和保管方法根据在本单位的实际情况确定，并必须符合档案管理的有关规定。

（3）工程档案管理库应按本单位档案管理规定和要求建立，并报请本地档案管理机构组织档案管理验收。

（4）工程档案库必须安全、清洁，并做到“六防”，即防火、防盗、防虫、防霉、防尘和防光。

（5）工程资料应按相关规定移交、归档。

（6）借阅工程资料时，必须履行相关手续，且不得损坏或遗失。

（7）工程资料的收回、销毁按本单位和本地档案管理有关规定执行。

3. 工程资料的登记

（1）工程资料的收发登记。

（2）工程资料借阅登记。

（3）工程资料传阅登记。

4. 工程资料的复印

（1）工程资料一般不得复印（非密级文件、投标标书、票据、凭证、少量一次性非常规表格及非复印不可的文件除外）。

（2）工程资料的复印有资料员统一管理；凡是受控文件不得擅自复印。

（3）需要复印的文件材料，有关部门应预先考虑其使用前景，适当增加自存数，避免临时突击复印。

5. 单位印章的管理

（1）印章是本单位对内对外行使权利的凭证。

（2）印章都要由专人保管；印章使用必须符合用印范围。

情境小结

本学习情境主要介绍了工程资料管理的职责、工程资料的归档和保管期限、工程资料的分类和编号三方面的内容。

（1）工程资料是指工程建设过程中形成的各种形式的信息记录，包括基建文件、监理资料、施工资料、竣工图、工程档案等。工程资料管理的职责有：通用职责，建设单位职责，勘察、设计单位职责，监理单位职责，施工单位职责及城建档案馆职责。

（2）工程资料的归档和保管期限主要介绍了工程准备阶段文件归档范围和保管期限、监理文件归档范围和保管期限、施工文件归档范围和保管期限、竣工图归档范围和保管期限、竣工验收文件归档范围和保管期限。

（3）工程资料遵循的原则：

① 工程资料应按照收集、整理单位和资料类别的不同进行分类。

② 施工资料分类根据类别和专业系统划分。

③ 施工过程中工程资料的分类、整理和保存应执行国家及行业现行法律、法规、规范、标准计地方有关规定。

学习检测

一、填空题

1. 工程资料的内容包括：________、________、________、________、________。
2. 基建文件是建设单位在工程建设过程中形成的文件，分为________和________。
3. 工程竣工验收后，真实地反映________。
4. 工程资料管理有________、________、________、________、________的职责。
5. 监理资料编号中对于相同的表格或相同的文件材料，应分别按________，连续标。

二、单项选择题

1. 下列不属于工程资料的是（　　）。
   A. 基建文件　　B. 可行性研究　　C. 监理资料　　D. 工程档案
2. 质量事故处理方案应由（　　）出具或签认。
   A. 建设单位　　B. 监理单位　　C. 设计单位　　D. 施工单位
3. 《施工现场质量管理检查记录》应由（　　）填写。
   A. 施工单位负责人　　B. 施工单位现场负责人
   C. 建设单位项目负责人　　D. 总监理工程师
4. 工程档案保存期限等于该工程使用寿命的属于（　　）保存档案资料。
   A. 永久　　B. 短期　　C. 长期
5. 工程开工文件不包括（　　）。
   A. 项目建议书　　B. 施工现场移交单
   C. 建设项目列入年度计划的申报文件　　D. 工程开工前的原貌影像资料

三、简答题

1. 工程资料的内容有哪些？
2. 通用职责的内容有哪些？
3. 工程资料遵循的原则有哪些？
4. 顺序号的填写原则的内容有哪些？
5. 监理资料编号的内容有哪些？

学习情境二

建筑工程管理和技术资料

情境导入

某建筑公司承建的某经济技术开发区一钢结构厂房，于 2008 年 4 月开工。进入 11 月以后，该地区天气变冷，但由于该公司各项准备工作不及时，一直拖到 12 月工地生活区内的取暖问题还得不到解决。期间工人在宿舍内用铁桶劈柴取暖，工地竟无人问津，不过问不检查！某一天晚上雾大气压低，一宿舍发生集体一氧化碳中毒，直到第二天才有人发现，宿舍内已有三人死亡。

案例导航

上述案例涉及工程质量事故的相关内容。发生事故要进行调查，建设工程质量事故调（勘）察记录是当工程发生质量事故后，调查人员对工程质量事故进行初步调查了解和现场勘察所形成的记录。

要了解工程管理的其他内容，需要掌握相关知识有：

（1）施工管理资料的管理。

（2）施工技术资料的管理。

（3）施工测量记录的管理。

学习单元一　基建资料管理

知识目标

了解工程决策立项阶段、土地征迁阶段以及工程竣工验收及备案阶段各种资料类型、内容以及编制办法和原则。

技能目标

通过本单元的学习，掌握工程各个阶段的资料类型及内容。

基础知识

基建资料主要有决策立项文件、建设用地、征地与拆迁文件、勘察、测绘与设计文件、工程招投标与承包合同文件、工程开工文件、商务文件、工程竣工验收及备案文件及其他文件等。

一、决策立项阶段文件

(一) 项目建议书

决策立项阶段主要是完成建设项目正式立项的一系列工作。这个阶段主要包括的资料有项目建议书、可行性研究和可行性研究报告、立项审批等文件。

1. 项目建议书的概念

项目建议书是建设单位向国家提出申请建设某一具体建设项目的建议文件，是投资决策者对拟建项目的大体设想，提出拟建项目目的、必要性和依据。项目建议书的目的是为国家选择建设项目、制订基本建设计划和管理部门确定是否进行下一步可行性研究工作的依据。项目建议书的作用如下：

(1) 国家选择建设项目的依据；

(2) 进行下一阶段可行性研究的依据；

(3) 利用外资的项目对外开展工作的依据；

(4) 选择建设地点、联系配套条件、签订意向协议的依据。

2. 项目建议书的内容

项目建议书根据拟建项目的必要性、条件的可行性、获利的可能性，并以分析必要性为主，其内容一般包括以下几个方面：

(1) 建议建设项目的必要性和依据；

(2) 产品方案、拟建条件、建设地点的初步设想；

(3) 资源情况、建设条件、协作关系的初步分析；

(4) 投资估算和资金筹措的设想；

(5) 项目的进度安排；

(6) 对经济效果、投资效益的初步估计。

3. 项目建议书的审查

编制完成的项目建议书，审批前建设单位应组织有关部门和专家参与审查，主要审查以下几个方面：

(1) 是否符合国家的建设方针和长期规划；

(2) 产品是否符合市场需要，论证是否充分；

(3) 建设地点是否符合城市规划；

(4) 经济效益的估算是否合理，是否与资金投入相一致；

(5) 对遗漏和论证不足之处进行补充、修改；

(6) 对需办理有关手续的是否办理齐全，需补办手续的是否补办齐全。

经审查符合要求的项目建议书才能报请有关部门审批。

4. 项目建议书的报批

经审查合格的项目建议书，应报送上级有关主管部门审批。根据国家有关文件规定：(1) 大型和重大建设项目由国家计委审查，纳入国家前期工作计划；(2) 中小型建设项目由国务院主管部门或省、自治区、直辖市的计委审批，纳入部门和地区的前期工作计划，并报国家计委备案。

根据国家下达的前期工作计划，经国务院主管部门和省、自治区、直辖市计委审查批准的提出项目建议书的建设项目，发出前期工作通知书。

5. 项目建议书编制及报批程序

从项目建议书的酝酿、编制、报批到审批同意，发给前期工作通知书，编制及报批程序如图 2-1 所示。

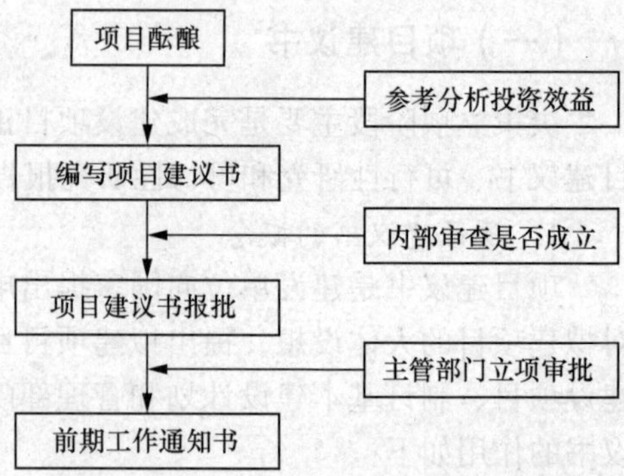

图 2-1 项目建议书的编制和报批程序

（二）可行性研究报告及附件

建设单位接到前期工作通知书后，便着手进行建设项目的可行性研究。

可行性研究的目的如下：

（1）根据国民经济发展和地区规划，结合自然和资源条件，对拟建项目在技术、经济上全面进行考察、论证，通过多种方案比较，提出评价意见，为编制可行性研究报告提供可靠依据；

（2）拟建项目获得尽可能好的效益；

（3）分析论证拟建项目经济上是否合理、技术上是否先进、条件上是否可行、经营上是否盈利、成果是否实用，使决策更加科学。

1. 可行性研究的内容

针对不同行业和用途的建设项目，可行性研究的内容有不同的侧重点，主要有以下基本内容：

（1）项目提出的背景和依据，投资的必要性和经济意义；

（2）建设规模、产品方案、市场需求预测和确定的依据；

（3）技术工艺、建设标准、主要设备；

（4）资源、原材料、燃料供应及公用设施配合条件；

（5）建设地点、占地面积、布置方案、选址意见；

（6）项目构成、设计方案、公用辅助配套工程；

（7）环境影响及防震要求；

（8）企业组织、劳动定员和人员培训；

（9）建设工期和施工进度；

（10）投资估算和资金筹措方式；

（11）经济效益和社会效益。

可行性研究要收集各种与本建设项目有关的资料和信息，整理出相关的调查材料，根据调查材料进行客观的分析研究，提出分析研究成果、建议材料和评价材料。

2. 可行性研究报告

可行性研究报告是根据可行性成果编制的综合报告。它是根据国家国民经济发展的长远规划和地区布局的要求，按照建设项目隶属关系，由主管部门组织计划、经济、设计等部门，在可行性研究的基础上选择经济效益最好的方案的文件。

建设项目可行性研究报告的主要内容有以下几个方面。

（1）概述。

① 项目提出的背景（改扩建项目要说明现有单位的概况）、投资的必要性和经济意义；

② 研究工作的依据和范围。

（2）需求预测和拟建规模。

① 国内外需求预测；

② 国内现有项目生产能力的预测；

③ 销售预测、价格分析、产品竞争能力、进入国内外市场的前景；

④ 对拟建项目的规模、产品方案和发展方向的经济技术进行比较和分析。

（3）资源、原材料、辅助材料、燃料及公用设施落实情况。

① 资源、原材料、辅助材料、燃料的种类、数量和供应可能；

② 需用公用设施的种类、数量、供应方式和供应条件。

（4）建设条件和建设方案。

① 建设地点的地理位置、气象、水文、地质、地形条件和社会经济现状；

② 交通运输及水、电、热、气的现状和发展趋势；

③ 不同建设地点比较和选择意见。

（5）设计方案。

① 项目构成范围（指主要的单项工程），主要技术来源和生产方法，主要技术、工艺和设备选型方案的比较，引进技术、设备的来源国别，合作制造的设想，改扩建项目要说明原有国有资产的利用情况；

② 建设项目布置方案的初步选择和土建工程量估算；

③ 公用辅助设施和内外交通运输方式的比较和初步选择。

（6）环境保护。

调查环境现状，预测项目对环境的影响，提出环境保护和治理“三废”的初步方案。

（7）生产组织、劳动定员和人员培训。

拟定生产组织和形式，对劳动定员和人员培训进行数目估算。

（8）实施进度的建议。

拟定工程项目建设进度，提出施工方案、进度建议。

（9）投资估算和资金筹措。

① 主体工程和协作配套工程所需的投资；

② 生产流动资金的估算；

③ 资金来源、筹措方式及贷款的偿付方式。

（10）社会及经济效果评价。

对经济效果评价要进行动态和静态分析，不仅计算建设项目本身的微观经济效果，还要分析建设项目对国民经济的宏观经济效果的贡献，以及建设项目对社会的影响。

以上的可行性研究报告是以工业项目为蓝本。对非工业项目的可行性研究报告的内容，可参照上述内容，再结合自身项目的特点适当进行调整。

3．可行性研究报告附件

除可行性研究报告正文外，还需具备以下几个附件。

（1）选址意向书。

① 选址依据。

选址就是具体选择建设项目建设地点，确定坐落位置和东西南北四至。它是建设项目前期工作的重要环节，是设计工作的基础。

选择建设地点的依据是：

a. 要执行城市的总体规划和分区规划。城市中的任何建筑物和构筑物的建设均要遵守城市规划，因此，建设项目选址一定要经过规划管理部门的同意。

b. 满足项目的技术要求。各种建设工程都必须考虑自然地理特征，供水、供电、供热、排水、交通运输条件，环卫、环保条件，以适应人们生产、生活的需要。

c. 经济合理。在投资建设某一个建设项目的时候，选择能更大限度地满足建设和生产经营的要求，建设费用、经营费用最省的建设位置。

② 选址意向书。

在城市规划区域内进行建设的建设项目，都需要向城市规划管理部门申请用地，提出选址报告，又称为工程选址意向书。

在意向书中，除选址的依据和经过、经济技术指标外，还要考虑以下几方面的内容：

a. 土地面积和外形满足建设需要；

b. 地理位置、气象、水文、地质、地形条件合适；

c. 交通、运输及水、电、气供应能力及发展趋势；

d. 生产资料情况；

e. 社会条件。

最后，对各个选址方案进行比较，选出建设场地的初步方案。

（2）选址意见书。

新建、改建、扩建的工程项目，建设单位的选址意向书应报城市规划管理部门备案，并需征得规划管理部门的意见。对其安排在城市规划区内的建设项目，城市规划管理部门应从城市规划方面提出选址意见书。在可行性研究报告报请有关部门审批时，城市规划管理部门的选址意见书是必备的附件。

选址意见书的内容包括以下几方面。

① 建设项目的基本情况。

主要是指建设项目名称、性质、用地与建设规模、能源的需求、运输方式以及“三废”处理方式和排放量。

② 建设项目选址的主要依据。

a. 建设项目建议书批准文件；

b. 建设项目与城市规划布局的协调；

c. 建设项目与城市交通、通风、能源、市政、防灾规划的衔接与协调；

d. 与建设项目相配套的生活设施、城市生活居住条件、公共设施的衔接和协调；

e. 建设项目对城市环境可能造成污染的影响，以及与城市环境保护规划和风景名胜、文物古迹保护规划的协调。

③ 建设项目选址、用地范围。

a. 建设项目选址、用地范围要符合城市详细规划要求。

b. 选址意见书的审批要与建设项目规划审批权限相一致。

c. 选址意见通知书。

由城市规划主管部门下发，并有附图（图略）。

（3）外协意向性协议。

外协意向性协议，是与建设项目有关的外部协作单位主管部门进行磋商，双方签订供应使用的协议意向书。项目建议书批准后，建设单位应与有关部门协商办理外协意向性协议。需要办理外协意向协议的项目主要有征用土地、原材料及燃料供应、动力供应、通信、交通运输条件、配套设施、辅助设施等内容。

① 拆迁安置意向书。

在选址意向书圈定的征地范围内，对地上的建（构）筑物、住户，耕地上的青苗等，要与辅助拆迁安置的当地政府拆迁安置部门共同研究、协商拆迁安置具体意见。按照国家和地方有关拆迁安置条例及实施细则，协商确定安置费用意向，签订用地范围内地面和地下设施及建筑物处理意向性协议。

② 原材料、燃料供应意向书。

对原材料、燃料、辅助材料需要量比较大的种类，需与当地政府主管部门和生产厂家联系，就材料来源、质量要求、供应数量、交货地点、供应时间、交货方式等进行协商，并签订意向书，作为建设时期和投入使用后的物质保证。

③ 动力供应意向性协议。

动力供应主要是指供水和供电。建设单位要与当地政府主管部门签订供水水源、取水地点和取用量协议意向书。建设单位与当地供电主管部门签订外部供电意向书，主要是电力供应数量、方式、价格等项内容。如果供应有困难，需要采取补救措施的意向书，为施工用电和建成后用电打下基础。

④ 电信协议。

电信包括通信和通邮。通信要征得当地的电信部门的同意，签订安装电话、广播电视信息、租用通信卫星线路等意向书；通邮要与邮政部门签订通邮意向书。

⑤ 运输条件。

建设项目需自建铁路、公路设施的建设单位，要与当地铁道、公路的主管部门联系并备案，取得准建证和运输协议意向书。

⑥ 配套措施和辅助设施。

配套措施指建设时原材料加工、机械维修等，辅助措施指地方提供服务的设施，如供热、供气等。这些配套设施及辅助设施如何为建设项目提供服务，事先应与有关主管部门协商，如能提供服务，双方签订协作意向书。

（4）可行性研究报告的审批。

① 审批权限。

建设单位完成编制可行性研究报告后，向有关主管计委或行业主管部门申报和审批。对可行性研究报告的申报和审批，国家有关文件的规定审批权限如下。

a. 大中型项目可行性研究报告，按照项目隶属关系由行业主管部门或省、自治区、直辖市和计划单列市审查同意后，报国家计委审批，或由国家计委委托有关单位审批。重大项目和特殊项目以及投资 2 亿元以上的项目，由国家计委审核后报国务院审批。

b. 小型项目的可行性研究报告，按照隶属关系，分别由行业主管部门和省、自治区、直辖市和计划单列市计委审批。

c. 企业横向联合投资的大中型基本建设项目，凡自行解决资金以及投产后的产供销能够自己落实，不需要国家安排的项目，可行性研究报告由有关部门和省、自治区、直辖市、计划单列市计委审批，抄报国家计委和有关部门备案。

d. 地方投资的地方院校、医院和其他文化、教育、卫生事业的大中型项目可行性研究报告由省、自治区、直辖市和计划单列市计委审批，报国家计委有关部门备案。

② 审批后文件的效力。

可行性研究报告经过正式批准后，建设项目即正式立项。正式立项的建设项目应当按审批意见严格执行，任何部门、单位或个人都不得随意修改和变更，如因建设条件变化、建设内容变化或建设投资变化，确实需要变更或调整可行性研究报告的指标和内容时，要经过原批准单位同意，并正式办理变更手续。

（5）可行性研究工作程序。

从接到建设项目前期工作通知书后，到建设项目正式立项，可行性研究工作程序如图 2-2 所示。

（6）建设项目立项文件。

建设单位根据批复的可行性研究报告，召开立项会议，组织关于立项的事宜。立项会议以纪要的形式对立项进行全面的概括阐述，对专家们立项的建议进行组织和整理，形成文件，并对项目评估做出研究。其归档文件有：项目建议书；对项目建议书的批复文件；可行性研究告；对可行性研究报告的批复文件；关于立项的会议纪要；领导批示，专家对项目的有关建议文件，项目评估研究资料；计划部门批准的立项文件；计划部门批准的设计任务等。

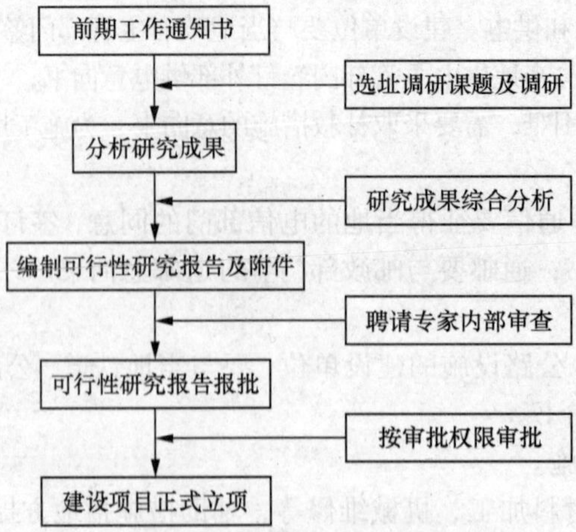

图 2-2　可行性研究工作程序

二、建设用地、征地、拆迁文件

（一）工程项目选址申请及选址规划意见通知书

工程项目选址申请

在城市规划区域内进行建设的建设项目，申请人根据申请条件、依据，向城市规划管理部门提出选址申请，填写建设项目规划审批及其他事项申报表。申请还需提交如下申报材料。

（1）建设项目新征（占）用地（包括出让、转让用地和尚未办理建设用地规划许可证的用地）。

① 建设单位出具的申报委托书和填写完整并加盖单位印章的“建设项目规划许可及其他事项申报表”（见表 2-1）；

② 市计划主管部门对项目建议书的批复文件原件一份；

③ 建设单位新征（占）用地申请文件（包含发文号、签发人、单位印章等基本公文要素）、选址要求及拟建项目情况说明各一份；

④ 拟建项目设计方案图纸（含主要经济技术指标）一份；

⑤ 在基本比例尺图纸上，用铅笔画出新征（占）用地范围或位置的地形图一份；

⑥ 依法需进行环境影响评价的建设项目，需持经相应环保部门批准的环境影响评价文件；

⑦ 普测或钉桩成果；

⑧ 其他法律、法规、规章规定的相关要求。

（2）自有用地建设项目。

① 建设单位出具的申报委托书和填写完整并加盖单位印章的“建设项目规划审批及其他事

项申报表”。

② 建设用地规划许可证或国有土地使用证、房产证等其他证明土地权属的文件的复印件一份。

③ 建设单位对拟建项目情况的说明一份。建设项目拟加层的，需附设计部门出具的建筑结构基础证明文件。

④ 拟建项目设计方案图纸（含主要经济技术指标）一份。

⑤ 在基本比例尺图纸上，用铅笔画出新征（占）用地范围或位置的地形图一份。

⑥ 依法需要进行环境影响评价的建设项目，需持经相应环保部门批准的环境影响评价文件。

⑦ 普测或钉桩成果。

⑧ 其他法律、法规、规章规定的相关要求。

（二）选址规划意见通知书

建设单位的工程项目选址申请经城市规划管理部门审查，符合有关法规标准的，即时收取申请人申请材料，填写“选址规划意见通知书”两份。将“选址规划意见通知书”一份加盖收件专用印章后交申请人；将申请材料和“选址规划意见通知书”一份装袋，填写移交单，转交有关管理部门。

选址规划意见通知书由城市规划主管部门下发，并有附图（图略）。

表 2-1　　建设项目规划许可及其他事项申报表

<table>
<tr><td colspan="3">项目代码</td><td colspan="4">（首次申报时，由规划行政主管部门填写）</td></tr>
<tr><td rowspan="5">建设单位（个人）</td><td colspan="4" rowspan="3">郑重承诺：对提交的申报材料实质内容的真实性负责并依法承担相应法律责任。（盖章）</td><td>组织机构代码</td><td>-</td></tr>
<tr><td>建设方式</td><td>□房地产开发　□土地整理储备中心
□代建制单位　□特许经营权单位</td></tr>
<tr><td>单位性质</td><td>□房地产开发公司　□中央单位
□驻京部队　□其他单位</td></tr>
<tr><td colspan="2">代理人（产权人）</td><td></td><td>身份证号码</td><td colspan="2"></td></tr>
<tr><td colspan="2">联系电话</td><td></td><td>手机</td><td colspan="2"></td></tr>
<tr><td rowspan="4">设计单位</td><td colspan="4" rowspan="3">（盖章）
本单位承诺：
对设计文件和图纸表述内容的真实性、准确性、合法性负责，并依法承担相应法律责任。</td><td>资质等级</td><td>级</td></tr>
<tr><td>资质证号</td><td></td></tr>
<tr><td>注册建筑师注册证号</td><td>-</td></tr>
<tr><td colspan="2">项目负责人</td><td colspan="2"></td><td>联系电话</td><td></td></tr>
<tr><td rowspan="3">建设项目基本情况</td><td colspan="2">项目性质</td><td colspan="2"></td><td>项目类别</td><td>□普通　□机要</td></tr>
<tr><td rowspan="2">建设规模</td><td>用地面积</td><td colspan="2">平方米</td><td>图幅号</td><td></td></tr>
<tr><td>建筑面积</td><td colspan="2">平方米，（　）栋</td><td>建设项目所处环路</td><td>□二环以内　□二环～三环
□三环～四环　□四环～五环
□五环～六环　□六环以外</td></tr>
</table>

续表

项目代码	（首次申报时，由规划行政主管部门填写）				
建设项目基本情况	建设规模	其他（构筑物等）			
	住房总建筑面积		平方米	住房总套数	
	套型建筑面积 $90m^2$ 以下（含）住房总建筑面积		平方米	住房套数	
	项目建设位置	区（县） 街道（乡、镇）			
	上阶段规划审批文号	除首次申报外，上次申报后核发的规划意见文件（包括《补正材料通知书》、《同意撤件通知书》）文号均须填写			
	原规划许可证件文号	办理延续、变更、补正、补发、证明、规划监督等事项的均须填写			
申报或征询类别	行政许可事项	规划意见书（选址）	□新征（占）用地项目		
		建设用地规划许可证	□新征（占）用地项目□自有用地项目 □临时建设用地规划许可证		
		建设工程规划许可证	□新征（占）用地项目 □城镇居民建房 □临时建设工程规划许可证	□自有用地项目 □村民建房 □外装修工程	
		变更	□变更建设用地规划许可证附件 □变更建设工程规划许可证附件	□规划意见复函	
		延续	□建设用地规划许可证 □临时建设用地规划许可证 □城镇居民建房□村民建房	□建设工程规划许可证 □临时建设工程规划许可证 □外装修工程	
	其他事项		□规划意见书（条件） □控规调整 □规划验线 □规划验收 （□规划意见函复）	备注：申报自有用地《规划意见书（条件）》的建设项目，如涉及新增用地，你单位是（ ）否（ ）同意将《规划意见书（条件）》转为《规划意见书（选址）》。如同意将《规划意见书（ 条件）》转为《规划意见书（选址）》，须在取得规划意见时，补交建设单位申报委托书 1 份。	

（三）建设用地规划许可证及附件

1. 提出规划用地申请

建设单位持有按国家基本建设程序批准的建设项目立项的有关证明文件，向城市规划管理部门提出用地申请，填写规划审批申报表和准备好有关文件。

建设用地规划许可证申报表主要内容为建设单位、申报单位、工程名称、建设内容、地址、规模等概况。需要准备好的有关文件，主要有计划主管部门批准的征用土地计划、土地管理部门的拆迁安置意见、地形图和规划管理部门选址意见书，以及要求取得的有关协议、意向书等文件和图纸。

填写的申报表要加盖建设单位和申报单位公章。

经审查符合申报要求的用地申请，发给建设单位或申报单位建设用地规划许可证立案表，作为取件凭证。

2. 建设用地规划许可证

征用土地是工程项目建设的最基本条件，要在工程设计时办理完成规划用地许可证和拆迁安置协议等有关事宜。规划管理部门根据城市总体规划的要求和建设项目的性质、内容，以及选址定点时初步确定的用地范围界线，提出规划设计条件，核发建设用地规划许可证。办理建设用地规划许可证时应当注意以下几点。

（1）征用农村集体土地，由城市规划行政主管部门提出选址规划意见通知书，待批准后，方可办理建设用地规划许可证。使用国有土地时，城市规划行政主管部门提出选址意见通知书，待批准后方可办理建设用地规划许可证。

（2）国有土地管理部门提出拆迁安置意见后，正式确定使用国有土地的范围和数量，并待城市规划行政主管部门审定设计方案后，方可办理建设用地规划许可证。

（3）建设用地规划许可证规定的用地性质、位置和界线，未经原审批单位同意，任何单位和个人不得擅自变更。

3. 用地申请及批准书

征用土地应严格按照国家规定的基本建设程序和审批权限办理。办理程序如下。

（1）建设用地申请。

建设单位和个人在取得建设用地规划许可证后，方可向县级以上地方人民政府土地管理部门申请用地，编制申请用地报告。

（2）协商征地数量和补偿安置方案。

县级以上人民政府土地管理部门对建设用地申请进行审核，划定用地范围，并组织建设单位与被征用土地单位以及有关单位依法商定征用土地协议和补偿、安置方案，报县级以上人民政府批准。

（3）划拨土地。

建设用地的申请，依照法律规定，经县级以上人民政府批准后，由土地管理部门根据建设进度需要进行一次或者几次分期划拨建设用地。

（4）核发国有土地使用证。

建设项目竣工后，由城市规划管理部门会同土地管理部门、房地产管理部门核查实际用地后，由县级以上人民政府办理土地登记手续，核发《国有土地使用证》。

4. 工程建设项目报建资料

根据建设部（建［1994］482 号令）《工程建设项目报建管理办法》规定，新开工的建设工程项目，建设单位向建设行政主管部门和工程规划部门申请开工许可时，需办理下列工程项目报建资料。

（1）建设工程用地批准书或土地许可证；

（2）建设工程规划许可证（见表 2-2、表 2-3）；

（3）建设单位银行资信证明；

（4）工程立项批准文件；

（5）工程地质勘察报告：

（6）工程施工设计图纸；

（7）工程勘察、设计合同；

（8）工程建设项目报建书；

（9）施工企业投标能力评估报告。

表 2-2 **建设工程规划许可证**

中华人民共和国

建设工程规划许可证

编号　×××—规建字—0008

根据《中华人民共和国城市规划法》第三十二条规定，经审定，本建设工程符合城市规划要求，准予建设。

特发此证

发证机关

日　期　××年×月×日

建设单位	××集团开发有限公司
建设项目名称	××大厦
建设位置	××市××区××街××号
建设规模	25598 平方米

附图及附件名称

本工程建设工程规划许可证附件一份

本工程设计图一份

遵守事项：

一、本证是城市规划区内，经城市规划行政主管部门审定，许可建设各类工程的法律凭证。

二、凡未取得本证或不按本证规定进行建设，均属违法建设。

三、未经发证机关许可，本证的各项规定均不得随意变更。

四、建设工程施工期间，根据城市规划行政主管部门的要求，建设单位有义务随时将本证提交查验。

五、本证所需附图与附件由发证机关依法确定，与本证具有同等法律效力。

表 2-3 **建设工程规划许可证（附件）**

建设工程规划许可证（附件）

建设单位：××集团开发有限公司　　××—规建字—008

建设位置：××市×区××街×号　　图幅号：122-19

建设单位联系人：×××　电话：××××××××　　发件日期：××年×月×日

建设项目名称	建设规模（平方米）	层数		高度（米）	栋数	结构类型	造价（元）	备注
		地上	地下					
××大厦	24 388	20	3	69.8	1	框剪	¥50 000 000	

续表

建设项目名称	建设规模（平方米）	层数		高度（米）	栋数	结构类型	造价（元）	备注
		地上	地下					

抄送单位：×××××　　　　承建单位：××××

说明：

1. 本附件与《建设工程规划许可证》具有同等效力。

2. 遵守事项见《建设工程规划许可证》。

注意事项：

1. 本工程放线完毕，请通知测绘院、规划部门验线无误后方可施工。

2. 有关消防、绿化、交通、环保、市政、文物等未尽事宜，应由建设单位负责与有关主管部门联系，妥善解决。

3. 设计责任由设计单位负责。按规定允许非正式设计单位工程，其设计责任由建设单位负责。

4. 本《建设工程规划许可证》及附件发出后，因年度建设计划变更或因故未建满 2 年者，《建设工程规划许可证》及附件自行失效，需建设时，应向审批机关重新申报，经审核批准后方可施工。

5. 凡属按规定应编制竣工图的工程必须按照国家编制竣工图的有关规定编制竣工图，送城市建设档案馆。

建设工程施工许可证见表 2-4。

表 2-4　　建设工程施工许可证

中华人民共和国

建设工程施工许可证

编号　施×××—03660 建

根据《中华人民共和国建筑法》第八条规定，经审查，本建设工程符合施工条件，准予施工。

特发此证

发证机关

日　期　××年×月×日

续表

建设单位	××集团公司		
工程名称	××大厦		
建设地址	××市××区××街××号		
建设规模	21 000 平方米	合同价格	4 500 万元
建设单位	××建筑设计院		
施工单位	××集团有限责任公司		
监理单位	××市监理公司		
合同开工日期	××年×月×日	合同竣　日期	××年×月×日
备注			

注意事项：

1. 本证放置于施工现场，作为准予施工的凭证。

2. 未经发证机关许可，本证的各项内容不得变更。

3. 建设行政主管部门可以对本证进行查验。

4. 本证自核发之日起三个月内应予施工，逾期应办理延期手续，不办理延期或延期次数、时间超过法定时间的，本证自行废止。

5. 凡未取得本证擅自施工的属违法建设，将按《中华人民共和国建筑法》的规定予以处罚。

三、工程竣工验收及备案文件

工程竣工验收备案流程

备案程序

（1）单位工程竣工验收 5 日前，建设单位到当地建设工程竣工验收备案管理部门领取“房屋建筑工程和市政基础设施工程竣工验收备案表”。

同时，建设单位将竣工验收的时间、地点及验收组名单和各项验收文件及报告，书面报送负责监督该项工程的质量监督部门，准备对该工程竣工验收进行监督。

（2）自工程竣工验收合格之日起 15 个工作日内，建设单位将“房屋建筑工程和市政基础设施工程竣工验收备案表”一式两份和竣工验收备案文件报送工程竣工验收备案管理部门，备案工作人员初审验证符合要求后，在表中备案意见栏加盖“备案文件收讫”章。

（3）工程质量监督部门在工程竣工验收合格后 5 个工作日内，向工程竣工验收备案管理部门报送“工程质量监督报告”。

（4）备案管理部门负责人审阅“房屋建筑工程和市政基础设施工程竣工验收备案表”和备案文件，符合要求后，在表中备案管理部门处理意见栏填写“准予该工程竣工验收备案”意见，加盖“工程竣工验收备案专用章”。备案管理部门将备案表一份发给建设单位，一份备案表及全部备案资料和“工程质量监督报告”留存档案。

（5）建设单位报送的“房屋建筑工程和市政基础设施工程竣工验收备案表”和竣工验收备案文件，如不符合要求，备案工作人员应填写《备案审查记录表》，提出备案资料存在的问题，双方签字后，交建设单位整改。

（6）建设单位根据规定，对存在的问题进行整改和完善，符合要求后重新报送备案管理部门备案。

（7）备案管理部门依据《工程质量监督报告》或其他方式，发现在工程竣工过程中存有违反国家建设工程质量管理规定行为的，应当在收讫工程竣工验收文件15个工作日内，责令建设单位停止使用，并重新组织竣工验收。建设单位在重新组织竣工验收前，工程不得自行投入使用，违者按有关规定处理。

（8）建设单位采用虚假证明文件办理竣工验收备案的，工程竣工验收无效，责令停止使用，重新组织竣工验收，并按有关规定进行处理。

（9）建设单位在工程竣工验收合格后15日内，未办理工程竣工验收备案，责令其限期改正，并按有关规定处理。

☼小提示

工程竣工验收备案范围的内容：

（1）凡在中华人民共和国境内从事建设工程的新建、扩建、改建等有关活动及实施对建设工程质量监督管理的竣工工程，都需进行竣工验收备案。

（2）竣工验收本案管理工作，一般由各地方建委按现行的工程质量监督范围，具体负责房屋建筑工程市政基础设施工程的竣工验收备案工作。

（3）建设工程质量监督站负责监督的工程竣工验收后，由建设单位向建设工程竣工验收备案管理部门办理竣工验收备案。

学习案例

某教学楼的工程项目，已具备开工条件，开工质量控制流程是：开工预备—提交工程 J—报审表—审查开工条件—批准开工申请。在该工程全部工程完成后，应进行竣工验收，其工作流程为：竣工验收文件资料预备—申请工程竣工验收—审核竣工验收申请—签署工程竣工验收—组织工程验收。

想一想

1. 开工前的各项流程由哪个单位进行？
2. 竣工验收阶段的流程由哪个单位完成？
3. 工程开工报审表应附有哪些材料？

案例分析

1. 开工前的各项流程由以下单位进行：

（1）开工预备由承包单位进行；

（2）提交工程开工报审表由承包单位进行；

（3）审查开工条件由监理单位完成；

（4）批准开工申请由监理单位完成。

2. 竣工验收阶段的流程由以下单位完成：

（1）竣工验收文件资料预备应由承包单位完成；

（2）申请工程竣工验收由承包单位完成；

（3）审核竣工验收申请由监理单位完成；

（4）签署工程竣工验收申请由监理单位完成；

（5）组织工程竣工验收由建设单位完成。

3. 开工报审表应附有的材料是：施工组织设计；施工人员到场情况；施工设备到场情况；材料到场情况；分包单位资质材料。

下面以××市工程竣工验收备案文件为例，作简要说明。

1. ××市工程竣工验收备案文件档案（见附件 1）

（1）××市建设工程竣工验收备案表。

（2）竣工验收备案文件。

（3）××市工程质量监督报告。

2. 工程质量监督档案（目录）

（1）工程监督资料。

（2）××市电梯安装工程质量监督报告。

（3）××市人防工程质量监督报告。

（4）××市工程质量监督报告。

3. ××市房屋建筑工程和市政基础设施工程竣工验收备案表

《××市房屋建筑工程和市政基础设施工程竣工验收备案表》填写范例见附件 2，填写要点说明见附件 3。

4. 建设工程竣工档案预验收意见

《建设工程竣工档案预验收意见》填写范例见附件 4。

附件 1

××市工程竣工验收备案文件档案

编号总×××××

工程名称 ××大厦

建设单位 ××集团开发有限公司

施工单位 ××建设集团有限公司

监理单位 ××监理公司

监督单位 ××市建设工程质量监督总站

备案档案目录

工程名称：××大厦

序号	档案内容	张数	页号	备注
1	××市建设工程竣工验收备案表	5		
2	竣工验收备案文件	41		
3	××市工程质量监督报告	4		

续表

序号	档案内容	张数	页号	备注

注：范例用表格与各地现行表格发生矛盾，以各地现行表格为准，下同。

附件 2

编号：总×××××

××市房屋建筑工程和市政基础
设施工程竣工验收备案表

工程名称　××大厦
建设单位　××集团公司

×××建设委员会
××××年×月制

<table>
<tr><td>工程名称</td><td colspan="5">××大厦</td></tr>
<tr><td>工程地址</td><td colspan="5">××市××区××街××号</td></tr>
<tr><td>规划许可证号</td><td>××—规建字—××××</td><td rowspan="2">工程面积或工程选价</td><td colspan="3">面积：25 668m²</td></tr>
<tr><td>施工许可证号</td><td>施×××—××××建</td><td colspan="3">造价：×××万元</td></tr>
<tr><td>质量监督注册号</td><td>××建质字［××］第 1000 号</td><td>工程类别</td><td>公用</td><td>结构类型</td><td>框剪</td></tr>
<tr><td>开工时间</td><td>××年×月×日</td><td>竣工时间</td><td colspan="3">××年×月×日</td></tr>
</table>

续表

<table>
<tr><td colspan="3">单位名称</td><td>法定代表人</td><td>联系电话</td></tr>
<tr><td colspan="3">建设单位：××集团公司</td><td>×××</td><td></td></tr>
<tr><td colspan="3">勘察单位：××市××地质工程勘察院</td><td>×××</td><td></td></tr>
<tr><td colspan="3">设计单位：××市××建筑设计院</td><td>×××</td><td></td></tr>
<tr><td colspan="3">施工单位：××建设集团有限公司</td><td>×××</td><td></td></tr>
<tr><td colspan="3">监理单位：××建设监理公司</td><td>×××</td><td></td></tr>
<tr><td colspan="3">质量监督机构：××市建设工程质量监督总站</td><td>×××</td><td></td></tr>
<tr><td colspan="5">本工程已按《建设工程质量管理条例》第十六条规定进行了竣工验收，并且验收合格。依据《建设工程质量管理条例》第四十九条规定，所需文件已齐备，现报送备案。

建设单位（公章）　　法定代表人：×××（签字）
报送时间：　　××年×月×日</td></tr>
<tr><td rowspan="4">竣工验收意见</td><td>勘察单位意见</td><td colspan="3">××大厦工程地基为我院勘察，勘察报告编号为（×××）-026，经验槽槽底土质为砂卵石，与勘察报告相符。基底局部处理意见见洽商××号。同意竣工验收。

法定代表人
或工程项目负责人　（签字）：×××
××年×月×日（单位公章）</td></tr>
<tr><td>设计单位意见</td><td colspan="3">该工程为我院设计，现已施工完毕，经检查施工符合设计图纸和工程洽商要求，同意竣工验收。

法定代表人
或工程项目负责人　（签字）：×××
××年×月×日（单位公章）</td></tr>
<tr><td>施工单位意见</td><td colspan="3">此工程已按设计图纸及洽商变更完成施工合同内容，符合国家施工质量验收规范及标准要求，工程质量等级为优良，同意竣工验收。

法定代表人
或工程项目负责人　（签字）：×××
××年×月×日（单位公章）</td></tr>
<tr><td>监理单位意见</td><td colspan="3">本工程立项、施工手续完备，施工符合设计要求，质量达到国家验收标准，经对基槽、基础、主体结构及装修各阶段的验收，符合竣工条件，同意竣工验收。

法定代表人
或工程项目负责人　（签字）：×××
××年×月×日（单位公章）</td></tr>
</table>

续表

<table>
<tr><td>竣工验收意见</td><td>建设单位意见</td><td colspan="4">该工程经我单位组织勘察、设计、监理、施工单位共同检查，满足设计要求，符合国家质量验收标准，达到竣工条件，同意竣工验收。

法定代表人
或工程项目负责人　（签字）：×××
××年×月×日（单位公章）</td></tr>
<tr><td rowspan="18">竣工验收备案文件清单</td><td colspan="3">内　容</td><td>份数</td><td>备注</td></tr>
<tr><td colspan="3">1. 规划许可证和规划验收认可文件</td><td>各 1</td><td></td></tr>
<tr><td colspan="3">2. 工程施工许可证或开工报告</td><td>1</td><td></td></tr>
<tr><td colspan="3">3. 施工图设计文件审查报告</td><td>1</td><td></td></tr>
<tr><td colspan="3">4. 工程质量监督注册登记表</td><td>1</td><td></td></tr>
<tr><td colspan="3">5. 单位工程竣工验收记录</td><td>1</td><td></td></tr>
<tr><td colspan="3">6. 消防部门出具的建筑工程消防验收意见书</td><td>1</td><td></td></tr>
<tr><td colspan="3">7. 建设工程档案预验收意见</td><td>1</td><td></td></tr>
<tr><td colspan="3">8. 建筑工程室内环境检测报告</td><td>1</td><td></td></tr>
<tr><td colspan="3">9. 市政基础设施工程质量检测及功能性能试验资料</td><td>—</td><td></td></tr>
<tr><td colspan="3">10. 工程竣工验收报告</td><td>各 1</td><td></td></tr>
<tr><td colspan="3">11. 工程质量保修书</td><td>1</td><td></td></tr>
<tr><td colspan="3">12. 住宅质量保证书</td><td>1</td><td></td></tr>
<tr><td colspan="3">13. 住宅使用说明书</td><td>1</td><td></td></tr>
<tr><td colspan="3">14. 法律、规章规定必须提供的其他文件等</td><td>1</td><td></td></tr>
<tr><td colspan="3"></td><td></td><td></td></tr>
<tr><td colspan="3"></td><td></td><td></td></tr>
<tr><td colspan="3"></td><td></td><td></td></tr>
<tr><td colspan="6">本工程的竣工验收备案文件于××××年×月×日收讫，经验证文件符合要求。</td></tr>
<tr><td>经办人</td><td>×××</td><td>负责人</td><td>×××</td><td>日期</td><td>×××</td></tr>
<tr><td colspan="6">备注：
（1）工程参建各方必须依照法律、法规、规章的有关规定承担各自质量责任，严格履行保修义务。
（2）本备案是单位工程（子单位工程或合同标段）竣工验收备案，建设项目总体竣工后，建设单位应当按照有关法律、法规、规章办埋其他验收。
（3）供水、供电、供热、供气、绿化、邮电、通信、安防、卫生防疫等未尽事宜，由建设单位联系相关部门妥善解决。

（备案专用章）
××年×月×日</td></tr>
</table>

填表说明：

1. 本表用钢笔、墨笔认真填写清楚，字迹端正，内容真实，不得涂改；签名必须真实有效，公章必须符合法定资格。

2. 所列文件如为复印件应加盖复印单位公章，并注明原件存放处，经办人签名并注明日期。

3. 本表一式二份，一份由建设单位按规定年限保存，另一份由备案管理机关存档。

附件 3

房屋建筑工程和市政基础设施工程
竣工验收备案表填写要点

1. 竣工验收备案表填写要点

（1）封面。

① 编号：由工程竣工验收备案管理部门统一编写。

② 工程名称：填写全称，与建设工程规划许可证、建设工程施工许可证、工程质量监督注册登记表的名称应一致。

③ 建设单位：填写全称，与建设工程规划许可证、建设工程施工许可证、工程质量监督注册登记表的名称应一致。

（2）第 1 页内容填写。

① 工程名称：填写全称，与建设工程规划许可证、建设工程施工许可证、工程质量监督注册登记表的名称应一致。

② 工程地址：填写邮政地址，写明区（县）、街道门牌号。

③ 规划许可证号：按规划许可证编号全部填写。

如：××××—规建字—××××。

④ 施工许可证号：按施工许可证编号全部填写。

如：施 2006—××（建）。

⑤ 质量监督注册号：按工程质量监督注册登记表的编号全部填写。如××建质字（××××）第××××号。

⑥ 工程面积或工程造价：建筑工程填写竣工实际建筑面积，市政、公用等工程填写工程实际造价。

若竣工时超出规划允许偏差面积时，要补办规划手续，并附上补办的规划手续。

⑦ 工程类别：公用或民用等。

⑧ 结构类型：混合、框架、剪力墙、全现浇等。

⑨ 开工时间：按开工日期填写。

⑩ 竣工时间：按单位工程竣工验收五方通过的时间填写。

⑪ 单位名称：建设单位、勘察单位、设计单位、施工单位、监理单位均用法人单位的名称。

⑫ 法定代表人：建设单位、勘察单位、设计单位、施工单位、监理单位列表中由填表人把法人姓名填上即可。

⑬ 质量监督机构：填写监督总站和各室主任名字。

⑭ 联系电话：填写各单位联系电话或手机。

⑮ 建设单位（公章）：盖建设单位法人单位公章。

⑯ 法定代表人（签字）：建设单位法人本人签字。

⑰ 报送时间：填写工程竣工验收备案资料初步审查符合要求的日期。即《单位工程竣工验收记录》（简称四方验收单）验收之日起 15 个工作日以内的报送日期。

以上各项填写内容与有关文件内容不符时，必须有合法认可手续。

（3）第 2 页内容填写。

表内的竣工验收意见：勘察单位意见、设计单位意见、施工单位意见、监理单位意见、建设单位意见均要有结论性评语。

以上各栏中签字应是单位法人或项目负责人，签字后加盖法人单位公章。

（4）第 3 页内容填写。

① 竣工验收备案文件清单资料，由建设单位提供。具体内容详见（竣工验收备案文件清单）。

② 份数栏：由建设单位填写。如：工程质量监督注册手续由于后增加了面积，又补办了一次，共有

2 张工程质量监督注册登记表，份数为 2 份；若 1 份文件中有若干张仍为 1 份。

③ 验证收讫日期：由备案经办人填写，符合要求的加盖“备案文件收讫”章（蓝色）。

④ 备注栏：由备案经办人填写。

⑤ 经办人：由备案受理经办人签字。

⑥ 负责人：由备案主要负责人签字。

⑦ 日期：备案管理部门主要负责人签字的时间，工程正式竣工备案以此日期为准。

（5）第 4 页内容填写。

该页均由工程竣工备案管理部门填写，备案文件资料审查符合要求时，加盖建设委员会工程竣工验收备案专用章（红章）。工程竣工验收备案全部办理完毕。

2. 竣工验收备案文件清单内容说明

（1）文件说明。

① 规划许可证和规划验收认可文件：城市规划管理局颁发的《建设工程规划许可证》和《建设工程规划验收合格通知书》。

② 工程施工许可证或开报告：建委颁发的《建设工程施工许可证》或按照国务院规定的权限和程序批准的开工报告。

③ 施工图设计文件审查报告：由规划委员会有关部门审查后颁发的《建筑工程施工图设计文件审查报告》。

④ 工程质量监督注册登记表：由建设工程质量监督站、专业监督站办理的《工程质量监督注册登记表》。

⑤ 单位工程竣工验收记录：由建设单位组织勘察、设计、监理、施工各方在工程验收合格后签署的《单位工程验收记录》，各单位签字要齐全，并加盖法人单位公章。

⑥ 消防部门出具的建筑工程消防验收意见书：由消防单位对该工程的消防验收合格后签发的《建筑工程消防验收意见书》或批复报告。

⑦ 建设工程档案预验收意见：由规划委员会工程档案管理部门出具的《建设工程竣工档案预验收意见》（参见附件 4），并加盖城建档案管理部门公章。

⑧ 建筑工程室内环境检测报告：由建委批准具有检测资格的检测机构出具的《室内环境质量检测报告》。

⑨ 市政基础设施工程质量检测及功能性试验资料：根据各专业规定要求的检测和功能性试验资料。

⑩ 工程竣工验收报告：即将竣工前由参建各单位向建设单位提出如下报告。

a. 勘察单位《工程质量检查报告》。

b. 设计单位《工程质量检查报告》。

c. 监理单位《工程质量评估报告》。

d. 施工单位《工程竣工报告》。

e. 工程竣工后建设单位根据以上四个单位提出的报告，结合工程实际情况向监督部门和竣工验收备案管理部门提出《单位工程竣工验收报告》。

⑪ 工程质量保修书：按照《房屋建筑工程质量保修办法》（建设部 2000 年第 80 号令），建设单位和施工单位共同签署。

⑫ 住宅质量保证书：由建设单位编写。《住宅质量保证书》是建设单位向住户的一种承诺。双方应严格履行。

⑬ 住宅使用说明书：由建设单位编写。《住宅使用说明书》是建设单位对住户如何使用工程的说明。

⑭ 法律、规章规定必须提供的其他文件等：出具竣工工程款拨付情况说明。

（2）要求。

① 所有备案文件应由建设单位收集、整理，符合要求后由建设单位报送备案。

② 备案文件要求真实、有效、不得提供虚假证明文件。

③ 备案文件要求提供原件，如为复印件应注明原件存放单位、复印人签名、日期，并加盖建设单位公章。复印件应清晰、整洁、无黑斑、歪斜等缺陷。

④ 文件规格尺寸为 297 mm×210 mm（A4 幅），左部预留尺寸 30 mm，上部预留尺寸 25 mm。

附件 4

建设工程竣工档案预验收意见

（建筑安装工程）　　××市城档字市建 6 号

工程名称	××大厦	建筑面积	26 798m^2
工程地址	××市××区××街××号	结构类型	框架剪力墙
建设单位	××集团公司	层数	20/3
设计单位	××建筑设计院	规划许可证号	×××规建字—×××
施工单位	××建设集团有限公司	计划竣工验收日期	××年×月×日
监理单位	××监理公司	保证金号或登记号	
通信地址	××市××区××街××号	邮政编码	××××××
建设单位联系人	×××	联系电话	×××××××××

工程竣工档案内容与编制审查意见

根据国务院《建设工程质量管理条例》和建设部《城建档案管理规定》，经检查，本工程竣工档案的基建文件、监理文件、施工文件及竣工图已基本收集齐全，可以满足竣工档案编制需要。

建设单位已正式办理了竣工档案编制的委托合同，并已在城建档案管理部门备案。工程档案应在×××年×月之前向城建档案管理部门移交。

结论：

建设单位：（章） 单位负责人：××× 联系电话：×××××××××	城建档案管理部门（章）

学习单元二　施工资料管理

知识目标

了解施工资料管理规定及流程、开工报告、施工组织设计、图纸会审纪要、技术、安全交底记录、施工日志、施工现场质量检查记录、施工日志、设计变更、工程质量事故处理、工程竣工文件等。

技能目标

通过本单元的学习，掌握施工管理流程，掌握各记录表的记录方法。

基础知识

一、施工资料管理规定

（1）施工资料应实行报验、报审管理。施工过程中形成的资料应按报验、报审程序，通过相关施工单位审核后，方可报建设（监理）单位。

（2）施工资料的报验、报审应有时限性要求。工程相关各单位宜在合同中约定报验、报审资料的申报时间及审批时间，并约定应承担的责任。当无约定时，施工资料的申报、审批不得影响正常施工。

（3）建筑工程实行总承包的，应在与分包单位签订施工合同中明确施工资料的移交套数、移交时间、质量要求及验收标准等。分包工程完工后，应将有关施工资料按约定移交。

二、开工报告

开工报告是建设单位与施工单位共同履行基本建设程序的证明文件，是施工单位承建单位工程施工工期的证明文件，开工报告表见表 2-5。

表 2-5　　开工报告

施工许可证号：　　　　编号：

<table>
<tr><td>工程名称</td><td colspan="2"></td><td>结构类型</td><td colspan="3"></td><td>建设单位</td><td></td></tr>
<tr><td>工程地点</td><td></td><td>建筑面积</td><td colspan="2"></td><td>层数</td><td></td><td>施工单位</td><td></td></tr>
<tr><td>工程批准文号</td><td colspan="2"></td><td rowspan="7">开工条件说明</td><td colspan="3">施工图纸交审情况</td><td colspan="2"></td></tr>
<tr><td>预算造价</td><td colspan="2"></td><td colspan="3">材料设备准备情况</td><td colspan="2"></td></tr>
<tr><td>计划开工日期</td><td colspan="2"></td><td colspan="3">施工现场质量管理检查情况</td><td colspan="2"></td></tr>
<tr><td>计划竣工日期</td><td colspan="2"></td><td colspan="3">三通一平情况</td><td colspan="2"></td></tr>
<tr><td>实际开工日期</td><td colspan="2"></td><td colspan="3">工程预算编审情况</td><td colspan="2"></td></tr>
<tr><td>合同工期</td><td colspan="2"></td><td colspan="3">施工队伍进场情况</td><td colspan="2"></td></tr>
<tr><td>合同编号</td><td colspan="2"></td><td colspan="3">施工机械进场情况</td><td colspan="2"></td></tr>
<tr><td rowspan="2">审核意见</td><td colspan="3">建设单位</td><td colspan="3">监理单位</td><td colspan="2">施工单位</td></tr>
<tr><td colspan="3">项目负责人：（公章）
年　月　日</td><td colspan="3">总监理工程师：（公章）
年　月　日</td><td colspan="2">单位负责人：（公章）
年　月　日</td></tr>
</table>

（1）开工报告填写说明。

①“工程名称”应填写全称，与施工合同上的单位工程名称一致。

②“结构类型”以施工图中结构设计总说明为准。

③“建筑面积”按实际施工的建筑面积填写。

④“工程批准文号”“预算造价”“计划开工日期”“计划竣工日期”“合同编号”分别按建设工程施工合同中的批准文号、合同价款、开工日期、竣工日期、合同编号填写。

⑤“实际开工日期”按单位工程正式破土动工的日期。破土动工指从开槽（坑）或破土进行打桩、打夯等地基处理开始。地基处理分包的，施工单位按其交接日期填写，应在开工报告审批后，按实际开工日期补填。

⑥“合同工期”指甲乙双方在施工合同中明确的合同工期日历天数。

⑦“开工条件说明”应根据建设单位、监理单位、施工单位所做的开工准备工作情况来填写。如：提供施工图纸能否满足施工要求，是否经过自审和会审；材料准备能否满足施工需要和质量标准；施工现场质量管理检查是否合格；工程预算造价是否编制完成；施工现场是否具

备“三通一平”条件；施工队伍和施工机械是否进场，是否满足施工需要等。

（2）要求及说明。

① 开工报告一般由施工总承包单位填写，分包单位只填写工程开工报审表报监理单位审批。如果由建设单位直接分包的工程，开工时也要填写开工报告。

② 开工报告签发的程序及条件：单位工程开工前，建设单位、监理单位和施工单位在完成下列准备工作后，由施工单位生产部门填写《开工报告》，经施工单位（法人单位）的工程管理部门审核通过，法人代表或其委托人签字加盖法人单位公章，报请监理、建设单位审批。条件具备，由监理单位总监理工程师、建设单位项目法人签字，加盖公章后即可开工。

③ “审核意见”栏内建设单位、监理单位、施工单位负责人均需签字，注明日期并加盖单位公章。

三、施工组织设计（项目管理规划）

施工组织设计是指承包单位开工前为工程所做的施工组织、施工工艺、施工计划等方面的设计，是指导拟建工程全过程中各项活动的技术、经济和组织的综合性文件。施工组织设计报审表范例见表 2-6。

表 2-6　　施工组织设计（方案）报审表（范例）

工程名称：×××工程　　　　编号：×××

致：×××监理公司（监理单位） 我方已根据施工合同的有关规定完成了×××工程施工组织设计（方案）的编制，并经我单位上级技术负责人审查批准，请予以审查。 附：施工组织设计（方案） 承包单位（章）×××建筑工程公司 项目经理 ××× 日期 ××年×月×日
专业监理工程师审查意见： 施工组织设计（方案）合理、可行，且审批手续齐全，拟同意承包单位按该施工组织设计（方案）组织施工，请总监理工程师审核。 若不符合要求，专业监理工程师审查意见应简要指出不符合要求之处，并提出修改补充意见后签署“暂不同意（部分或全部应指明）承包单位按该施工组织设计（方案）组织施工，待修改完善后再报，请总监理工程师审核”。 专业监理工程师 ××× 日期 ××年×月×日
总监理工程师审查意见： 同意专业监理工程师审查意见，同意承包单位按该施工组织设计（方案）组织施工。 如不同意专业监理工程师的审查意见，应简要指明与专业监理工程师审查意见中的不同之处，签署修改意见；并签认最终结论“不同意承包单位按该施工组织设计（方案）组织施工（修改后再报）”。 项目监理机构 ××监理公司××项目监理部 总监理工程师 ××× 日期 ××年×月×日

（1）资料要求

① 施工组织设计内容应齐全，步骤清楚，层次分明，反映工程特点，有保证工程质量的技术措施。编制及时，必须在开工前编制并报审完成。

② 按要求及时编制单位工程施工组织设计，且先有施工组织设计后施工为符合要求。

③ 没有或不及时编制单位工程施工组织设计，为不符合要求。

④ 参与编制人员应在“会签表”上签字，交项目经理签署意见并在会签表上签字，经报审同意后执行并进行下发交底。

（2）施工组织设计的内容

施工组织设计的内容主要有：工程概况、施工部署、施工方案、施工进度计划、劳动需求计划、施工准备工作计划、施工平面、施工技术组织措施计划、项目风险管理规划、项目信息管理、技术经济指标的计算与分析等。

四、图纸会审纪要

图纸会审纪要是对已正式签署的设计文件进行交底、审查和会审，对提出的问题予以记录的技术文件。

（1）资料表式（见表 2-7）。

表 2-7　　图纸会审记录

工程编号：

<table>
<tr><td colspan="2">工程名称</td><td></td><td>会审日期及地点</td><td></td></tr>
<tr><td colspan="2">建筑面积</td><td></td><td>结构类型</td><td></td></tr>
<tr><td rowspan="4">参加人员</td><td>设计单位</td><td colspan="3"></td></tr>
<tr><td>施工单位</td><td colspan="3"></td></tr>
<tr><td>监理单位</td><td colspan="3"></td></tr>
<tr><td>建设单位</td><td colspan="3"></td></tr>
<tr><td colspan="2">主持人</td><td colspan="3"></td></tr>
<tr><td colspan="2">记录内容</td><td colspan="3">记录人：</td></tr>
<tr><td colspan="2">建设单位签章
代表：</td><td>设计单位签章
代表：</td><td>监理单位签章
代表：</td><td>施工单位签章
代表：</td></tr>
</table>

（2）要求及说明。

① 应按要求组织图纸会审。重点工程应有设计单位对工程质量的技术交底记录，应有对重要部位的技术要求和施工程序要求等技术交底资料。

② 有关专业均应有专人参加会审，会审记录整理完整成文，签字盖章齐全为正确。

③ 正式施工前，施工图设计由建设单位组织，设计单位、监理单位、施工单位参加共同进行图纸会审，将施工图设计中将要遇到的问题提前予以解决。

五、技术、安全交底记录

技术、安全交底是施工企业技术负责人把设计要求、施工措施、安全生产贯彻到基层以至工人的一项技术管理方法。

（1）资料表式（见表 2-8），范例见表 2-9。

表 2-8　　技术、安全交底记录

施工单位：　　年　月　日　　编号：

工程名称		交底部位		共　页
				第　页
交底内容：				
技术负责人：		交底人：		接交人：

表 2-9　　技术交底记录（范例）

编号：×××

工程名称	×××工程	交底日期	××年×月×日
施工单位	××建设集团公司	分项工程名称	土石方开挖工程
交底提要	土石方开挖施工技术交底		

交底内容：

1. 适用范围

本施工技术交底适用于一般工业与民用建筑物、构筑物的基坑（槽）和管沟等人工及机械挖土。

2. 施工准备

（1）主要施工机具。

① 挖土机械有：挖土机、推土机、铲运机、自卸汽车等。

② 一般机具有：铁锹（尖、平头两种）、手推车、小白线或 20 号铅丝和钢卷尺以及坡度尺等。

（2）作业条件。

① 土方工程施工前应进行挖、填方的平衡计算，综合考虑土方运距最短、运程合理和各个工程项目的合理施工程序等，做好土方平衡调配，减少重复挖运。

② 定位桩的控制：根据规划红线或建筑方格网，按设计总平面图规定复核建筑物或构筑物的定位桩。方法采用经纬仪及标准钢卷尺进行检查。

③ 按设计单位工程基础平面图对柱基、基坑和管沟的灰线进行轴线和几何尺寸的复核，并核查单位工程放线后的方位是否符合图纸的朝向。

④ 挖土前，应预先设置轴线控制桩及水准点桩，并要定期进行复测和校验控制桩的位置和水准点标高，以利施工中不出差错。

⑤ 当土方工程挖方较深时，施工单位应采取措施，防止基坑底部土的隆起并避免危害周边环境。

⑥ 在挖方前，应做好地面排水和降低地下水位工作。

3. 人工挖土施工工艺

（1）在天然湿度的土中，开挖基坑（槽）和管沟时，当挖土深度不超过表 1 规定的数值，可不放坡，可不加支撑。

若超出表 1 规定深度，在 5 m 以内时，当土具有天然湿度，构造均匀，水文地质条件好，且无地下水，不加支撑的基坑（槽）和管沟，必须放坡。边坡最陡坡度应符合表 2 的规定（不加支撑）。

续表

表1　基坑（槽）和管沟不加支撑时的容许深度

土的种类	允许深度（m）
密实、中密的砂土和碎石类土（充填物为砂土）	1.00
硬塑、可塑的粉质黏土及粉土	1.25
硬塑、可塑的黏土和碎石类土（充填物为黏性土）	1.50
坚硬的黏土	2.00

表2　深度在5 m内的基坑（槽）、管沟边坡的最陡坡度（不加支撑）

土的类别	边坡坡度（高：宽）		
	坡顶无荷载	坡顶有静载	坡顶有动载
中密的砂土	1∶1.00	1∶1.25	1∶1.50
中密的碎石类土（充填物为砂土）	1∶0.75	1∶1.00	1∶1.25
硬塑的粉土	1∶0.67	1∶0.75	1∶1.00
中密的碎石类土（充填物为黏性土）	1∶0.50	1∶0.67	1∶0.75
硬塑的粉质黏土、黏土	1∶0.33	1∶0.50	1∶0.67
老黄土	1∶0.10	1∶0.25	1∶0.33
软土（经井点降水后）	1∶1.00	—	—

注：1. 静载指堆土或材料等，动载指机械挖土或汽车运输作业等。静载或动载应距挖方边缘0.8 m以外，堆土或材料高度不宜超过1.5 m。

2. 当有成熟经验时，可不受本表限制。

（2）开挖浅的条形基础，如不放坡时，应先沿灰线直边切出槽边的轮廓线，一般黏性土可自上而下分层开挖，每层深度以600 mm为宜，从开挖端部逆向倒退按踏步型挖掘。碎石类土先用镐翻松，正向挖掘，每层深度，视翻土厚度而定，每层应清底和出土，然后逐步挖掘。

（3）基坑（槽）管沟的直立壁和边坡，在开挖过程和敞露期间应防止塌陷，必要时应加以保护。

在挖方上侧弃土时，应保证边坡和直立壁的稳定。当土质良好时，抛于槽边的土方（或材料），应距槽（沟）边缘0.8 m以外，高度不宜超过1.5 m。

在柱基周围、墙基或围墙一侧，不得堆土过高。

（4）开挖基坑（槽）或管沟时，应合理确定开挖顺序和分层开挖深度。当接近地下水位时，应先完成标高最低处的挖方，以便于在该处集中排水。开挖后，在挖到距槽底500 mm以内时，测量放线人员应配合抄出距槽底500 mm平线；自每条槽端部200 mm处每隔2～3 m，在槽帮上钉水平标高小木橛。在挖至接近槽底标高时，用尺或事先量好的500 mm标准尺杆，随时以小木橛上水平标高校核槽底标高。最后由两端轴线（中心线）引桩拉通线，检查距槽边尺寸，确定槽宽标准，据此修整槽帮，最后清除槽底土方，修底铲平。

（5）开挖浅管沟时，与浅条形基础开挖基本相同，仅沟帮不切直修平。标高按龙门板下返沟底尺寸，符合设计标高后，再从两端龙门板下的沟底标高上返500 mm，拉小线用尺检查沟底标高，最后修整沟底。

（6）开挖放坡的坑（槽）和管沟时，应先按施工方案规定的坡度，粗略开挖，再分层按坡度要求做出坡度线，每隔3 m左右做一条，以此线为准进行铲坡。深管沟挖土时，应在沟帮中间留出宽800 mm左右的倒土台。

（7）基坑（槽）和管沟开挖，应分段分层进行，相邻基坑（槽）和管沟开挖时，应遵循先深后浅或同时进行的施工顺序，并应及时做好基础，尽量防止扰动基土。当土质良好，挖出的土应远离基坑（槽）沟0.8 m以外堆放，高度不宜超过1.5 m。

续表

（8）开挖基坑（槽）的土方，在场地有条件堆放时，一定要留足回填需用的好土，多余的土方应一次运至弃土地点。

（9）土方开挖一般不宜在雨期进行。否则工作面不宜过大，应逐段、逐片地分期完成。

雨期开挖基坑（槽）或管沟时，应注意边坡稳定。必要时可适当放缓边坡坡度或设置支撑。同时应在坑（槽）外侧围以土堤或开挖水沟，防止地面水流入。施工时应加强边坡、支撑、土堤等的检查。

（10）基坑（槽）和管沟的开挖过程中，应对土质情况、地下水位和标高等的变化经常检查，做好原始记录，并绘出截面图。如基底土质与设计要求不符时，须与有关部门共同研究处理，并做出隐蔽工程记录。

（11）冬季开挖时，应防止地基土受冻，开挖前先开冻翻松或覆盖，开挖后应及时覆盖保温防冻。

4. 机械挖土施工工艺

（1）正铲挖土机。

① 正铲挖土一般采用正向挖土，侧向装车，回转角度在 90° 之内。在同一半径内开挖时，先挖上层土，后挖下层土，把同半径内的土装运完后再移位。

② 一次开挖高度一般不超过挖土机最大挖掘高度 1.0～2.0m，且不宜小于 1.5 m；边坡坡度要求不宜大于 0.5。

③ 分层开挖时的边坡质量从第一层开始就必须达到质量标准；在开挖成品层时，必须严格控制挖土标高，一般每 10 m 左右测设一个白灰点，标高误差不大于 20 mm。

④ 运土汽车停放位置，应在挖土机的最大、最小卸土半径之间。

（2）反铲挖土机。

① 一般情况下，挖土机开行中心对准于基槽下口线，但应根据土质情况和操作形式适当偏离。

② 起始开挖地点是在考虑了收尾地点后确定的。开挖时应先边后内，先远后近，上口白灰线挖留各半。先挖上层，后挖下层，铲铲相连，逐层加深，每层保持一个扇形工作面，直到设计标高。

③ 边坡要一次挖成。

④ 侧面挖土时，挖土机开行路线平行子沟侧，且距沟边应有一定的安全距离。

⑤ 挖土机的一次位移距离等于最大切挖半径减去最小半径，再减去适当的距离，挖深越大调整距离也应大些。

⑥ 挖至快到标高时，测量工应立即将标高移入槽底，撒上白灰点，有了安全距离后，将建筑物控制轴线移到槽底。白灰点要跟上挖土进度，在扇形工作面上应 3～5 m 测设一点。

⑦ 每台挖土机在成品层施工时，可配清槽工 5～6 人，根据白灰点标高清槽，把余土抛在挖土机工作半径之内，随挖土机的进度一次清至标高，减少清槽用工。

5. 质量标准

土方开挖工程的质量检验标准应符合表 3 的规定。

表 3　土方开挖工程质量检验标准　（单位：mm）

项目	序号	项目	允许偏差或允许值					检验方	检查数量
			柱基基坑基槽	挖方场地平整		管沟	地（路）面基层		
				人工	机械				
主控项目	1	标高	−50	± 30	± 50	−50	−50	水准仪	柱基按总数抽查 10%，但不少于 5 个，每个不少于 2 点；基坑每 20m² 取 1 点，每坑不少于 2 点；基槽、管沟、排水沟、路面基层每 20m 取 1 点，但不少于 5 点；挖方每 30～50m² 取 1 点但不少于 5 点

续表

项目	序号	项目	允许偏差或允许值					检验方法	检查数量
			柱基基坑基槽	挖方场地平整		管沟	地（路）面基层		
				人工	机械				
主控项目	2	长度、宽度（由设计中心线向两边量）	+200 -50	+300 -100	+500 -100	+100	-	经纬仪，用钢尺量	每 20 m 取 1 点，每不少于 1 点
	3	边坡	设计要求					用坡度尺检查	
一般项目	1	表面平整度	20	20	50	2	20	用 2 m 靠尺和楔形塞尺检查	每 30～50 m^2 取 1 点
	2	基底土性	设计要求					观察或土样分析	全数观察检查

注：地（路）面基层的偏差只适用于直接在挖、填方上做地（路）面的基层。

6．应注意的质量问题

（1）在基坑边缘堆置的土方和建筑材料，或沿挖方边缘移动运输工具和机械，应距基坑上部边缘不少于 2 m，弃土堆置高度不应超过 1.5 m，并且不能超过设计荷载值，在垂直的坑壁边，此安全距离还应适当加大，软土地区应禁止在基坑边堆置弃土。

（2）施工中机具停放的位置应平稳，大、中型施工机具距坑边距离应根据设备重量、基坑支撑情况、土质情况等，经计算确定。对机械行走的上下坡道应加固，在基顶周边应设有围护栏杆和安全标志，严禁从基坑顶乱扔物体、工具。

（3）在开挖过程中施工单位应随时做好坑内明排水，并经常检查降水是否正常，水位是否达到设计要求，是否引起周围建筑物下沉变形或基底土隆起等事故。如在恶劣的季节开挖，施工单位应采取相应的技术措施，同时，坑面、坑底排水系统应良好。如在潮汛期开挖土方，应有防洪措施，防止坑外水浸入坑内；冬季开挖时，须防止基土受冻，如设有围护结构但须隔一段时间方施工基础时，施工单位应留置适当厚度的土或用其他保温材料覆盖。

（4）基坑开挖时必须遵循"由上而下，先撑后挖，分层开挖"的基本原则。基坑支护施工单位与挖土单位应密切配合，坚持先撑后挖，严禁先挖后撑，或边挖边撑，或超挖等做法。在开挖支撑部位时，应快挖快撑，一般应先开挖支撑位置的土方，待支撑部位好后，在开挖其他土方。

（5）采用机械开挖基坑时，应根据土质情况和挖土机械的类型，在基坑底保留 150～300 mm 土层不用机械开挖，由人工开挖修整，以保持坑底土体的原状结构。

（6）无论采用机械开挖或人工开挖，挖土单位都要注意保护测量坐标、水准点，以及监测埋设的仪器与元件；开挖过程中严禁碰撞、损坏围护结构、支撑、工程桩和止水帷幕、降排水设施；对周围的电信、电缆、煤气、供排水管道等重要地下设施，必须采取可靠的保护措施，防止损坏而造成事故。

（7）在基坑开挖过程中，应与监测单位保持密切联系，随时对围护结构、支撑等的内力变化与变形、基坑顶地面沉降、坑底隆起、孔隙水压力、地下水位变化以及临近周围建筑物动态等进行了解，施工过程中还应加强现场巡视，用肉眼观察。及时将信息反馈给施工单位，如发现异常，应及时采取对策加以控制。同时，还要经常对平面控制桩、水准点、标高、基坑平面位置、边坡坡度等进行复测检查。

（8）基坑开挖中支撑拆除应有设计方案并按设计方案组织实施，自下而上逐层施工的结构，逐层拆撑。如要换撑，必须用临时支撑顶住，然后再拆除原有支撑。

续表

7. 成品保护 （1）对定位标准桩、轴线引桩、标准水准点、龙门板等，挖运土时不得碰撞，也不得坐在龙门板上休息，并应经常测量和校核其平面位置、水平标高和边坡坡度是否符合设计要求。定位标准标语和标准水准点，也应定期复测检查是否正确。 （2）土方开挖时，应防止邻近已有建筑物或构筑物、道路、管线等发生下沉或变形。必要时，与设计单位或建设单位协商采取防护措施，并在施工中进行沉降和位移观测。 （3）施工中如发现有文物或古墓等，应妥善保护，并应立即报请当地有关部门处理后，方可继续施工。如发现有测量用的永久性标桩或地质、地震部门设置的长期观测点等，应加以保护。在敷设地上或地下管道、电缆的地段进行土方施工时，应事先取得有关管理部门的书面同意，施工中应采取措施，以防损坏管线。 8. 质量验收文件 （1）工程地质勘察报告或施工前补充的地质详勘报告。 （2）地基验槽记录应有建设单位（或监理单位）、施工单位、设计单位、勘察单位签署的检验意见。 （3）规划红线放测签证单或建筑物（构筑物）平面和标高放线测量记录和复核单。 （4）地基处理设计变更单或技术核定单。 （5）挖土边坡坡度选定依据。 （6）施工过程排水监测记录。 （7）土方开挖工程质量检验单。					
审核人	×××	交底人	×××	接受交底人	×××

（2）要求及说明。

① 按设计图纸要求，严格执行施工验收规范要求及安全技术措施。

② 结合本工程的实际情况及特点，提出切实可行的新技术、新方法，交底应清楚明确。

③ 签章齐全，责任制明确。没有各级人员的签章为无效。

④ 技术、安全交底是施工企业管理的一项重要环节和制度，是把设计要求、施工措施、安全技术措施贯彻到基层以至工人的有效办法。有关技术人员应认真审阅、熟悉施工图纸，在图纸会审中解决存在的问题，全面明确设计意图，制定安全技术措施后进行技术交底。

重点工程、大型工程、技术复杂的工程，应由企业技术负责人组织有关科室、项目经理部有关施工部门进行交底。工程技术负责人负责对项目经理部进行技术、安全交底；项目经理部技术负责人向专业工长交底；工长负责向班组长按工种进行分部、分项工程技术和安全交底。

⑤ 技术、安全交底的制定必须符合施工组织设计和施工方案在各个方面的要求，是施工组织设计和施工方案的具体化，具有很强的可操作性。

⑥ 施工单位从进场开始交底，包括临建现场布置、水电临时线路敷设及各分项、分部工程。交底时应注意关键项目、重点部位、新技术、新材料项目，要结合操作要求、技术规定及注意事项，细致、反复交代清楚，以真正了解设计、施工意图为原则。交底的方法可采用书面交底，也可采用会议交底、样板交底和岗位交底。要交任务、交操作规程、交施工方法、交质量安全、交定额，定人、定时、定质、定量、定责任，做到任务明确、质量到人。

六、施工日志

施工日志是施工过程中由项目经理部的有关人员对有关技术管理和质量管理活动以及效果逐日做的连续完整的记录见表 2-10，施工记录范例见表 2-11。

表 2-10　　施工日志

编号：

工程名称				施工单位		
分部（分项）工程				施工班组		
日期		星期		全天气象	气温	
施工部位		出勤人数			白天	夜间

当日施工内容	质量检查情况	操作负责人	质检员

存在问题及处理办法：

设计变更、技术交底	
隐蔽工程验收部位	
材料使用情况	
材料设备进场情况	
材料检验、试块留置	
工序交接检查情况	
机械使用情况	
安全	
其他	
专业施工工长	

表 2-11　　施工日志（范例）

编号：×××

时 间	天气状况	风 力	最高/最低温度	备 注
白 天	晴	2～3 级	24℃/19℃	
夜 间	晴	1～2 级	17℃/8℃	

生产情况记录（施工部位、施工内容、机械作业、班组工作、生产存在问题等）：

地下二层

（1）Ⅰ段（①～⑬/Ⓐ～Ⓙ轴）顶板钢筋绑扎，埋件固定，塔吊作业，型号××，钢筋班组 15 人，组长：×××。

（2）Ⅱ段（⑭～⑲/Ⓐ～Ⓙ轴）梁开始钢筋绑扎，塔吊作业，型号××，钢筋班组 18 人。

（3）Ⅲ段（⑲～㉘/Ⓑ～Ⓕ轴）该部位施工图纸由设计单位提出修改，待设计通知单下发后，组织相关人员施工。

（4）Ⅳ段（㉘～㊶/Ⓑ～Ⓖ轴）剪力墙、柱模板安装，塔吊作业，型号××，木工班组 21 人。

（5）发现问题：Ⅰ段顶板（①～⑬/Ⓐ～Ⓙ轴）钢筋保护层厚度不够，马镫铁间距未按要求布置。

续表

技术质量安全工作记录（技术质量安全活动，检查评定验收、技术质量安全问题等）？ （1）建设单位、设计、监理、施工单位在现场召开技术质量安全工作会议，参加人员：×××（职务）等。 会议决定： ① ±0.000 以下结构于×月×日前完成。 ② 地下三层回填土×月×日前完成，地下二层回填土×月×日前完成。 ③ 对施工中发现问题（××××××××××××××××××××问题），立即返修，整改复查，符合设计、规范要求。 （2）安全生产方面：由安全员带领 3 人巡视检查，主要是“三宝、四边、五临边”，检查全面到位，无隐患。 （3）检查评定验收：各施工班组施工工序合理、科学，Ⅱ段（⑭～⑲/Ⓐ～Ⓙ轴）梁、Ⅳ段（㉘～㊶/Ⓑ～Ⓖ轴）剪力墙、柱予以验收，实测误差达到规范要求。 参加验收人员 监理单位：×××（职务）等 施工单位：×××（职务）等			
记录人	×××	日期	××年×月×日　星期×

施工日志的主要内容如下。

（1）工程准备工作的记录，包括现场准备，施工组织设计学习，各级技术交底要求熟悉图纸中的重要问题、关键部位和应抓好的措施，向班、组长的交底日期、人员及其主要内容以及有关计划安排。

（2）进入施工以后对班组抽检活动的开展情况及其效果，组织互检和交接检的情况及效果，施工组织设计及技术交底的执行情况及效果的记录和分析。

（3）分项工程质量评定、质量检查，隐蔽工程验收、预检及上级组织的检查等技术活动的日期、结果、存在问题及处理情况记录。

（4）原材料检验结果、施工检验结果的记录，包括日期、内容、达到的效果及未达到要求等问题和处理情况及结论。

（5）质量、安全、机械事故的记录，包括原因、调查分析、责任者、研究情况、处理结论等，对人身伤亡、经济损失等的记录应清楚。

（6）有关洽商、变更情况，交代的方法、对象、结果的记录。

（7）有关归档资料的转交时间、对象及主要内容的记录。

（8）有关新工艺、新材料的推广使用情况，以及小改、小革、小窍门的活动记录，包括项目、数量、效果及有关人员。桩基应单独记录并上报核查。

（9）工程的开、竣工日期以及主要分部、分项工程的施工起止日期，技术资料提供情况。重要工程的特殊质量要求和施工方法。有关领导或部门对工程所做的生产、技术方面的决定或建议。

（10）气候、气温、地质以及其他特殊情况（如停电、停水、停工待料）的记录等。在紧急情况下采取特殊措施的施工方法，施工记录由单位工程负责人填写。

（11）混凝土试块、砂浆试块的留置组数、时间，以及 28 天的强度试验报告结果。

七、施工现场质量管理检查记录

施工现场质量管理检查记录是健全的质量管理体系的具体要求，检查记录表见表 2-12，填写范例见表 2-13。

1．资料要求

（1）直接将有关资料的名称写上，资料较多时，也可将有关资料进行编号，将编号填写上，注明份数。

（2）填表时间是在开工之前，监理单位的总监理工程师（建设单位项目负责人）应对施工现场进行检查，这是保证开工后施工顺利进行和保证工程质量的基础，目的是做好施工前的准备。

（3）由施工单位负责人填写，填写之后，将有关文件的原件或复印件附在后边，请总监理工程师（建设单位项目负责人）验收核查。验收核查后，返还施工单位，并签字认可。

（4）通常情况下一个工程的一个标段或一个单位工程只查一次，如分段施工、人员更换，或管理工作不到位时，可再次检查。

表 2-12 施工现场质量管理检查记录

开工日期：

<table>
<tr><td>工程名称</td><td colspan="3"></td><td>施工许可证（开工证）</td><td></td></tr>
<tr><td>建设单位</td><td colspan="3"></td><td>项目负责人</td><td></td></tr>
<tr><td>设计单位</td><td colspan="3"></td><td>项目负责人</td><td></td></tr>
<tr><td>监理单位</td><td colspan="3"></td><td>总监理工程师</td><td></td></tr>
<tr><td>施工单位</td><td></td><td>项目经理</td><td></td><td>项目技术负责人</td><td></td></tr>
<tr><td>序号</td><td colspan="3">项目</td><td colspan="2">内容</td></tr>
<tr><td>1</td><td colspan="3">现场质量管理制度</td><td colspan="2"></td></tr>
<tr><td>2</td><td colspan="3">质量责任制</td><td colspan="2"></td></tr>
<tr><td>3</td><td colspan="3">主要专业工种操作上岗证书</td><td colspan="2"></td></tr>
<tr><td>4</td><td colspan="3">分包方资质与对分包单位的管理制度</td><td colspan="2"></td></tr>
<tr><td>5</td><td colspan="3">施工图审查情况</td><td colspan="2"></td></tr>
<tr><td>6</td><td colspan="3">地质勘察资料</td><td colspan="2"></td></tr>
<tr><td>7</td><td colspan="3">施工组织设计、施工方案及审批</td><td colspan="2"></td></tr>
<tr><td>8</td><td colspan="3">施工技术标准</td><td colspan="2"></td></tr>
<tr><td>9</td><td colspan="3">工程质量检验制度</td><td colspan="2"></td></tr>
<tr><td>10</td><td colspan="3">搅拌站及计量设置</td><td colspan="2"></td></tr>
<tr><td>11</td><td colspan="3">现场材料、设备存放与管理</td><td colspan="2"></td></tr>
<tr><td>12</td><td colspan="3"></td><td colspan="2"></td></tr>
<tr><td colspan="6">检查结论：

总监理工程师
（建设单位项目负责人）　　　　年　　月　　日</td></tr>
</table>

表 2-13　　　　　　　　施工现场质量管理检查记录（范例）

编号：×××

<table>
<tr><td>工程名称</td><td colspan="5">××大厦</td></tr>
<tr><td>开工日期</td><td colspan="2">××年×月×日</td><td>施工许可证（开工证）</td><td colspan="2">×××</td></tr>
<tr><td>建设单位</td><td colspan="2">××集团公司</td><td>项目负责人</td><td colspan="2">×××</td></tr>
<tr><td>设计单位</td><td colspan="2">××建筑设计院</td><td>项目负责人</td><td colspan="2">×××</td></tr>
<tr><td>监理单位</td><td colspan="2">××监理公司</td><td>总监理工程师</td><td colspan="2">×××</td></tr>
<tr><td>施工单位</td><td>××建筑工程公司</td><td>项目经理</td><td>×××</td><td>项目技术负责人</td><td>×××</td></tr>
<tr><td>序号</td><td colspan="2">项　　目</td><td colspan="3">内　　容</td></tr>
<tr><td>1</td><td colspan="2">现场质量管理制度</td><td colspan="3">质量例会制度；月评比及奖罚制度；三检及交接检制度；质量与经济挂钩制度</td></tr>
<tr><td>2</td><td colspan="2">质量责任书</td><td colspan="3">岗位责任制；设计交底会制；技术交底制；挂牌制度</td></tr>
<tr><td>3</td><td colspan="2">主要专业工种操作上岗证书</td><td colspan="3">测量工、钢筋工、起重工、木工、混凝土工、电焊工、架子工、有证</td></tr>
<tr><td>4</td><td colspan="2">分包方资质与对分包单位的管理制度</td><td colspan="3"></td></tr>
<tr><td>5</td><td colspan="2">施工图审查情况</td><td colspan="3">审查报告及审查批准书××设××号</td></tr>
<tr><td>6</td><td colspan="2">地质勘察资料</td><td colspan="3">地质勘察报告</td></tr>
<tr><td>7</td><td colspan="2">施工组织设计、施工方案及审批</td><td colspan="3">施工组织设计编制、审批、批准齐全</td></tr>
<tr><td>8</td><td colspan="2">施工技术标准</td><td colspan="3">有模板、钢筋、混凝土灌注等 20 多种</td></tr>
<tr><td>9</td><td colspan="2">工程质量检验制度</td><td colspan="3">有原材料及施工检验制度；抽测项目的检验计划</td></tr>
<tr><td>10</td><td colspan="2">搅拌站及计量设置</td><td colspan="3">有管理制度和计量设施精确度及控制措施</td></tr>
<tr><td>11</td><td colspan="2">现场材料、设备存放与管理</td><td colspan="3">钢材、砂石、水泥及玻璃、地面砖的管理办法</td></tr>
<tr><td colspan="6">检查结论：
施工现场质量管理制度完整，符合要求，工程质量有保障。
总监理工程师：×××
（建设单位项目负责人）：×××
××年×月×日</td></tr>
</table>

（5）如总监理工程师或建设单位项目负责人检查验收不合格，施工单位必须限期改正，否则不许开工。

（6）“现场质量管理制度”主要是图纸会审、设计交底、技术交底、施工组织设计编制审批程序、工序交接、质量检查评定制度，质量好的奖励及达不到质量要求的处罚办法，以及质量例会制度及质量问题处理制度等。

（7）“质量责任制”指检查质量负责人的分工，各项质量责任的落实规定，定期检查及有关人员奖罚制度等。

（8）“主要专业工种操作上岗证书”指检查测量工，起重、塔吊等垂直运输司机，钢筋、混凝土、机械、焊接、瓦工、防水工等建筑结构工种。电工、管道等安装工种的上岗证，以当地建设行政主管部门的规定为准。

（9）“分包方资质与对分包单位的管理制度”指检查专业承包单位的资质应在其承包业务的范围内承建工程，超出范围的应办理特许证书，否则不能承包工程。在有分包的情况下，总承包单位应有管理分包单位的制度，主要是质量、技术的管理制度等。

（10）“施工图审查情况”重点是看建设行政主管部门出具的施工图审查批准书及审查机构出具的审查报告。如果图纸是分批交出的话，施工图审查可分段进行。

（11）“地质勘察资料”指有勘察资质的单位出具的正式地质勘察报告，地下部分施工方案制定和施工组织总平面图编制时参考等。

（12）“施工组织设计、施工方案及审批”指检查编写内容、有针对性的具体措施，编制程序、内容，有编制单位、审核单位、批准单位，并有贯彻执行的措施。

（13）“施工技术标准”是操作的依据和保证工程质量的基础，承建企业应编制不低于国家质量验收规范的操作规程等企业标准。要有批准程序，由企业的总工程师、技术委员会负责人审查批准，有批准日期、执行日期、企业标准编号及标准名称。企业应建立技术标准档案，可作为培训工人、技术交底和施工操作的主要依据，也是质量检查评定的标准。

（14）“工程质量检验制度”包括三个方面的检验：一是原材料、设备进场检验制度；二是施工过程的试验报告；三是竣工后的抽查检测，应专门制订抽测项目、抽测时间、抽测单位等计划，使监理、建设单位等都做到心中有数。可以单独搞一个计划，也可在施工组织设计中作为一项内容。

（15）“搅拌站及计量设置”主要是说明设置在工地搅拌站的计量设施的精确度、管理制度等内容。预拌混凝土或安装专业就没有这项内容。

（16）“现场材料、设备存放与管理”是为保持材料、设备质量必须有的措施。要根据材料、设备性能制定管理制度，建立相应的库房等。

2. 填写说明

（1）填写参与工程建设各方责任主体的概况。由施工单位的现场负责人填写。

（2）“工程名称”应填写工程的全称，与合同或招投标文件中的工程名称一致。

（3）“施工许可证（开工证）”填写当地建设行政主管部门批准发给的施工许可证（开工证）的编号。

（4）“建设单位”填写合同文件中的甲方，单位名称也应写全称，与合同签章上的单位名称相同。建设单位“项目负责人”栏应填合同书上签字人或签字人以文字形式委托的代表——工程的项目负责人。工程完工后竣工验收备案表中的单位项目负责人应与此一致。

（5）“设计单位”填写设计合同中签章单位的名称，其全称应与印章上的名称一致。设计单位的“项目负责人”栏应是设计合同书签字人或签字人以文字形式委托的该项目负责人，工程完工后竣工验收备案表中的单位项目负责人也应与此一致。

（6）“监理单位”填写单位全称，应与合同或协议书中的名称一致。“总监理工程师”栏应是合同或协议书中明确的项目监理负责人，也可以是监理单位以文件形式明确的该项目监理负责人，必须有监理工程师任职资格证书，专业要对口。

（7）“施工单位”填写施工合同中签章单位的全称，与签章上的名称一致。“项目经理”“项目技术负责人”栏与合同中明确的项目经理、项目技术负责人一致。

（8）表头部分可统一填写，不需具体人员签名，只是明确了负责人的地位。

八、设计变更

设计变更是施工过程中，由于设计图纸本身差错，设计图纸与实际情况不符，施工条件变化，原材料的规格、品种、质量不符合设计要求，以及职工提出合理化建议等原因，需要对设计、图纸部分内容进行修改而办理的变更设计文件，变更设计文件见表 2-14，示例如表 2-15 所示。

要求及说明：

（1）设计变更是施工图的补充和修改的记载，应及时办理，内容要求明确具体，必要时附图，不得任意涂改和后补。按签订日期先后顺序编号，要求责任制明确，签章齐全。

（2）工程设计变更由施工单位提出，例如，钢筋代换、细部尺寸修改等施工单位提出的重大技术问题，必须取得设计单位和建设、监理单位的同意。

（3）工程设计变更由设计单位提出，如设计计算错误、做法改变、尺寸矛盾、结构变更等问题，必须由设计单位提出变更设计联系单或设计变更图纸，由施工单位根据施工准备和工程进展情况，做出能否变更的决定。

表 2-14　设计变更通知单

年　月　日　　　　编号：

工程名称			专业名称	
序号	图号	变更内容		

提出单位：（公章）　　技术负责人：　　制表：

变更单位意见	设计单位	建设单位	监理单位	施工单位
	（公章） 项目负责人： 年　月　日	（公章） 项目负责人： 年　月　日	（公章） 总监理工程师： 年　月　日	（公章） 项目技术负责人： 年　月　日

表 2-15　设计变更通知单（示例）

编号：×××

工程名称	××工程		专业名称	结构
设计单位名称	××设计院		日期	××年×月×日
序号	**图号**	**变更内容**		
1	结施 2、3	DL1、DL2 梁底标高−2.000 改为−1.800，切 DL1 上挑耳取消		
2	结施-6	Z10 中配筋ϕ18 改为ϕ20，根数不变		
3	结施-8	KL-42，44 的梁高 700 改为 900		
4	结施-12	二层梁顶 LL-18 梁高出板面 0.55 改为 0.60		
5		结构图中标注尺寸 878 全部改为 873		
		KZ3 截面 1 378 改为 1 373，基础也相应改变		
签字栏	建设（监理）单位		设计单位	施工单位
	×××		×××	×××

九、工程质量事故处理记录

工程质量事故是指在工程建设过程中或在交付使用后，因勘察、设计、施工等过失造成工程质量不符合有关技术标准、设计文件以及施工合同规定的要求，需加固补强、返工、报废及造成人身伤亡或者重大经济损失的事故。对其发生情况及处理的记录形成工程质量事故报告和工程质量事故处理记录，记录表分别见表 2-16、表 2-17。

要求及说明：

（1）工程质量事故按其严重程度，分为重大质量事故和一般质量事故。参见建设部《工程建设重大事故报告和调查程序规定》和有关问题的说明。

（2）发生质量事故后，工程负责人应组织填写工程质量事故报告和工程质量事故处理记录。重大质量事故应在事故发生 24 小时内写出书面报告，逐级上报；一般质量事故可按各单位的规定每月汇总上报。

（3）工程质量事故报告、工程质量事故处理记录填写要求。

① 工程质量事故报告日期填写填表日期，事故发生部位、直接责任人按实际情况填写。

② "事故性质"按技术问题（事故）还是责任问题（事故）分类填写，"事故等级"按重大事故或一般事故分类填写。

③ "事故经过和原因分析"要填写事故发生经过及事故发生的主要原因。事故原因包括设计原因（计算错误、构造不合理等）、施工原因（施工粗制滥造，材料、构配件质量低劣等）、设计与施工的共同问题、不可抗力等。

④ 预计损失，指因质量事故导致的材料、设备、建筑和人员伤亡等预计损失费用。

⑤ "事故初步处理意见"填写事故发生后采取的紧急防护措施以及需制订的事故处理方案，对责任单位、责任人的处理意见。

⑥ "事故处理结果"栏填写质量事故经处理后，工程实体质量是否符合事故处理方案的要求，是否满足工程原来对结构安全和使用功能的要求。

⑦ 事故处理后由监理（建设）、设计、施工单位技术负责人共同对事故处理结果进行验收，填写验收意见并签字盖章。

⑧ 工程质量事故报告应由施工单位技术负责人、施工项目经理、专业技术负责人共同签字，并加盖施工单位公章。

⑨ 工程质量事故处理记录应由施工项目经理、专业技术负责人、质检员、施工工长签字。

表 2-16　　工程质量事故报告

编号：

工程名称			施工单位	（公章）	
建设单位			设计单位		
结构类型			建筑面积、工程造价	m^2，　万元	
事故部位			报告日期		
事故发生日期			事故等级		
事故责任单位			事故性质		
直接责任者		职务		预计损失	

事故经过和原因分析：

续表

事故初步处理意见：
单位技术负责人：　　专业技术负责人：　　项目经理：

表 2-17　　工程质量事故处理记录

年　月　日　　编号：

工程名称			事故部位	
事故简况				
预计损失	建筑：　材料设备：　人工费：　伤亡：　其他：			
事故处理经过：				
事故处理结果：				
验收意见栏	建设单位	监理单位	设计单位	施工单位
	项目负责人： （公章） 年　月　日	总监理工程师： （公章） 年　月　日	项目负责人： （公章） 年　月　日	项目经理： （公章） 年　月　日

十、工程竣工文件

竣工报告是指单位工程具备竣工条件后，施工单位向建设单位报告，提请建设单位组织竣工验收的报表。同时应附一份文字的工程竣工报告，其竣工报告见表 2-18。

1. 提交竣工报告的条件

施工单位在合同规定的承包项目内容全部完工，自行组织有关人员进行检查验收，全部符合设计要求和质量标准，由施工单位生产部门填写竣工报告，经施工单位工程管理部门组织有关人员复查，确认具备竣工条件后，法人代表签字，法人单位盖章，报请监理、建设单位审批。

2. 竣工报告填写要求

（1）工程名称、结构类型、工程地点、建设单位、施工单位、计划开工日期、实际开工日期、计划竣工日期应与开工报告相一致。

（2）建筑面积填写实际竣工面积。

（3）工程造价填写实际结算价。

（4）实际竣工日期填写达到竣工条件的日期。

（5）计划工作日数指由计划竣工日期和计划开工日期计算的日历天数。

（6）实际工作日数指由实际竣工日期和实际开工日期计算的日历天数。

（7）“竣工条件说明”栏写明应完成的工程项目的完成情况；现场建筑物四周整洁情况；技术资料是否齐全；工程质量是否验收合格，提出问题是否整改。“未完工程盘点情况”栏填写未完甩项工程，这些工程不影响结构安全和使用功能，经协商可以甩项交工。“审核意见”

栏内建设单位、监理单位、施工单位负责人均需签字，注明日期并加盖单位公章。

表 2-18　　　　　　　　　　　　竣工报告

施工许可证号：　　　　　　　　　　　　　　　　　　　　　　　　编号：

<table>
<tr><td>工程名称</td><td></td><td>结构类型</td><td colspan="3"></td><td>建设单位</td><td></td></tr>
<tr><td>工程地点</td><td></td><td>建筑面积</td><td></td><td>层数</td><td></td><td>施工单位</td><td></td></tr>
<tr><td>工程造价</td><td colspan="2"></td><td rowspan="7">竣工条件说明</td><td colspan="2">工程项目完成情况</td><td colspan="2"></td></tr>
<tr><td>计划开工日期</td><td colspan="2"></td><td colspan="2">现场清理情况</td><td colspan="2"></td></tr>
<tr><td>实际开工日期</td><td colspan="2"></td><td colspan="2">施工资料整理情况</td><td colspan="2"></td></tr>
<tr><td>计划竣工日期</td><td colspan="2"></td><td colspan="2">施工质量验收情况</td><td colspan="2"></td></tr>
<tr><td>实际竣工日期</td><td colspan="2"></td><td colspan="2">未完工程盘点情况</td><td colspan="2"></td></tr>
<tr><td>计划工作日数</td><td colspan="2"></td><td colspan="2"></td><td colspan="2"></td></tr>
<tr><td>实际工作日数</td><td colspan="2"></td><td colspan="2"></td><td colspan="2"></td></tr>
<tr><td rowspan="2">审核意见</td><td colspan="3">建设单位</td><td colspan="2">监理单位</td><td colspan="2">施工单位</td></tr>
<tr><td colspan="3">项目负责人：（公章）
年　月　日</td><td colspan="2">总监理工程师：（公章）
年　月　日</td><td colspan="2">单位负责人：（公章）
年　月　日</td></tr>
</table>

十一、施工资料管理流程

1. 施工技术资料管理流程（见图 2-3）

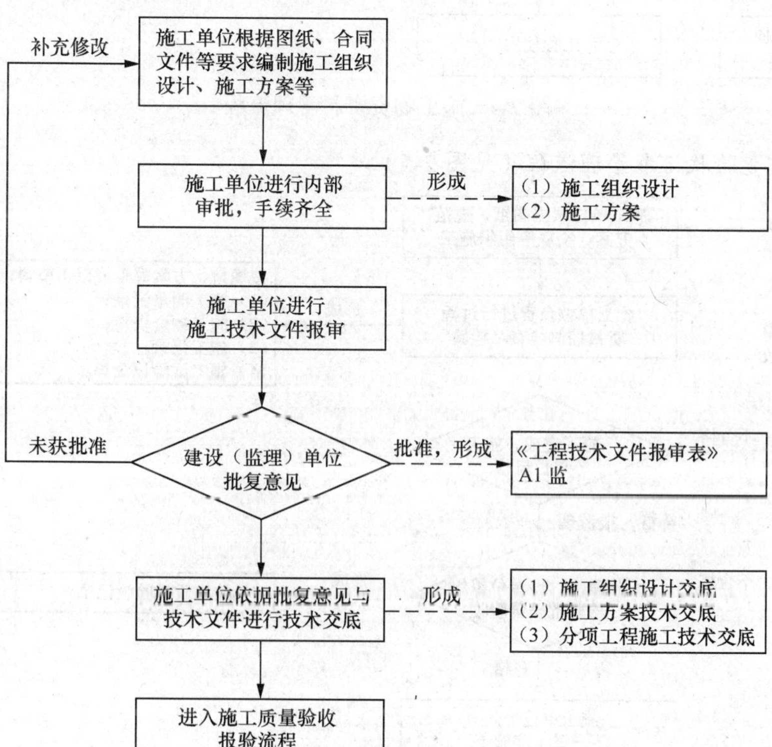

图 2-3　施工技术资料管理流程

2. 施工物资资料管理流程（见图 2-4）

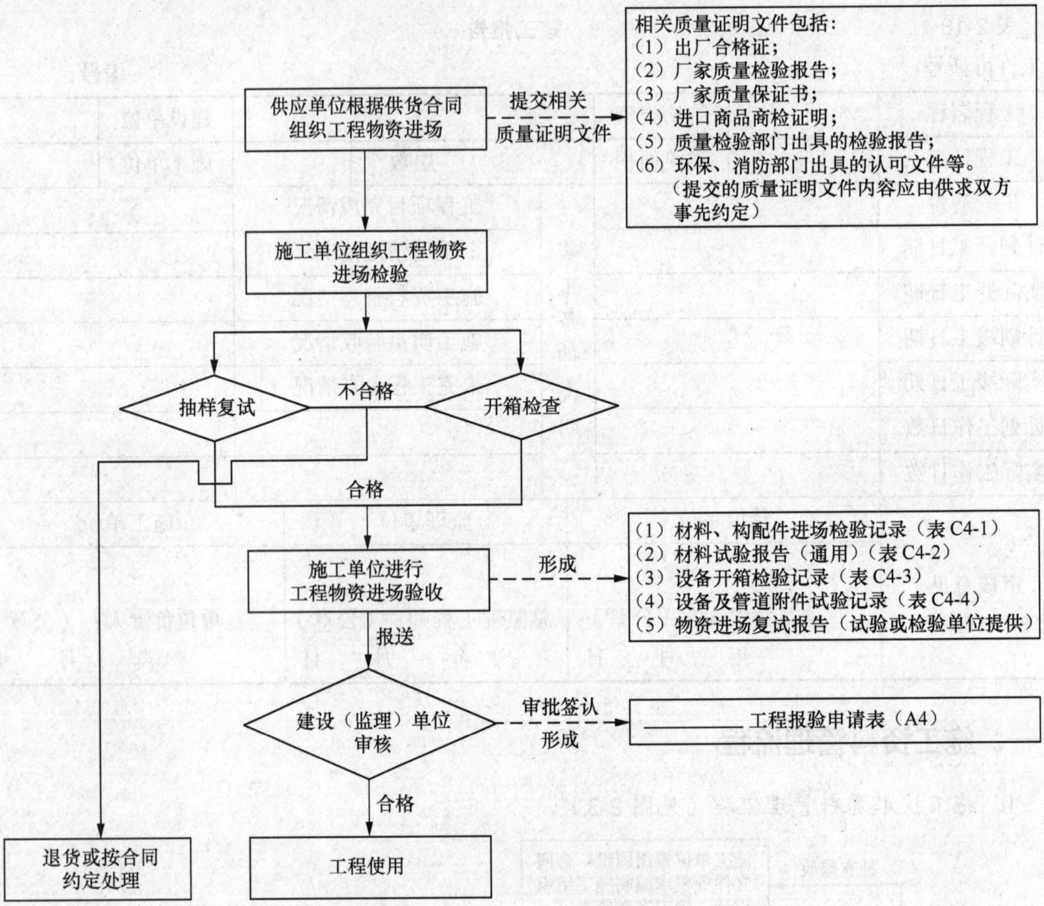

图 2-4 施工物资资料管理流程

3. 施工质量验收记录管理流程（见图 2-5）

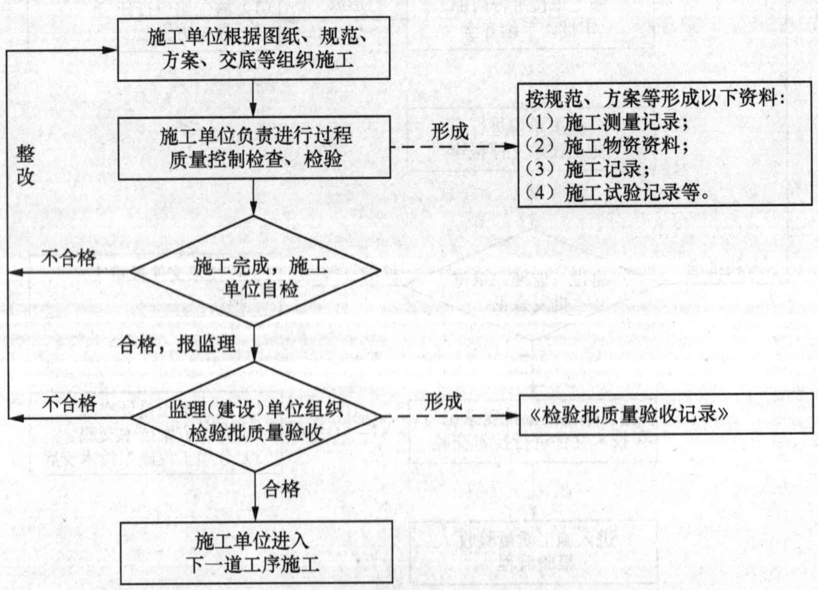

图 2-5 施工质量验收记录管理流程

4. 分项工程质量验收流程（见图 2-6）

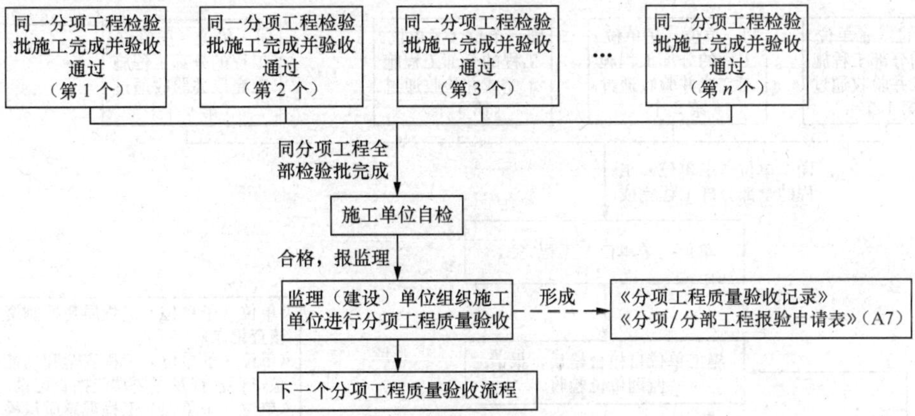

图 2-6 分项工程质量验收流程

5. 子分部质量验收流程（见图 2-7）

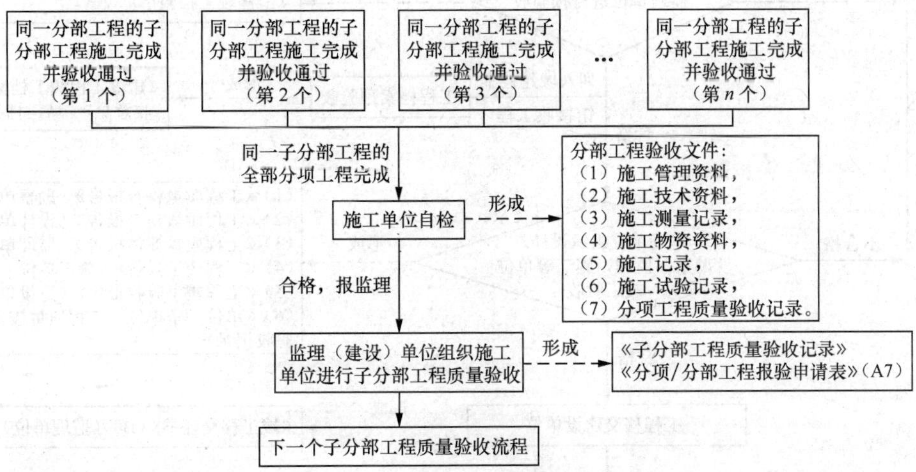

图 2-7 子分部质量验收流程

6. 分部工程质量验收流程（见图 2-8）

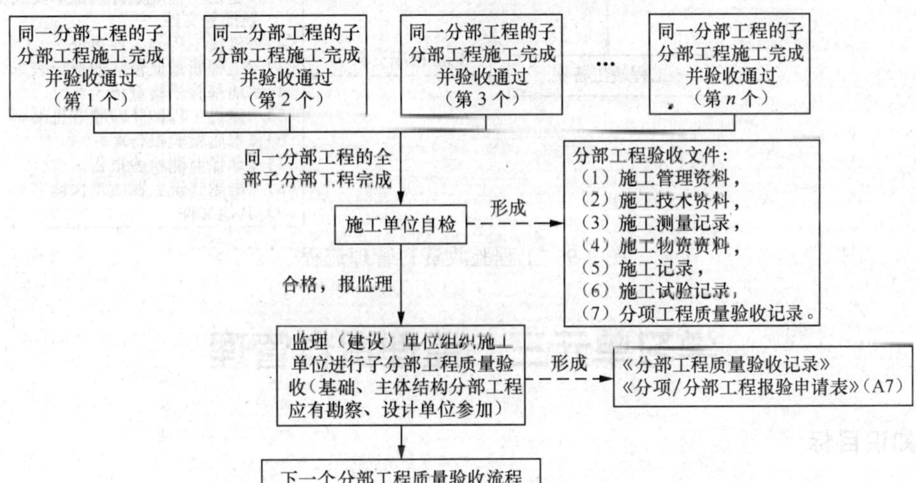

图 2-8 分部工程质量验收流程

7. 工程验收资料管理流程（见图 2-9）

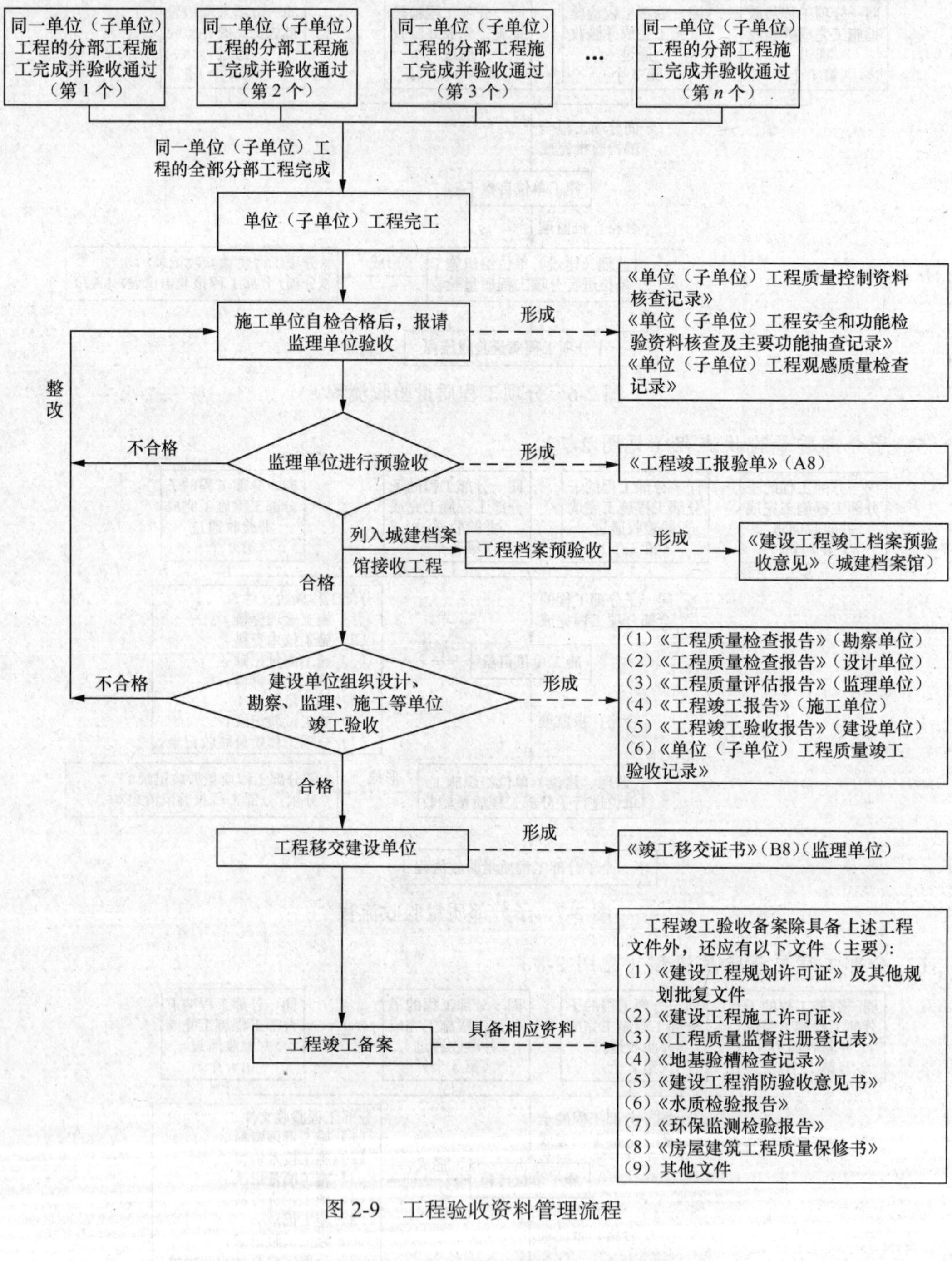

图 2-9 工程验收资料管理流程

学习单元三 监理资料管理

知识目标

了解监理实施规划与监理实施细则的概念及管理要求。

技能目标

通过本单元的学习，掌握监理资料的管理流程。

基础知识

一、监理规划与监理实施细则

监理规划是监理单位在签订委托监理合同及收到设计文件后由总监理工程师主持、专业监理工程师参加编制的，经监理单位技术负责人审核批准，用来指导项目监理机构全面开展监理工作的纲领性文件。监理规划十一局监理大纲和委托监理合同编制的文件，在指导项目监理部工作方面具有重要作用。监理实施细则是根据监理规划，在落实了各专业的监理责任后，由专业监理工程师编写，并经总监理工程师批准，针对工程项目中某一专业或某一方面开展监理工作的操作性文件。

监理规划及监理实施细则是指监理工作的纲领性文件。监理规划是编制监理实施细则的重要依据，见表 2-19。

表 2-19　监理规划、监理实施细则的基本要求

序号	类别	基本要求
1	监理规划的编制	（1）监理规划的编制，应针对项目的实际情况，明确项目监理工作的目标，确定具体的监理工作制度、程序、方法和措施，并应具有可操作件。 （2）监理规划编制的程序与依据应符合下列规定。 ① 监理规划应在签订委托监理合同及收到设计文件后开始编制，完成后必须经监理单位技术负责人审核批准，并应在召开第一次公司会议前报送建设单位。 ② 监理规划应由总监理工程师主持、专业监理工程师参加编制。 ③ 编制监理规划的依据： a. 建设工程的相关法律、法规及项目审批文件。 b. 与建设工程项目工程有关的标准、设计文件和技术资料。 c. 监理大纲、委托监理合同文件及与建设工程项目相关的合同文件。 （3）监理规划应包括以下主要内容。 ① 工程项目概况。 ② 监理工作范围。 ③ 监理工作内容。 ④ 监理工作目标。 ⑤ 监理工作依据。 ⑥ 项目监理机构的组织形式。 ⑦ 项目监理机构的人员配备计划。 ⑧ 项目监理机构的人员岗位职责。 ⑨ 监理工作程序。 ⑩ 监理工作方法及措施。 ⑪ 监理工作制度。 ⑫ 建立设施。 （4）在监理工作实施过程中，如实际情况或条件发生重大变化而需要调整监理规划时，应由总监理工程师组织专业监理工程师研究修改，按原报审程序经过批准后报建设单位

续表

<table>
<tr><th>序号</th><th>类别</th><th>基本要求</th></tr>
<tr><td>2</td><td>监理实施细则的编制</td><td>（1）对于中级及以上或专业性较强的工程项目，项目监理机构应编制监理实施细则。监理实施细则应符合监理规划的要求，并应结合工程项目的专业特点，做到详细具体、具有可操作性。
（2）监理实施细则的编制程序与依据应符合下列规定。
① 监理实施细则应在工程施工开始前编制完成，并必须总监理工程师批准。
② 监理实施细则应由专业监理工程师编制。
③ 编制监理实施细则的依据：
a. 已批准的监理规划。
b. 与专业相关的标准、设计文件和技术资料。
c. 施工组织设计。
（3）监理实施细则应包括下列主要内容。
① 专业工程的特点。
② 监理工作的流程。
③ 监理工作的控制要点及目标。
④ 监理工作的方法及措施。
（4）在监理工作实施过程中，监理实施细则应根据实际情况进行补充、修改和完善。</td></tr>
</table>

1. 监理规划的主要作用

（1）是项目监理机构全面开展监理工作的具有可操作性的指导性文件；

（2）是监理单位的主管部门对监理单位进行检查了解、考核评判的依据资料之一；

（3）是建设单位确认监理单位是否全面、认真履行监理合同的主要依据；

（4）是监理资料的重要组成部分。

2. 监理规划的编制依据

（1）建设工程的相关法律、法规及项目审批文件；

（2）与建设工程项目有关的标准、设计文件、技术资料；

（3）监理大纲、委托监理合同文件以及与建设工程项目相关的合同文件；

（4）工程地质、水文地质、气象资料、材料供应、勘察、设计、施工、交通、能源、市政公用设施等方面的资料；

（5）工程报建的有关批准文件、招投标文件及国家、地方政府对建设监理的规定；

（6）勘察、设计、施工、质量检验评定等方面的规范、规程、标准等。

3. 编制监理实施细则的主要依据

（1）已批准的监理规划；

（2）与专业工程相关的标准、设计文件和技术资料；

（3）施工组织设计。

4. 监理实施细则的主要内容

（1）专业工程的特点；

（2）监理工作的流程；

（3）监理工作的控制要点及目标值；

（4）监理工作的方法及措施。

二、其他监理资料的管理要求

其他监理资料管理的基本要求见表 2-20。

表 2-20　其他监理资料管理的基本要求

序号	类别	基本要求
1	监理月报	项目监理部每月以“监理月报”的形式向建设单位报告本月的监理工作情况，使建设单位了解工程的基本情况，同时掌握工程质量、投资及施工合同的各项目标完成的建立控制情况 监理月报的内容包括：工程概况，施工单位项目组织系统，工程进度，工程质量，工程计量与工程款支付，材料、构配件与设备情况，合同其他事项的处理情况，天气对施工影响的情况，项目监理部组成与工作统计，本月监理工作小结和下月监理工作重点。监理月报应由项目总监理工程师组织编制，签署后报送建设单位和监理单位
2	监理会议纪要	监理会议纪要应由项目监理根据会议纪要整理，经总监理工程师审阅，由与会各方代表会签
3	监理工作日志	以项目监理部的监理工作为记载对象，从监理工作开始起至监理工作结束止，应有专人负责逐日记载
4	监理工作总结	施工阶段监理工作结束后，监理单位应向建设单位提交项目监理工作总结。 监理工作总结内容包括：工程概况，监理组织机构，监理人员和投入的建立设施，监理合同履行情况，监理工作成效，施工过程中出现的问题及其处理情况和建议，工程照片（必要时）等。监理工作总结应由总监理工程师主持编写并审批

三、监理资料管理流程

监理资料管理流程如图 2-10 所示。

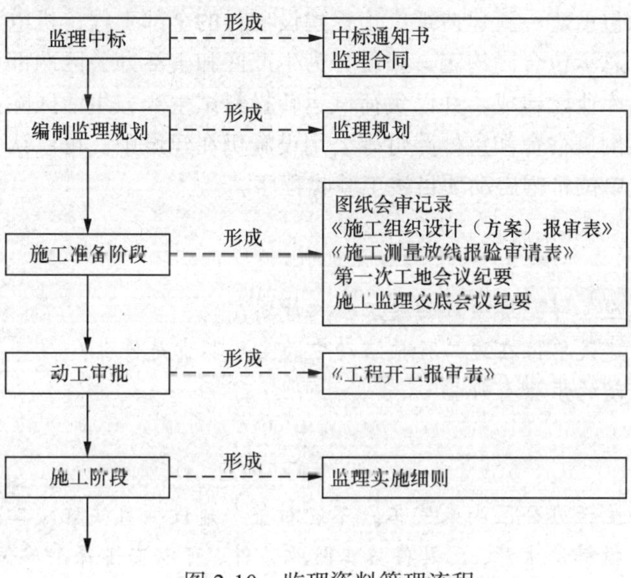

图 2-10　监理资料管理流程

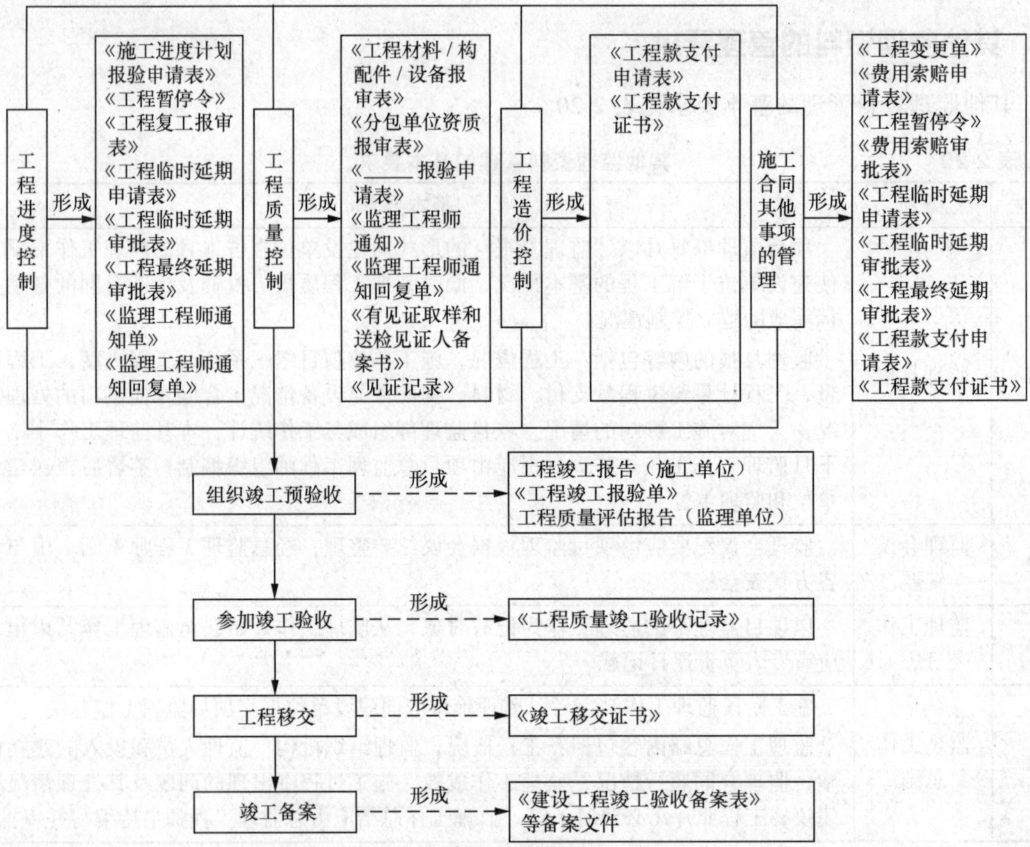

图 2-10　监理资料管理流程（续）

学习案例

某施工单位总承包承建一新建造纸厂工程建设项目的全部工程，机电工程自营，土建工程由分包单位施工。总承包合同约定，项目分为生产区和生活办公区两部分。生产区自原料堆场及仓库直至成品库业已建成，并已负荷试运转投料试生产，生活区除员工食堂和办公楼建成使用外，三班制倒班宿舍和室外路灯等公用设施仍在建设中。可以认为整个项目建设已处在尾声中，总承包单位希望启动项目竣工验收程序。

想一想

（1）总承包单位应怎样安排项目的竣工验收计划？

（2）施工单位、建设单位在竣工验收活动中的主要职责是什么？

（3）竣工验收活动的步骤有哪些？

案例分析

（1）因造纸厂的生活办公区尚未完工，不能对整个建设项目实施竣工验收，而生产区已建成经负荷试运转及投料试生产，已具备竣工验收条件，可以安排每个单位工程的竣工验收，待生活区完工且每个单位工程竣工验收后，则整个项目竣工验收就有了基础，其活动仅是资料汇总、给出总体评价和履行手续而已。

（2）施工单位在竣工验收活动前要依照有关规定和合同约定，整理好文件和资料，向建设单位提交竣工验收报告，同时要对工程实体进行自检自验，并负有对整改工作实施和复验确认的责任，还应积极参加建设单位组织的竣工验收活动。

建设单位收到竣工验收报告后，应组建相关各方参加的竣工验收组织，并作为计划安排在正式验收前十天，向施工单位发出《竣工验收通知书》，组织主持竣工验收各项活动。工程经竣工验收合格且确认承包合同履约完毕，向施工单位签发《竣工证明书》，并在15天内向工程所在地县级以上人民政府建设行政主管部门或其他有关部门备案。

（3）竣工验收活动的步骤有施工单位的自检自验、验收组织的预（初）验收、经预（初）验收提出整改意见后的复验、正式竣工验收。

知识拓展

公路工程施工资料的特点

公路工程项目多、工程量大、施工工期长，从施工准备开始至竣工验收，凡是与工程有关的活动都需要按规范、规程、标准的规定同步记录下来，形成施工资料。其中有各种试验资料，有开工前的准备资料，还有路基、路面、桥梁等工程项目交工验收的施工资料等，总之内容很多，涉及方方面面。

1. 原始性、真实性

施工资料是在施工过程中形成的，它是施工过程中的原始记录，应随工程进展同步进行整理，使施工资料的具体形成过程与外业施工过程同步进行，保证达到原始、真实、准确、有效的效果。绝对不可对原始资料的一些数据随意进行剔除或更改，更不能在工程完工后再填写“回忆录”。

所以施工资料应与外业同步，完成的资料应规范、标准，并在工程竣工（交）工验收前将施工资料按要求组卷、装订成册。

2. 技术性、专业性

规范、规程、标准等是施工资料编制的依据。施工资料的形成应符合国家及地方相应法律、法规、规范、规程，同时还应符合工程合同与设计文件等的规定。

在进行施工编制时，每一张表、每一个数据都要按相应的规范、规程、标准中的具体要求认真检查和填写，保证施工资料的编制质量。

3. 完整性、时效性

从施工资料编制的重要意义中可以看出，施工资料不齐全、不完整，就不能指导施工，更不能反映所完工程的质量状况，工程也无法进行验收，所以施工资料必须齐全、完整。

（1）形成施工资料的时限很重要，只有保证时限，才能达到时效。施工资料必须做到随工程进展同步形成。

（2）原材料在进场过程中，必须及时进行原材料试验，及时进行试验资料的整理，以确定所进材料是否合格，避免不合格材料进场的情况出现。

（3）标准试验的时间限制更重要，如水泥混凝土的配合设计，必须限制在混凝土浇筑28天前完成，以保证试验一旦不成功，施工单位和监理工程师还有时间重新进行试验，用取得的准确数据指导施工。否则，因试验未完成而无法指导施工和控制施工质量，既耽误了工期，又造成经济上的损失。

（4）监理对施工资料的审批也必须在规定的最短时间内完成，如工序的检查验收试验，监理工程师必须及时进行签认，以免耽误下道工序的施工。

（5）工程的竣工验收也必须在施工资料的整理、汇总完成后，经过有关单位验收合格才可进行。所以施工资料的形成、报验、审批一定要有时限要求。

学习单元四　测量记录的管理

知识目标

了解各个表格的填写说明、本单元每部分“填表说明”的内容。

技能目标

通过本单元的学习，掌握各个表格的实际运用。

基础知识

一、施工测量放线报验申请表

施工测量放线报验申请表填表说明见表2-21，填表示例见表2-22。

表2-21　施工测量放线报验申请表填表说明

项目	主要内容
附件收集	放线的依据材料，如“工程定位测量记录”“楼层平面放线记录”等施工测量记录
资料流程	由施工单位填写后报送监理单位，经审批后返还，建设单位、施工单位及监理单位各存一份
相关规定与要求	施工单位应将在完成施工测量方案、红线桩的校核成果、水准点的引测成果及施工过程中各种测量记录后，填写《施工测量放线报验申请表》，报监理单位审核
注意事项	“测量员”必须由具有相应资格的技术人员签字，并填写岗位证书号

表2-22　施工测量放线报验申请表（示例）

工程名称：××××工程　　　　编号：×××

致：××××监理公司　（监理单位）：

我单位已完成了　××××工程施工测量放线　工作，现报上该工程报验申请表，请予以审查和验收。

附件：

测量放线的部位及内容：

序号	工程部位名称	测量放线内容	专职测量员（岗位证书编号）	备注
1	四层②～⑦/Ⓐ～Ⓓ轴	轴线控制线、墙柱轴线及边线、门窗洞口位置线等	×××（********） ×××（********）	30m钢尺 DS级水准仪
2	四层⑥～⑨/Ⓔ～Ⓗ轴	柱轴线控制线、柱边线等	×××（********） ×××（********）	

续表

（2）放线的依据材料 1 页。
（3）放线成果表 5 页。

承包单位（章）××××建筑工程公司
项目经理×××
日期××年×月×日

审查意见：
经检查，符合工程施工图的设计要求，达到了《建筑工程施工测量规程》的精度要求。

项目监理机构××监理公司×× 项目监理部
总/专业监理工程师×××
日期××年×月×日

二、工程定位测量记录

工程定位测量记录填表说明见表 2-23，填表范例见表 2-24。

表 2-23　　工程定位测量记录填表说明

项目	主要内容
附件收集	可附水准原始记录
资料流程	由施工单位填写，随相应的测量放线报验表进入资料流程
相关规定与要求	（1）测绘部门根据建设工程规划许可证（附件）批准的建筑工程位置及标高依据，测定出建筑的红线桩。 （2）施工测量单位应依据测绘部门提供的放线成果、红线桩及场地控制网（或建筑物控制网），测定建筑物位置、主控轴线及尺寸、建筑物±0.000 绝对高程，并填写“工程定位测量记录”报监理单位审核。 （3）工程定位测量完成后，应由建设单位报请政府具有相关应资质的测绘部门申请验线，填写“建设工程验线申请表”报请政府测绘部门验线
注意事项	（1）“委托单位”填写建设单位或总承包单位。 （2）“平面坐标依据、高程依据”由测绘院或建设单位提供，应以规划部门钉桩坐标为标准，在填写时应注明点位编号，且与交桩资料中的点位编号一致
其他	“工程定位测量记录”由建设单位、监理单位、施工单位、城建档案馆各保存一份

表 2-24　　工程定位测量记录（范例）

编号：×××

工称名称	××大学综合楼	委托单位	××公司
图纸编号	×××	施测日期	××年×月×日
平面坐标依据	××—036 A、方 1、D	复测日期	××年×月×日
高程依据	测××—036 BMG	使用仪器	DS1 96007
允许误差	±13 mm	仪器校验日期	××年×月×日

续表

定位抄测示意图：

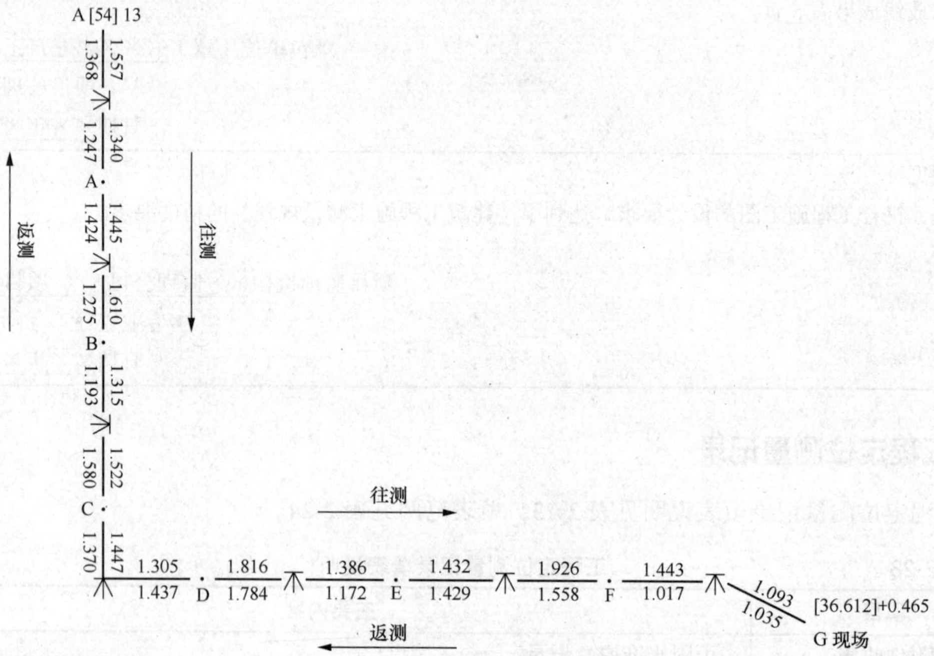

复测结果：

$h_{往}$=∑后−∑前=+0.273 m　h 返=∑后−∑前=−0.281 m　f测=∑后+∑前=−8 m　f允= ± 5 mm

$\sqrt{N}$ = ± 5 mm　允许误差 ± 13 mm > $f_{测}$ 精度合格　高差 h=+0.277 m

<table>
<tr><td rowspan="3">签字栏</td><td rowspan="2">建设（监理）单位</td><td>施工（测量）单位</td><td>××建筑工程公司</td><td>测量人员岗位证书号</td><td>027-001038</td></tr>
<tr><td>专业技术负责人</td><td>测量负责人</td><td>复测人</td><td>施测人</td></tr>
<tr><td>×××</td><td>×××</td><td>×××</td><td>×××</td><td>×××</td></tr>
</table>

三、基槽验线记录

基槽验线记录填表说明见表 2-25，填表范例见表 2-26。

表 2-25　基槽验线记录填表说明

项目	主要内容
附件收集	“普通测量成果”及基础平面图等
资料流程	由施工单位填写，随相应部位的测量放线报验表进入资料流程
相关规定与要求	施工测量单位应根据主控轴线和基槽底平面图，检验建筑物基底外轮廓线、集水坑、电梯井坑、垫层底标高（高程）、基槽断面尺寸和坡度等，填写“基槽验线记录”并报监理单位审核
注意事项	重点工程或大型工业厂房应有测量原始记录
其他	“基槽验线记录”由建设单位、施工单位、城建档案馆各保存一份

表 2-26　　基槽验线记录（范例）

编号：×××

<table>
<tr><td>工程名称</td><td>××大学综合楼</td><td>日期</td><td>××年×月×日</td></tr>
<tr><td colspan="4">验线依据及内容：
依据：（1）施工图纸（图号××）设计变更/洽商（编号××）。
（2）本工程《施工测量方案》。
（3）定位轴线控制网。

内容：根据主控轴线和基底平面图，检验建筑物基底外轮廓线、集水坑（电梯井坑）、垫层标高、基槽断面尺寸及边坡坡度（1:0.5）等。</td></tr>
<tr><td colspan="4">基槽平面、剖面简图（mm）：
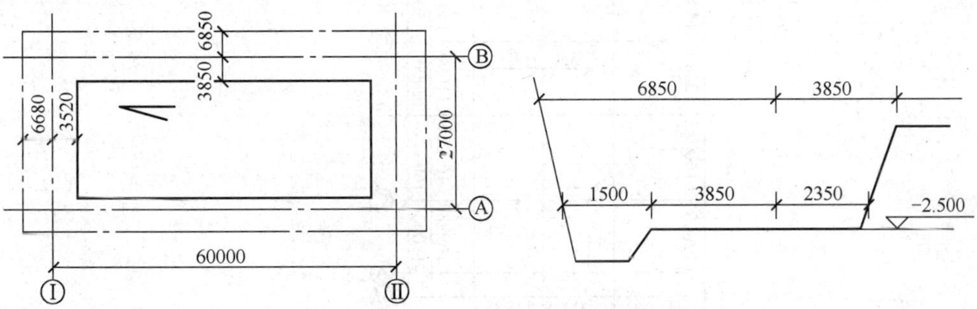
</td></tr>
<tr><td colspan="4">检查意见：
经检查：①～⑪/Ⓐ～Ⓑ轴为基底控制轴线、垫层标高（误差：−1 mm），基槽开挖的断面尺寸（误差：+2 mm），坡度边线、坡度等各项指标符合设计要求及本工程《施工测量方案》规定，可进行下道工序施工。</td></tr>
</table>

<table>
<tr><td rowspan="3">签字栏</td><td rowspan="2">建设（监理）单位</td><td>施工测量单位</td><td colspan="2">××建筑工程公司</td></tr>
<tr><td>专业技术负责人</td><td>专业质检员</td><td>施测人</td></tr>
<tr><td>×××</td><td>×××</td><td>×××</td><td>×××</td></tr>
</table>

四、楼层平面放线记录

楼层平面放线记录填表说明见表 2-27，填表范例见表 2-28。

表 2-27　　楼层平面放线记录填表说明

项目	主要内容
附件收集	可附平面图
资料流程	由施工单位填写，随相应部位的测量放线报验表进入资料流程
相关规定与要求	楼层平面放线内容包括轴线竖向投测控制线、各层墙柱轴线、墙柱边线、门窗洞口位置线、垂直度偏差等，应施工单位应在完成楼层平面放线后，填写“楼层平面放线放线记录”并报监理单位审核
注意事项	“放线部位”及“放线依据”应详细、准确
其他	“楼层平面放线记录”由施工单位保存

表 2-28　　　　楼层平面放线记录（范例）

编号：×××

工程名称	××大学综合楼	日期	××年××月×日
放线部位	地下一层①～⑦/Ⓐ～Ⓙ轴顶板	放线内容	轴线竖向投测控制线、墙柱轴线、边线、门窗洞口位置线，垂直度偏差等

放线依据：

（1）施工图纸（图号××），设计变更/洽商（编号××）。

（2）本工程《施工测量方案》。

（3）地下二层已放好的控制桩点。

放线简图（mm）：

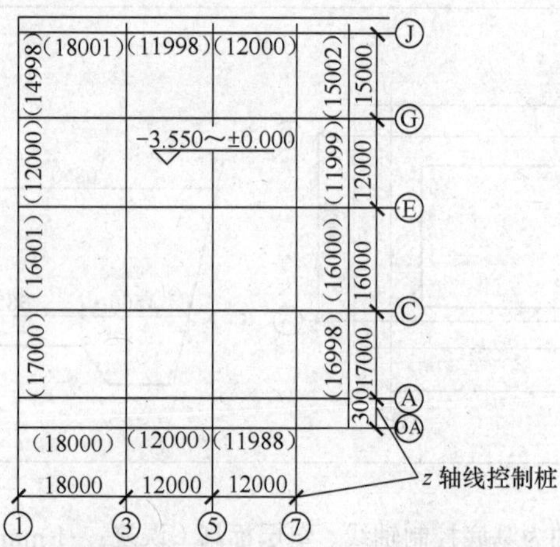

检查意见：

（1）①～⑦/Ⓐ～Ⓙ轴为地下一层外廓纵横轴线。

（2）括号内数据为复测数据（或结果）。

（3）各细部轴线间几何尺寸相对精度最大偏差+2mm，90° 角中误差 10″，精度合格。

（4）放线内容均已完成，位置准确，垂直度偏差在允许范围内，符合设计及测量方案要求，可以进行下道工序施工。

签字栏	建设（监理）单位	施工单位	××建筑工程公司	
		专业技术负责人	专业质检员	施测人
	×××	×××	×××	×××

五、楼层标高抄测记录

楼层标高抄测记录填表说明见表 2-29，填表示例见表 2-30。

表 2-29　　　　楼层标高抄测记录填表说明

项目	主要内容
附件收集	可附平面图及立面图
资料流程	由施工单位填写，随相应部位的测量放线报验表进入资料流程
相关规定与要求	楼层标高抄测内容包括楼层+0.5m（或+1.0m）水平控制线、皮树数杆等，应施工单位应在完成楼层标高抄测记录后，填写“楼层标高抄测楼层放线记录”报监理单位审核

续表

项目	主要内容
注意事项	基础、砖墙必须设置皮数杆，以此控制标高，用水准仪校核（允许误差 ± 3mm）
其他	“楼层标高抄测记录”由施工单位保存

表 2-30　　楼层标高抄测记录（范例）

编号：×××

工程名称	×××大学综合楼	日期	××年×月×日
抄测部位	地上八层㊳～㊷/Ⓖ～Ⓟ轴	抄测内容	楼层+0.5 m 水平控制线

抄测依据：

（1）施工图纸（图号××），设计变更/洽商（编号××）。

（2）本工程《施工测量方案》。

（3）地上七层已放好的控制点。

检查说明：

地上八层㊳～㊷/Ⓖ～Ⓟ轴墙柱+0.5 m 水平控制线，标高=23.3 m，标注点的位置设在墙柱上，依据《测量方案》，在墙柱上设置固定的三个点，作为引测需要。

测量工具：自动安平水准仪，型号 DZS3-1。据需要可画墙柱剖面简图予以说明，标明重要控制轴线尺寸及指北针方向。

检查意见：

经检验：地上八层㊳～㊷/Ⓖ～Ⓟ轴墙柱，+0.5 m 水平控制线已按施工图纸，测量方案引测完毕，引测方法正确，标高传递准确，误差值−2 mm，误差值−2 mm，符合设计、规范要求。

签字栏	建设（监理）单位	施工单位	××建筑工程公司	
		专业技术负责人	专业质检员	施测人
	×××	×××	×××	×××

六、建筑物垂直度、标高测量记录

建筑物垂直度、标高测量记录填表说明见表 2-31，填表范例见表 2-32。

表 2-31　　建筑物垂直度、标高测量记录填表说明

项目	主要内容
资料流程	由施工单位填写，随相应部位的测量放线报验表进入资料流程
相关规定与要求	施工单位应在结构工程完成和工程完工竣工时，对建筑物进行垂直度测量记录和标高全高进行实测并控制记录，填写“建筑物垂直度、标高测量记录”报监理单位审核。超过允许偏差且影响结构性能的部位，应由施工单位提出技术处理方案，并经建设（监理）单位认可后进行处理
注意事项	“专业技术负责人”栏内填写项目总工，“专业质检员”栏内填写现场质量检查员，“施测人”栏内填写具体测量人员
	“建筑物垂直度、标高测量计算”由建设单位、施工单位各保存一份

表 2-32　　建筑物垂直度、标高观测记录（范例）

编号：×××

工程名称	××大学综合楼		
施工阶段	结构工程	观测日期	××年×月×日

观测说明（附观测示意图）

图（略）

垂直度测量（全高）		标高测量（全高）	
观测部位	实测偏差（mm）	观测部位	实测偏差（mm）
一层	东 3 mm、北 2 mm	一层	3
二层	东北向−2 mm	二层	−4
三层	东 2 mm、北 1 mm	三层	−3

结论：

工程垂直度、标高测量结果符合设计及规范规定。

签字栏	建设（监理）单位	施工单位	××建筑工程公司	
		专业技术负责人	专业质检员	施测人
	×××	×××	×××	×××

学习案例

如下表所示：

工程名称	××综合楼	建设地点	××区××路××号
建设单位	××大学	设计单位	××建筑设计院
施工单位	××建筑工程公司	建筑面积（m^2） 工程量（元）	6 321.00 m^2 631.00 万元
结构类型	框架结构	事故发生时间	××年×月×日
上报时间	××年×月×日	经济损失（元）	2 000.00 元

想一想

根据表格所列的内容回答下列问题：

1. 分析事故发生的原因。
2. 事故发生后采取的措施。
3. 事故发生的处理意见。

案例分析

1. 事故经过、后果与原因分析：

××年×月×日在六层柱混凝土施工时，由于振捣工没有按照混凝土振捣操作规程操作致使六层①轴与○AA 轴交接处一根柱混凝土发生漏筋、漏石、孔洞等质量缺陷。

2. 事故发生后采取的措施：

经研究决定对该柱采取返工处理，重新进行混凝土浇筑。

3. 事故责任单位、责任人及处理意见：

事故责任单位：混凝土施工班组。

责任人：振捣工

处理意见：

（1）对直接责任人进行质量意识教育，切实加强混凝土操作规程培训学习及贯彻执行，持证上岗，并处以适当经济处罚。

（2）对所在班组提出批评，切实加强过程控制。

知识拓展

公路工程竣工验收程序

公路竣工验收，根据责任单位、工作内容、工作步骤等不同，主要划分为以下 10 个步骤完成。各步骤验收的性质、作用、主体、内容、依据、方法等各有不同。

（1）施工单位自检。施工单位以施工过程自检资料为依据，按照《验评标准》对分项、分部、单位工程进行评定。工程完工后汇总评定资料形成合同段自检资料，并对施工过程进行总结形成合同段施工总结报告。

（2）监理工程师评定。监理工程师依据抽检资料，按照《验评标准》对分项、分部、单位工程进行评定。工程完工后汇总评定资料形成合同段自检资料，并对施工过程进行总结形成合同段监理总结报告。

（3）质量监督机构质量检测。在合同段和整个项目交工验收期间，质量监督机构根据项目法人的报告，按照《公路工程质量鉴定办法》对合同段或整个项目进行工程质量检测，形成合同段或整个项目的工程质量检测报告。整个项目工程质量检测报告在工程试运营前提交公路交通主管部门。

（4）合同段交工验收。项目法人根据施工单位自检、监理工程师评定资料，以及在施工过程中、项目管理中掌握的情况，按照验收办法的规定，对合同段工程组织交工验收，并形成合同段交工验收证书及对设计、监理、施工单位的初步评价。

（5）整个项目交工验收。所有合同段交工验收完成后，项目法人汇总各合同段验收资料，形成项目交工验收报告，试运营前报公路交通主管部门备案，并抄送质量监督机构。试运营前项目法人要对项目是否具备通车条件进行评估，承担相应责任。

（6）交通主管部门运营审查。根据交工验收报告及质量监督机构的检测意见，交通主管部门对工程是否具备运营条件进行审查。

（7）单项工程验收。在试运营期间，项目法人根据工程及工作进展情况，申请对环保、档案等单项工程进行验收。由相关部门根据单项工程相应的验收办法、内容、步骤进行单项工程验收，形成单项工程验收报告。

（8）项目法人工程自检。在试运营两年后，项目法人组织养护管理等相关单位，对工程使用状况进行全面自查，检查交工验收时提出问题的落实情况，检查工程使用中存在和发现的问题及处理情况，对仍然存在的问题进行进一步处理完善。

（9）质量监督机构检测鉴定。在试运营两年后、三年内，由项目法人申请，质量监督机构根据《公路工程质量鉴定报告》对工程进行复测及质量鉴定，形成各合同段及整个项目工程质量鉴定报告。

（10）竣工验收委员会竣工验收。当工程满足竣工验收条件后，由项目法人申请交通主管部门按照验收办法规定的步骤、方法、内容组织项目竣工验收。形成项目竣工验收鉴定书及其他资料。

情境小结

基建资料内容包括：决策立项文件，建设用地、征地与拆迁文件，勘察、测绘与设计文件、工程招投标与承包合同文件、工程开工文件、商务文件、工程竣工验收及备案文件等。

施工资料应实行报验、报审管理，报验、报审必须要有时限性要求。建筑工程实行总承包的，应在与分包单位签订的施工合同中明确施工资料的移交套数、移交时间、质量要求及验收标准等。

施工日志是施工活动的原始记录，是编制施工文件、积累资料、总结施工经验的重要依据，由项目技术负责人具体负责。

施工技术资料管理包括三个方面：施工组织设计报审表、技术交底记录（收集必要的图样、图片、“四新”，即：新材料、新工艺、新产品、新技术的相关文件）、设计变更记录。

工程测量记录和管理包括：施工测量放线报验申请表、工程定位测量记录、基槽验线记录、楼层平面放线记录、楼层标高抄测记录、建筑物垂直度、标高测量记录。

监理规划及监理实施细则是指监理工作的纲领性文件。监理规划十一局监理大纲和委托监理合同编制的文件，在指导项目监理部工作方面承担重要作用。监理规划是编制监理实施细则的重要依据。

学习检测

一、填空题

1. 新建、扩建、改建的建设项目，其基建文件必须按有关行政主管部门的规定和要求进行申报审批，并保证________和________。

2. 工程竣工后，________应负责工程竣工备案工作。

3. 施工资料应实行________、________。

4. 监理规划及监理实施细则是指________。

5. 施工阶段监理工作结束后，监理单位应向________提交________。

6. 施工日志是施工活动的原始记录，是________、________、________的重要依据，由项目技术负责人具体负责。

7. 施工单位应编写工程技术文件，经施工单位技术部门审查通过，填写________报项目监理部。

8. 技术交底记录应包括________、________、________、________和________。

9. 放线的依据材料，如________、________等施工测量记录。

二、单项选择题

1. 地基基础、主体结构分部工程质量验收不填写（　　）。

A. 分包单位　B. 分包单位负责人　C. 分包技术负责人　D. 施工单位

2. 建设工程质量事故调（勘）查记录填写时应注明（　　）联系方式等。

A. 工程名称　B. 调查时间　C. 调查地点　D. 参加人员

E. 所属单位

3.（　　）组织专业监理工程师审核，填写审核意见，由总监理工程师签署审定结论。

A. 总监理工程师　B. 监理工程师　C. 项目经理　D. 专业监理工程师

4. 设计变更通知单应由（　　）的相关负责人签认。

A. 建设单位　B. 设计专业负责人　C. 施工单位　D. 监理单位

5. 以下不属于施工质量管理资料的是（　　）。

A. 技术交底　B. 施工组织设计　C. 施工方案　D. 安全交底

6. 竣工验收备案是指（　　）应当自工程竣工验收合格之日起 15 日内，依照《备案管理办法》规定，向工程所在地的县级以上地方人民政府建设行政主管部门备案。

A. 监理单位　B. 建设单位　C. 设计单位　D. 施工单位

7. 建设工程概况由（　　）填写。

A. 建设单位　B. 施工单位　C. 监理单位　D. 设计单位

8. 施工单位负责进行过程质量控制检查、检验，按规范、方案形成的资料不包括以下哪种？（　　）

A. 施工记录　B. 施工物资资料　C. 施工测量记录　D. 施工保温记录

三、简答题

1. 基建资料管理的规定有哪些？
2. 基建文件的内容有哪些？
3. 工程竣工验收备案管理的范围有哪些？
4. 施工资料管理的规定有哪些？
5. 监理规划的编制要求有哪些？

学习情境三

建筑工程施工物资资料

情境导入

某施工单位承建一南方沿海城市的大型体育馆机电安装工程。合同工期为 10 个月，于 2004 年 11 月 10 日开工，2005 年 9 月 10 日竣工。

该工程的特点是各类动力设备包括冷冻机组、水泵、集中空调机组、变配电装置等，均布置在有通风设施和排水设施的地下室。

由于南方沿海空气湿度高、昼夜温差大，夏天地下室结露严重，给焊接、电气调试、油漆、保温灯作业的施工质量控制带来困难。

通风与空调系统的风管设计工作压力为 100 Pa。项目部决定风管机部件在场外加工。项目部制订的施工进度计划中，施工高峰期在 6～8 月，正值高温季节。根据地下室的气候条件和比赛大厅高空作业多的特点，需制订针对施工技术措施，编制质检计划和重点部位的质量预控方案等，使工程施工顺利进行，确保工程质量。

在施工过程中，由于个别班组抢工期，在管理上出现工序质量失控，致使在试车阶段发生施工质量问题，如通风与空调系统进行单机和联动试车时，有两台风机出现震动大、噪声大，电动机端部发热等异常现象。经调查发现：风机的钢垫铁有移位和松动；电动机与风机的联轴器同轴度超差。

案例导航

上述案例中，主要涉及的内容包括建筑给排水、建筑电气工程、通风与空调工程等内容，该案例工程特点是各类动力设备包括冷冻机组、水泵、集中空调机组、变配电装置等，均布置在有通风设施和排水设施的地下室。

要了解建筑工程施工物资的内容，需要掌握相关知识有：

（1）施工物资管理的基本内容。

（2）土建工程施工物资资料管理。

（3）电梯工程施工物资资料。

学习单元一　施工物资管理概述

知识目标

（1）了解施工物资资料的定义及管理原则。

（2）了解施工物资资料管理的内容、要求。

技能目标

通过本单元的学习，掌握施工物资资料的管理流程。

基础知识

一、施工物资资料的定义及管理原则

施工物资资料的定义及管理原则见表 3-1。

表 3-1　　施工物资资料的定义及管理原则

项目		主要内容
定义		施工物资资料应是反映工程所用物资质量和性能指标等的各种证明文件和相关配套文件（如使用说明书、安装维修文件等）的统称
管理原则	对文件资料的要求	（1）工程物资主要包括建筑材料、成品、半成品、构配件、设备等，建筑工程所使用的工程物资均应有出厂质量证明文件［包括产品合格证、出厂检验（试验）报告、产品生产许可证和质量保证书等］。质量证明文件应是反映工程物资的品种、规格、数量、性能指标等，并与实际进场物资相符。当无法或不便提供质量证明文件原件时，复印件亦可。复印件必须清晰可辨认，其内容应与原件一致，并应加盖原件存放单位公章、注明原件存放处、有经办人签字和时间； （2）涉及结构安全和使用功能的材料需要代换且改变了设计要求时，必须有设计单位签署的认可文件。涉及安全、卫生、环保的物资应有相应资质等级检测单位的检测报告，如压力容器、消防设备、生活供水设备、卫生洁具等； （3）凡使用的新材料、新产品，应由具备鉴定资格的单位或部门出具鉴定证书，同时具有产品质量标准和试验要求，使用前应按其质量标准和试验要求进行试验或检验。新材料、新产品还应提供安装、维修、使用和工艺标准等相关技术文件； （4）进口材料和设备等应有商检证明（国家认证委员会公布的强制性［CCC］产品除外）、中文版的质量证明文件、性能检测报告以及中文版的安装、维修、使用、试验要求等技术文件
	对进场检验的要求	建筑工程采用的主要材料、半成品、成品、构配件、器具、设备等应实行进场验收，做进场检验记录；涉及安全、功能的有关物资应按工程施工质量验收规范及相关规定进行复试和有见证取样送检，及时提供相应试（检）验报告
	对分级管理的要求	（1）分级管理的原则：供应单位或加工单位负责收集、整理和保存所供物资原材料的质量证明文件，施工单位则需收集、整理和保存供应单位或加工单位提供的质量证明文件和进场后进行的试（检）验报告。各单位应对各自范围内工程资料的汇集、整理结果负责，并保证工程资料的可追溯性。 （2）钢筋资料的分级管理：钢筋采用场外委托加工形式时，加工单位应保存钢筋的原材出厂质量证明、复试报告、接头连接试验报告等资料，并保证资料的可追溯性；加工单位必须向施工单位提供"半成品钢筋出厂合格证"，半成品钢筋进场后施工单位还应进行外观质量检查，如对质量产生怀疑或有其他约定时可进行力学性能和工艺性能的抽样复试。 （3）混凝土资料的分级管理。 ① 预拌混凝土供应单位必须向施工单位提供以下资料： 混凝土配合比申请单、通知单；

续表

项目		主要内容
管理原则	对分级管理的要求	预拌混凝土运输单； 预拌混凝土出厂合格证（32 天内提供）； 混凝土氯化物和碱总量计算书。 ② 预拌混凝土供应单位除向施工单位提供上述资料外，还应保证以下资料的可追溯性。 试配记录、水泥出厂合格证和试（检）验报告、砂和碎（卵）石试验报告、轻集料试（检）验报告、外加剂和掺合料产品合格证和试（检）验报告、开盘鉴定、混凝土抗压强度报告（出厂检验混凝土强度值应填入预拌混凝土出厂合格证）、抗渗试验报告（试验结果应填入预拌混凝土出厂合格证）、混凝土坍落度测试记录（搅拌站测试记录）和原材料有害物含量检测报告。 ③ 施工单位应形成以下资料： 混凝土浇灌申请书； 混凝土抗压强度试验报告（现场检验）； 混凝土抗渗试验报告（现场检验）； 混凝土试块强度统计、评定记录（现场）。 ④ 采用现场搅拌混凝土方式的，施工单位应收集、整理上述资料中除“预拌混凝土出厂合格证”“预拌混凝土运输单”之外的所有资料。 （4）预制构件资料的分级管理。 施工单位使用预制构件时，预制构件加工单位应保存各种原材料（如钢筋、钢材、钢丝、预应力筋、木材、混凝土组成材料）的质量合格证明、复试报告等资料以及混凝土、钢构件、木构件的性能试验报告和有害物含量检测报告等资料，并应保证各种资料的可追溯性；施工单位必须保存加工单位提供的“预制混凝土构件出厂合格证”“钢构件出厂合格证”以及其他构件合格证和进场后的试（检）验报告

二、施工物资资料管理的内容及要求

建筑工程采用的主要材料、半成品、成品、构配件、器具、设备应进行现场验收，有进场检验记录；涉及安全、功能的有关物资应按工程施工质量验收规范及相关规定进行复试（试验单位应向委托单位提供电子版试验数据）或有见证取样送检，有相应试（检）验报告。

涉及结构安全和使用功能的材料需要代换且改变了设计要求时，应有设计单位签署的认可文件。

涉及安全、卫生、环保的物资必须附有有相应资质等级检测单位的检测报告，如压力容器、消防设备、生活供水设备、卫生洁具等。

凡使用的新材料、新产品，应由具备鉴定资格的单位或部门出具鉴定证书，同时具有产品质量标准和试验要求，使用前应按其质量标准和试验要求进行试验或检验。新材料、新产品还应提供安装、维修、使用和工艺标准等相关技术文件。

进口材料和设备应具备商检证明（国家认证委员会公布的强制性认证［CCC］产品除外）、中文版的质量证明文件、性能检测报告以及中文版的安装、维修、使用、试验要求等技术文件。

三、施工物资资料的管理流程

施工物资资料的管理流程如图 3-1 所示。

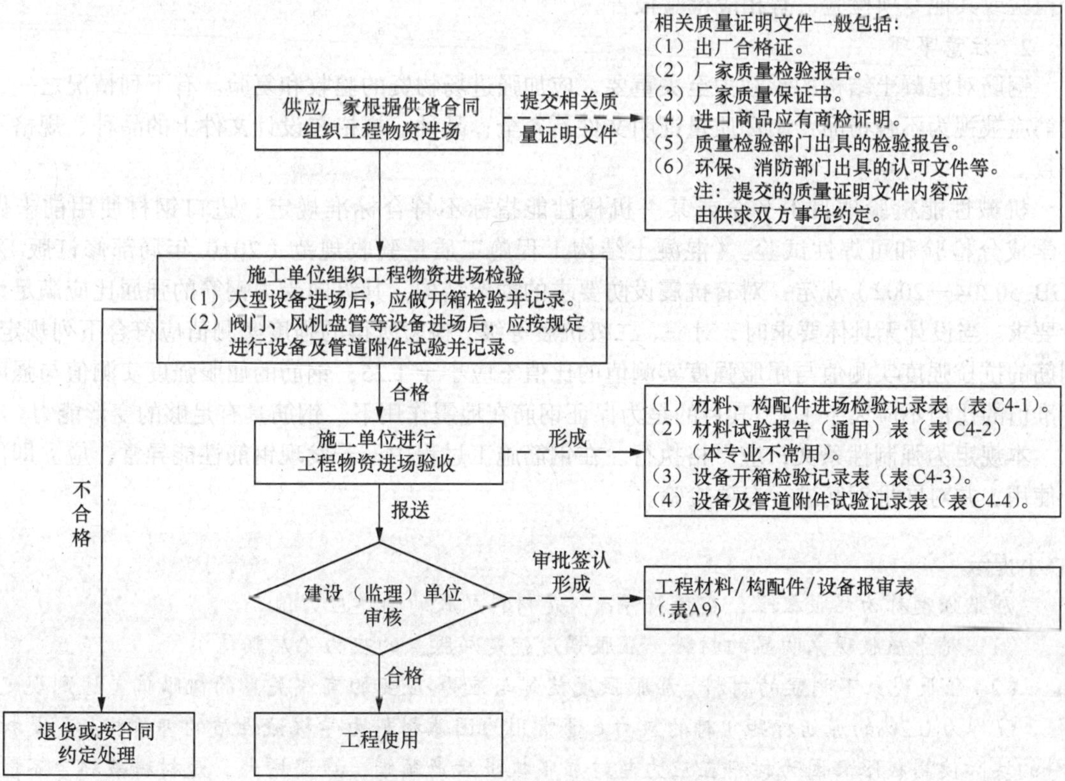

图 3-1　施工物资资料管理流程

学习单元二　土建工程施工物资资料

知识目标

了解土建工程应具备的施工物资资料及注意事项。

技能目标

通过本单元的学习，掌握土建工程施工物资资料相关表格的填写。

基础知识

一、土建工程应具备的施工物资资料及注意事项

（一）钢筋（材）

1. 应具备的资料

（1）钢筋（材）及相关材料（如钢筋连接用机械连接套筒）必须有质量证明文件。

（2）钢筋及重要钢材应按现行规范规定取样做力学性能的复试，承重结构钢筋及重要钢材应实行有见证取样和送检。

（3）当使用进口钢材、钢筋脆断、焊接性能不良或力学性能显著不正常时，应进行化学成

分检验或其他专项检验，有相应检验报告。

2. 注意事项

钢筋对混凝土结构的承载力至关重要，应加强进场物资的验收和复验。有下列情况之一，钢筋应被视为不合格品：出厂质量证明文件不齐全；品种、规格与设计文件上的品种、规格不一致。

机械性能检验项目不齐全或某一机械性能指标不符合标准规定；进口钢材使用前未做化学成分检验和可焊性试验。《混凝土结构工程施工质量验收规范（2010 年局部修订版）》（GB 50204—2002）规定：对有抗震设防要求的框架结构，其纵向受力钢筋的强屈比应满足设计要求。当设计无具体要求时，对一、二级抗震等级，检验所得的强度实测值应符合下列规定：钢筋的抗拉强度实测值与屈服强度实测值的比值不应小于 1.25；钢筋的屈服强度实测值与强度标准值的比值不应大于 1.3。其目的是为保证钢筋在地震作用下，钢筋具有足够的变形能力。

本规定为强制性条文，应严格执行。在钢筋施工过程中，若发现钢筋性能异常，应立即停止使用，并对同批钢筋进行专项检验。

☼小提示

屈服强度称为屈服极限，常用符号σ_s，是材料屈服的临界应力值。

（1）对于屈服现象明显的材料，屈服强度就是屈服点的应力（屈服值）；

（2）屈服现象不明显的材料，屈服强度就是与应力-应变的直线关系的极限偏差达到规定值（统称为 0.2%的原始标距）时的应力。通常用为固体材料力学机械性质的评价指标，是材料的实际使用极限。因为材料在应力超过屈服极限后产颈缩，应变增大，是材料破坏，不能正常使用。

当应力超过弹性极限、进入屈服阶段后，变形增加较快，此时除了产生弹性变形外，还产生部分塑性变形。

（二）水泥

1. 应具备的资料

（1）水泥生产厂家必须有出厂质量合格证明文件，内容有厂别、品种、出厂日期、出厂编号和必要的试验数据；水泥生产单位应在水泥出厂 7 天内提供 28 天强度以外的各项试验结果，28 天强度结果应在水泥发出日起 32 天内补报。

（2）用于承重结构的水泥、用于使用部位有强度等级要求的水泥、水泥出厂超过 3 个月（快硬硅酸盐水泥为 1 个月）和进口水泥在使用前必须进行复试，有试验报告；混凝土和砌筑砂浆用水泥应实行有见证取样和送检。

2. 注意事项

（1）用于钢筋混凝土结构、预应力混凝土结构中的水泥，检测（验）报告应含有害物含量检测内容，混凝土和砌筑砂浆用水泥应实行有见证取样和送检。

（2）用于钢筋混凝土结构、预应力混凝土结构中的水泥，检测（验）报告应有氯化物含量检测内容。

（三）砂与碎（卵）石

1. 应具备的资料

砂、石使用前应按规定取样复试，具有应有试验报告。

2. 注意事项

对受地下水影响较大的地下结构按规定应预防碱集料反应的工程或结构部位所使用的砂、石，所使用的砂、石还应进行碱活性检验，供应单位应提供相应砂、石的碱活性检验报告。

（四）外加剂

1. 应具备的资料

（1）外加剂主要包括减水剂、早强剂、缓凝剂、泵送荊、防水剂、防冻剂、膨胀剂、引气剂和速凝剂等。

（2）外加剂必须有质量合格证明书或合格证、相应资质等级检测部门出具的检测报告、产品性能和使用说明书等。

（3）使用前应按照现行产品标准和检测方法标准进行规定取样复试，应具有复试报告；承重结构混凝土使用的外加剂应实行有见证取样和送检。

2. 注意事项

钢筋混凝土结构所使用的外加剂应有有害物含量的检测报告。当含有氯化物时，应做混凝土氯化物总含量的检测，其总含量应符合国家现行标准要求。

（五）掺合料

1. 应具备的资料

（1）掺合料主要包括粉煤灰、粒化高炉矿渣粉、沸石粉、硅灰和复合掺合料等。

（2）掺合料必须有出厂质量合格证明文件。

2. 注意事项

用于结构工程的掺合料应按规定取样复试，具有应有复试报告。

（六）防水材料

1. 应具备的资料

（1）防水材料主要包括防水涂料、防水卷材、黏结剂、止水带、膨胀胶条、密封膏、密封胶、水泥基渗透结晶性防水材料等。

（2）防水材料必须有出厂质量合格证、法定相应资质等级检测部门出具的检测报告、产品性能和使用说明书。

（3）防水材料进场后应进行外观检查，合格后按规定取样复试，并实行有见证取样和送检。

2. 注意事项

（1）如使用新型防水材料，应有法定相关部门、单位的鉴定资料文件，使用过程中，应并有专门的施工工艺操作规定规程和有代表性的抽样试验记录。

（2）对于止水条、密封膏、黏结剂等辅助性防水材料，属于用量较少的一般工程，当供货方提供有效的试验报告及出厂质量证明，且进场外观检查合格，可不做进场复验。

（七）砖与砌块

1. 应具备的资料

砖与砌块生产厂家必须提供出厂质量合格证明文件。

2. 注意事项

（1）用于承重结构、产品无合格证或出厂试验项目不齐全的砖与砌块应做进场取样复试，具有应有复试报告。

（2）用于承重墙的用砖和混凝土小型砌块应实行有见证取样和送检。

（八）轻骨料

1. 应具备的资料

轻骨料的生产厂家必须提供出厂质量合格证明文件。

2. 注意事项

使用前应按规定取样复试，应有复试报告。

（九）装饰装修物资

1. 应具备的资料

（1）装饰、装修物资主要包括抹灰材料、地面材料、门窗材料、吊顶材料、轻质隔墙材料、饰面板（砖）、涂料、裱糊与软包材料和细部工程材料等。

（2）装饰、装修工程所用的主要物资均应有出厂质量证明文件，包括出厂合格证、检验（测）报告和质量保证书等。

2. 注意事项

（1）进场后需要进行复验复试的物资（如建筑外窗、人造木板、室内花岗石、外墙面砖和安全玻璃等），应须按照现行相关规范规定执行进行复试，并应有相应复试报告。

（2）建筑外窗应有抗风压性能、空气渗透性能和雨水渗透性能检测报告。

（3）有隔声、隔热、防火阻燃、防水防潮和防腐等特殊要求的物资应有相应的性能检测报告。

（4）当规范或合同约定应对材料进行见证检验（测）时，或对材料质量产生异议时，须进行见证检验，具有相应检验（测）报告。

（十）预应力工程物资

1. 应具备的资料

（1）预应力工程物资主要包括预应力筋、锚（夹）具和连接器、水泥和预应力筋用螺旋管等。

（2）主要物资应有出厂质量合格证明文件，包括出厂合格证、检验（测）报告等。

2. 注意事项

（1）预应力筋、锚（夹）具和连接器等应有进场复试报告。涂包层和套管、孔道灌浆用水泥及外加剂应按照规定取样复试，并有复试报告。

（2）预应力筋用涂包层和套管、孔道灌浆用水泥及外加剂应按照规定取样复试。

（3）预应力混凝土结构所使用的外加剂的检测报告应有害物含量检测内容报告，严禁使用含氯化物的外加剂。

（十一）钢结构工程物资

1. 应具备的资料

（1）钢结构工程物资主要包括钢材、钢构配件、焊接材料、连接用紧固件及配件、防火防腐涂料、焊接（螺栓）球、封板、锥头、套筒和金属板等。

（2）主要物资应有出厂质量合格证明文件，包括出厂合格证、检验（测）报告和中文标志等。

2. 注意事项

（1）钢材、钢构件应有性能检验报告，其品种、规格和性能等应符合现行国家标准、设计和合同规定标准要求。按规定应复验复试的钢材必须有复验复试报告，并按规定实行有见证取样和送检。

（2）重要钢结构采用焊接材料应有复试报告，并按规定实行有见证取样和送检。焊接材料应有性能检验报告。重要钢结构采用焊接材料应进行抽样复验，具有复验报告并按规定实行有见证取样和送检。

（3）高强度大六角头螺栓连接副和扭剪型高强度螺栓连接副应有扭矩系数和紧固轴力（预拉力）检验报告，并按规定做进场复验复试，实行有见证取样和送检。

（4）防火涂料应有有相应资质等级的国家法定检测机构出具的检测报告。

（十二）木结构工程物资

1. 应具备的资料

（1）木结构工程物资主要包括木材方木、原木、胶合木、胶合剂和钢连接件等。

（2）主要物资应有出厂质量合格证明文件，包括产品合格证、检测报告等。

2. 注意事项

（1）按规定须复试的木材、胶合木的胶缝和钢构配件应有复试报告。

（2）木构件应有含水率试验报告。

（3）木结构用圆钉应有强度检测报告。

（十三）幕墙工程物资

应具备的资料

（1）幕墙工程物资主要包括玻璃、石材、铝塑金属板、铝合金型材、钢材、黏结剂及密封材料、五金件及配件、连接件和涂料等。

（2）主要物资应有出厂质量合格证明文件，包括产品合格证、检测报告、商检证等。

知识链接

幕墙工程物资的注意事项如下。

（1）按规定应复试的幕墙物质必须有复试报告。幕墙工程用玻璃、石材和铝塑板应有法定检测机构出具的性能检测报告。

（2）硅酮结构胶应由国家指定机构出具的相容性和剥离黏结性检验报告。幕墙应有抗风压性能性能、空气渗透性能、雨水渗透性能及平面变形性能的检测报告，并应符合设计和现行规范的要求。

（3）剥离、石材和金属板应由法定相应资质等级检测机构出具的性能检测报告。应复试的幕墙物资须按现行规范要求，在正式使用前取样复试，具有复试报告。

（4）幕墙应使用安全玻璃，具有安全性能检测报告，并按有关规定取样复试（凡获得我国强制认证标志［CCC］的安全玻璃可免做现场复试）。

（5）幕墙用铝合金型材应涂膜厚度的检测，并符合设计和规范要求。

（6）幕墙用防水材料应由相应资质等级的国家法定检测机构出具的耐火性能检测报告。

（十四）材料污染物含量检测报告

1. 应具备的资料

民用建筑工程所使用的材料应按照现行规范要求做污染物检测，应有污染物含量检测报告。

2. 注意事项

民用建筑工程室内装饰装修用花岗石材应有放射性复试报告，人造木板及饰面人造板应有甲醛含量复试报告。

二、土建工程施工物资资料相关表格

1. 工程材料/构配件/设备报审表

工程材料/构配件/设备报审表填表说明见表3-2，填表范例见表3-3。

表3-2　工程材料/构配件/设备报审表填表说明

项目	主要内容
附件收集	（1）物资进场报验需附资料应根据具体情况（合同、规范、施工方案等要求）由监理、施工单位和物资供应单位预先协商确定。 （2）由施工单位负责收集附件（包括产品出厂合格证、性能检测报告、出厂试验报告、进场复试报告、材料构配件进场检验记录。产品备案文件、进口产品的中文说明和商检证等）
资料流程	由直接使用所报验施工物资的施工单位填写（总承包单位或分承包单位）
相关规定与要求	（1）工程物资进场后，施工单位要及时检查外观、数量及供货单位提供的质量证明文件等，合格后填写《工程材料/构配件/设备报审表》。 （2）填写齐全且收集全所需附件后报上级单位检查（若由总包单位填写，则直接上报监理单位审批；若由分包单位填写，须先上报总包单位检查，总包检查合格并签认后由总包上报监理单位审批）。 （3）监理单位审批后将资料返还总包单位，若本表是由分包单位填写的，则总包单位还应返还给分包单位。 （4）上述流程中涉及的各单位（监理、总包、分包等）均应将签认后的资料留取备份并按要求存档
注意事项	（1）施工单位和监理单位应约定涉及结构安全、使用功能、建筑外观、环保要求的主要物资的进场报验范围和要求。 （2）工程名称填写应准确、统一，报验日期应准确。 （3）物资名称、规格、单位、数量等填写应规范、准确，与附件内容相符。 （4）附件必须齐全、真实、清晰、有效。 （5）检查意见及相关人员签字应清晰可辨认，严禁其他人代签。 （6）物资报验和审批的时间应在合同规定时限内，未经审批认可之前严禁使用
其他	本表由施工单位填报，建设单位、监理单位、施工单位各保存一份

表 3-3　　工程材料/构配件/设备报审表（范例）

工程名称：××××工程　　编号：×××

致：××××监理公司（监理单位）

我方于 ××年×月×日进场的工程材料/构配件/设备数量如下（见附件）。现将质量证明文件及自检结果报上，拟用于下述部位：

（1）②～⑥/Ⓑ～Ⓙ轴、+3.500～+6.500 现浇混凝土柱、梁、板的配筋

（2）+9.500～15.500 所有门窗洞口地梁配筋＿＿＿＿＿＿＿＿，请予以审核。

附件：

数量清单

工程材料/构配件/设备名称	主要规格	单位	数量	取样报审表编号
光圆钢筋	HPB235/Φ8	t	××	××××
光圆钢筋	HPB235/Φ14	t	××	××××
热轧带肋钢筋	HRB335/Φ14		××	××××
热轧带肋钢筋	HRB335/Φ16	t	××	××××
热轧带肋钢筋	HRB335/Φ20	t	××	××××

质量证明文件：

① 出厂合格证 5 页（如出厂合格证无原件，有抄件或原件复印件亦可。但抄件或原件复印件上要注明原件存放单位，抄件人和抄件、复印件签名并盖公章）。

② 厂家质量检验报告 5 页。

③ 进场复试报告 5 页（复试报告一般应提供原件）。

自检结果：

工程材料质量证明资料齐全，观感质量及进场复试检验结果合格

承包单位（章）××建筑工程公司

项 目 经 理　×××

日　　　期　××年×月×日

审查意见：

经检查上述工程材料/构配件/设备，符合/不符合设计文件和规范的要求，准许/不准许进场，同意/不同意使用于拟订部位。

项目监理机构　××监理公司××项目监理部

总/专业监理工程师　×××

日　　期　××年×月×日

2. 材料、构配件进场检验记录

材料、构配件进场检验记录填表说明见表 3-4，填表范例见表 3-5。

表 3-4　　材料、构配件进场检验记录填表说明

项目	主要内容
附件收集	（1）物资进场报验需附资料应根据具体情况（合同、规范、施工方案等要求）由监理、施工单位和物资供应单位预先协商确定。 （2）由施工单位负责收集附件（包括产品出厂合格证、性能检测报告、出厂试验报告、进场复试报告、材料构配件进场检验记录、产品备案文件、进口产品的中文说明和商检证等）
资料流程	由直接使用所检查的材料及配件的施工单位填写，作为工程物资进场报验表填表进入资料流程
相关规定与要求	工程物资进场后，施工单位应及时组织相关人员检查外观、数量及供货单位提供的质量证明文件等，合格后填写《材料、构配件进场检验记录》
注意事项	（1）工程名称填写应准确、统一，日期应准确。 （2）物资名称、规格、数量、检验项目和结果等填写应规范、准确。 （3）检验结论及相关人员签字应清晰可辨认，严禁其他人代签。 （4）按规定应进场复试的工程物资，必须在进场检查验收合格后取样复试
其他	本表由施工单位填写并保存

表 3-5　　材料、构配件进厂检验记录（范例）

编号：×××

工程名称		×××工程			检验日期	××年×月×日	
序号	名称	规格型号	进场数量	生产厂家合格证号	检验项目	检验结果	备注
1	焊接钢管	SC15	130 根		外观、质量证明文件	合格	
2	热镀锌扁铁	−25 × 4	80 根		外观、质量证明文件	合格	
3	导线	RV52 × 1.0	5 km		外观、质量证明文件	合格	
4	导线	BV2.5	10 km		外观、质量证明文件	合格	
5	火灾报警控制器	FW8098TS	30 个		外观、质量证明文件	合格	
6	光电感烟探测器	FW8010A	25 个		外观、质量证明文件	合格	

检验结论：

以上材料、构配件经外观检查合格，管径壁厚均匀，材质、规格型号及数量经复检均符合设计、规范要求，产品质量证明文件齐全。

签字栏	建设（监理）单位	施工单位	×××建筑工程公司	
		专业质检员	专业工长	检验员
	×××	×××	×××	×××

3. 材料试验报告

材料试验报告填表说明见表3-6，通用材料试验报告见表3-7，常用材料试验报告填写范例见表3-8～表3-17。

表3-6　　材料试验报告填表说明

项目	主要内容
资料流程	材料试验报告由具备相应资质等级的检测单位出具，作为各种相关材料的附件进入资料流程
相关规定与要求	（1）对于不需要进场复试的物资，由供货单位直接提供。 （2）对于需要进场复试的物资，由施工单位及时取样后送至规定的检测单位，检测单位根据相关标准进行试验后填写材料试验报告并返还施工单位
注意事项	（1）工程名称、使用部位及代表数量应准确并符合规范要求（应对检测单位告之准确内容）。 （2）返还的试验报告应重点保存。 （3）本书仅列数种材料试验的专用表格，凡按规范要求须做进场复试的物资，应按其相应专用复试表格填写，未规定专用复试表格的，应按《材料试验报告（通用）》填写

表3-7　　材料试验报告（通用）

编号：×××

试验编号：××-0065

委托编号：××-01360

工程名称及部位	××工程　地下二层外墙			试样编号	×××
委托单位	×××			试验委托人	×××
材料名称及规格	缓凝减水剂			产地、厂别	××化工厂
代表数量	××	来样日期	××年×月×日	试验日期	

要求试验项目及说明：

必试项目：

（1）钢筋腐蚀。　　（2）凝结时间差。

（3）28天抗压强度比。（4）减水率。

试验结果：

（1）钢筋腐蚀：无锈蚀作用。

（2）凝结时间差：初凝165分钟，终凝205分钟。

（3）28天抗压强度比：3天抗压强度比：124%。7天抗压强度比：119%。28天抗压强度比：116%。

（4）减水率：21.4%。

续表

工程名称及部位	××工程　地下二层外墙			试样编号	×××
委托单位	×××			试验委托人	×××
材料名称及规格	缓凝减水剂			产地、厂别	××化工厂
代表数量	××	来样日期	××年×月×日	试验日期	

结论：

依据《混凝土外加剂》（GB 8076—2008）标准，所验项目达到合格品指标要求，对钢筋无腐蚀。

批准	×××	审核	×××	试验	×××
试验单位	××建筑工程公司试验室				
报告日期	××年×月×日				

注：本表由试验单位提供，建设单位、施工单位各保存一份。

表 3-8　　钢材试验报告

编号：×××

试验编号：××-0324

委托编号：××-09384

工程名称	××工程			试件编号	010
委托单位	×××			试验委托人	×××
钢材种类	热轧带肋	规格或牌号	HRB335Φ25	生产厂	××钢铁集团公司
代表数量	20t	来样日期	××年×月×日	试验日期	××年×月×日
公称直径（厚度）	25.00mm			公称面积	490.0mm^2

试验结果	力学性能试验结果					弯曲性能		
	屈服点（MPa）	抗拉强度（MPa）	伸长率（%）	σ_b实/σ_s实	σ_s实/σ_b标	弯心直径	角度	结果
	385	605	26	1.57	1.15	75	180	合格
	385	605	26	1.57	1.15	75	180	合格
	化学分析							
	分析编号	化学成分（%）						其他
		C	Si	Mn	P	S	Cep	

结论：

依据《钢筋混凝土用热轧带肋钢筋》（GB1499—2008）标准，符合热轧带肋 HRB335 级力学性能。

批准	×××	审核	×××	试验	×××
试验单位	××建筑构件厂（中心试验室）				
报告日期	××年×月×日				

注：本表由试验单位提供，建设单位、施工单位、城建档案馆各存一份。

表 3-9　　　　　　　　　　　　　水泥试验报告

编号：×××

试验编号：××-0666

委托编号：××06379

工程名称	××工程		试样编号	×××	
委托单位	××建筑工程公司		试验委托人	×××	
品种及强度等级	P·S 32.5	出厂编号及日期	××年×月×日	厂别编号	×××
代表数量（t）	200	来样日期	××年×月×日	试验日期	××年×月×日

试验结果					
一、细度	80μm 方孔筛余量	（%）			
	比表面积	（m^3/kg）			
二、标准稠度用水量（P）		25.4%			
三、凝结时间		初凝	03　h 30　min	终凝	05h 25 min
四、安定性		雷氏法	（mm）	饼法	/
五、其他		/	/	/	/

六、强度（MPa）

抗折强度				抗压强度			
3 天		28 天		3 天		28 天	
单块值	平均值	单块值	平均值	单块值	平均值	单块值	平均值
4.5		8.7		23.0		52.5	
				23.8		53.2	
4.3	4.4	8.8	8.7	23.2	23.5	52.7	53.1
				24.1		53.8	
4.3		8.7		23.8		53.2	
				22.9		53.1	

结论：

依据《矿渣硅酸盐水泥、火山灰硅酸盐水泥及粉煤灰硅酸盐水泥》（GB 1344—1999）标准，符合 P·S 32.5 水泥强度要求，安定性合格，凝结时间合格。

批准	×××	审核	×××	试验	×××
试验单位	××建筑公司试验室				
报告日期	××年×月×日				

注：本表由试验单位提供，建设单位、施工单位、城建档案馆各存一份。

表 3-10　　砂试验报告

编号：×××

试验编号：××-0018

委托编号：××-01480

工程名称		××工程		试样编号	012
委托单位		×××公司		试验委托人	×××
种类		中砂		产地	×××
代表数量	600t	来样日期	××年×月×日	试验日期	××年×月×日
试验结果	一、筛分析	1. 细度模数（μf）	2.7		
		2. 级配区域	Ⅱ区		
	二、含泥量	2.6%			
	三、泥块含量	0.5%			
	四、表观密度	/　kg（m^3）			
	五、堆积密度	1 460kg（m^3）			
	六、碱活性指标	/			
	七、其他	含水率/有机质含量/云母含量/碱活性/孔隙率/坚固性/轻物质含量/有害物含量/紧密密度			

结论：

依据《普通混凝土用砂、石质量及检验方法标准》（JGJ 52—2006）标准，含泥量合格，泥块含量合格，属Ⅱ区中砂。

批准	×××	审核	×××	试验	×××
试验单位	××建筑工程公司试验室				
报告日期	××年×月×日				

注：本表由试验单位提供，建设单位、施工单位、城建档案馆各存一份。

☼小技巧

细度模数是表征天然砂粒径的粗细程度及类别的指标。

天然砂又分河沙、海砂和山砂。砂子的粗细按细度模数分为 4 级。

粗砂：细度模数为 3.7～3.1，平均粒径为 0.5 mm 以上。

中砂：细度模数为 3.0～2.3，平均粒径为 0.5～0.35 mm。

细砂：细度模数为 2.2～1.6，平均粒径为 0.35～0.25 mm。

特细砂：细度模数为 1.5～0.7，平均粒径为 0.25 mm 以下。

细度模数越大，表示砂越粗。普通混凝土用砂的细度模数范围在 3.7～1.6，以中砂为宜，或者用粗砂加少量的细砂，其比例为 4:1。

表 3-11　　碎（卵）石报告

编号：×××

试验编号：××-0078

委托编号：××-09420

工程名称	××工程			试样编号	008
委托单位	××建筑工程公司			试验委托人	×××
种类、产地	卵石　×××			公称粒径	5～10 mm
代表数量	600 t	来样日期	××年×月×日	试验日期	××年×月×日

试验结果	项目		
试验结果	一、筛分析	级配情况	☑连续粒级　□单粒级
		级配结果	符合 5～10 mm 卵石连续级配
		最大粒径	10.0 mm
	二、含泥量	0.6%	
	三、泥块含量	0.2%	
	四、针、片状颗粒含量	0%	
	五、压碎指标值	0%	
	六、表观密度	/kg（m^3）	
	七、堆积密度	/kg（m^3）	
	八、碱活性指标	/	
	九、其他	含水率/氯离子含量/孔隙率/坚固性/有机质含量/抗压强度试验/轻物质含量	

结论：

依据《普通混凝土用砂、石质量及检验方法标准》（JGJ 52—2006）标准，含泥量合格，泥块含量合格，针片状含量合格，符合 5～10 mm 卵石连续级配，累计筛余 0。

批准	×××	审核	×××	试验	×××
试验单位	××建筑工程公司试验室				
报告日期	××年×月×日				

注：本表由试验单位提供，建设单位、施工单位、城建档案馆各存一份。

表 3-12　　混凝土外加剂试验报告

编号：×××

试验编号：××-0036

委托编号：××-01460

工程名称	××工程			试样编号	009
委托单位	×××			试验委托人	×××
产品名称	缓凝减水剂	生产厂	××厂	生产日期	××年×月×日
代表数量	30 kg	来样日期	××年×月×日	试验日期	××年×月×日

试验结果	试验项目	试验结果
	（1）钢筋锈蚀	无锈蚀作用
	（2）凝结时间差	初凝 165 分钟，终凝 205 分钟

续表

<table>
<tr><td colspan="2">工程名称</td><td colspan="3">××工程</td><td>试样编号</td><td>009</td></tr>
<tr><td colspan="2">委托单位</td><td colspan="3">×××</td><td>试验委托人</td><td>×××</td></tr>
<tr><td colspan="2">产品名称</td><td>缓凝减水剂</td><td>生产厂</td><td>××厂</td><td>生产日期</td><td>××年×月×日</td></tr>
<tr><td colspan="2">代表数量</td><td>30 kg</td><td>来样日期</td><td>××年×月×日</td><td>试验日期</td><td>××年×月×日</td></tr>
<tr><td rowspan="4">试验结果</td><td colspan="3">（3）28 天抗压强度比</td><td colspan="3">116%</td></tr>
<tr><td colspan="3">（4）减水率</td><td colspan="3">21.3%</td></tr>
<tr><td colspan="3"></td><td colspan="3"></td></tr>
<tr><td colspan="3"></td><td colspan="3"></td></tr>
</table>

结论：

依据《混凝土外加剂》（GB 8076—2008）标准，所检项目达到合格品指标要求，对钢筋无锈蚀。

<table>
<tr><td>批准</td><td>×××</td><td>审核</td><td>×××</td><td>试验</td><td>×××</td></tr>
<tr><td>试验单位</td><td colspan="5">××建筑工程公司试验室</td></tr>
<tr><td>报告日期</td><td colspan="5">××年×月×日</td></tr>
</table>

注：本表由试验单位提供，建设单位、施工单位、城建档案馆各存一份。

表 3-13　　混凝土掺合料试验报告

编号：×××

试验编号：××-0015

委托编号：××-01480

<table>
<tr><td colspan="2">工程名称</td><td colspan="3">××工程</td><td>试样编号</td><td>002</td></tr>
<tr><td colspan="2">委托单位</td><td colspan="3">××</td><td>试验委托人</td><td>×××</td></tr>
<tr><td colspan="2">掺合料种类</td><td>粉煤灰</td><td>等级</td><td>Ⅱ级</td><td>产地</td><td>××热电厂</td></tr>
<tr><td colspan="2">代表数量</td><td>200 t</td><td>来样日期</td><td>××年×月×日</td><td>试验日期</td><td>××年×月×日</td></tr>
<tr><td rowspan="7">试验结果</td><td rowspan="2">一、细度</td><td colspan="2">（1）0.045 mm 方孔筛筛余</td><td colspan="3">17.4%</td></tr>
<tr><td colspan="2">（2）80μm 方孔筛筛余</td><td colspan="3">/ %</td></tr>
<tr><td colspan="3">二、需水量比</td><td colspan="3">99%</td></tr>
<tr><td colspan="3">三、吸铵值</td><td colspan="3">/ %</td></tr>
<tr><td colspan="3">四、28 天水泥胶砂抗压强度比</td><td colspan="3">128%</td></tr>
<tr><td colspan="3">五、烧失量</td><td colspan="3">7.5%</td></tr>
<tr><td colspan="3">六、其他</td><td colspan="3">/</td></tr>
</table>

结论：

依据《用于水泥和混凝土中的粉煤灰》（GB/T 1595—2005）标准，符合Ⅱ级粉煤灰要求。

<table>
<tr><td>批准</td><td>×××</td><td>审核</td><td>×××</td><td>试验</td><td>×××</td></tr>
<tr><td>试验单位</td><td colspan="5">××建筑工程公司试验室</td></tr>
<tr><td>报告日期</td><td colspan="5">××年×月×日</td></tr>
</table>

注：本表由试验单位提供，建设单位、施工单位各存一份。

表 3-14　　防水涂料试验报告

编号：×××
试验编号：××-0144
委托编号：××-01756

工程名称及部位		××工程 1～4 层厕浴间，地下室集水坑			试样编号	001
委托单位		××建筑工程公司			试验委托人	×××
种类、型号		聚氨酯防水涂料 1：1.5			生产厂	××防水材料厂
代表数量		300kg	来样日期	××年×月×日	试验日期	××年×月×日
试验结果	一、延伸性	/ mm				
	二、拉伸强度	3.83 MPa				
	三、断裂伸长率	556%				
	四、黏结性	0.7 MPa				
	五、耐热度	温度（℃）	110	评定	合格	
	六、不透水性	1.压力 0.3 MPa；2.恒压时间 30 分钟，不透水，合格				
	七、柔韧性（低温）	温度（℃）	-30	评定	2 小时无裂纹，合格	
	八、固体含量	95.5%				
	九、其他	有见证试验				

结论：

依据《聚氨酯防水涂料》（GB/T 19250—2003）标准，符合聚氨酯防水涂料合格品要求。

批准	×××	审核	×××	试验	×××
试验单位	××建筑工程公司试验室				
报告日期	××年×月×日				

注：本表由试验单位提供，建设单位、施工单位各存一份。

表 3-15　　防水卷材试验报告

编号：×××
试验编号：××-0096
委托编号：××-10476

工程名称及部位		××工程　地下室底板、外墙防水层				试样编号	004
委托单位		××建筑工程公司				试验委托人	×××
种类、型号		弹性体沥青防水卷材Ⅰ类复合胎				生产厂	××防水材料有限公司
代表数量		250 卷	来样日期	××年×月×日		试验日期	××年×月×日
试验结果	一、拉力试验	1.拉力	纵	536.0N	横	510.0N	
		2.拉伸强度	纵	7 MPa	横	7Mpa	
	二、断裂伸长率		纵	9.6%	横	9.4%	
	三、耐热度	温度（℃）		评定			
	四、不透水性	1. 压力 0.3 MPa；2. 恒压时间 30 分；3. 评定：合格					

续表

<table>
<tr><td colspan="2">工程名称及部位</td><td colspan="4">××工程　地下室底板、外墙防水层</td><td>试样编号</td><td>004</td></tr>
<tr><td colspan="2">委托单位</td><td colspan="4">××建筑工程公司</td><td>试验委托人</td><td>×××</td></tr>
<tr><td colspan="2">种类、型号</td><td colspan="4">弹性体沥青防水卷材Ⅰ类复合胎</td><td>生产厂</td><td>××防水材料有限公司</td></tr>
<tr><td colspan="2">代表数量</td><td>250卷</td><td>来样日期</td><td colspan="2">××年×月×日</td><td>试验日期</td><td>××年×月×日</td></tr>
<tr><td rowspan="2">试验结果</td><td>五、柔韧性（低温柔性、低温弯折性）</td><td>温度（℃）</td><td>−15</td><td>评定</td><td colspan="3">合格</td></tr>
<tr><td>六、其他</td><td colspan="6">有见证试验</td></tr>
</table>

结论：

依据《弹性体改性沥青防水卷材》（GB 18242—2000）标准，符合Ⅰ类复合胎弹性体沥青防水卷材质量标准。

<table>
<tr><td>批准</td><td>×××</td><td>审核</td><td>×××</td><td>试验</td><td>×××</td></tr>
<tr><td>试验单位</td><td colspan="5">××建筑工程公司试验室</td></tr>
<tr><td>报告日期</td><td colspan="5">××年×月×日</td></tr>
</table>

注：本表由试验单位提供，建设单位、施工单位各存一份。

表 3-16　　砖（砌块）试验报告

编号：×××

试验编号：××-0011

委托编号：××-00736

<table>
<tr><td colspan="2">工程名称</td><td colspan="3">××工程</td><td>试样编号</td><td>012</td></tr>
<tr><td colspan="2">委托单位</td><td colspan="3">××建筑工程公司</td><td>试验委托人</td><td>×××</td></tr>
<tr><td colspan="2">种类</td><td colspan="3">烧结普通砖</td><td>生产厂</td><td>××砖厂</td></tr>
<tr><td colspan="2">强度等级</td><td>MU10</td><td>密度等级</td><td>/</td><td>代表数量</td><td>16万</td></tr>
<tr><td colspan="2">试件处理日期</td><td>××年×月×日</td><td>来样日期</td><td>××年×月×日</td><td>试验日期</td><td>××年×月×日</td></tr>
<tr><td rowspan="8">试验结果</td><td colspan="6">烧结普通砖</td></tr>
<tr><td colspan="2" rowspan="2">抗压强度平均值 f（MPa）</td><td colspan="2">变导系数 δ ≤0.21</td><td colspan="2">变导系数 δ ＞0.21</td></tr>
<tr><td colspan="2">强度标准值 fk（MPa）</td><td colspan="2">单块最小强度值 fk（MPa）</td></tr>
<tr><td colspan="2">16</td><td colspan="2">14.8</td><td colspan="2">/</td></tr>
<tr><td colspan="6">轻集料混凝土小型空心砌块</td></tr>
<tr><td colspan="4">砌块抗压强度（MPa）</td><td colspan="2" rowspan="2">砌块干燥表观密度（kg/m^3）</td></tr>
<tr><td colspan="2">平均值</td><td colspan="2">最小值</td></tr>
<tr><td colspan="2"></td><td colspan="2"></td><td colspan="2"></td></tr>
</table>

续表

工程名称	××工程			试样编号	012
委托单位	××建筑工程公司			试验委托人	×××
种类	烧结普通砖			生产厂	××砖厂
强度等级	MU10	密度等级	/	代表数量	16 万
试件处理日期	××年×月×日	来样日期	××年×月×日	试验日期	××年×月×日

试验结果	其他种类							
	抗压强度（MPa）						抗折强度（MPa）	
	平均值	最小值	大面		条面		平均值	最小值
			平均值	最小值	平均值	最小值		

结论：

根据《烧结普通砖》（GB/T 5101—2003）标准，符合 MU10 砖抗压强度要求。

批准	×××	审核	×××	试验	×××
试验单位	××建筑工程公司试验室				
报告日期	××年×月×日				

注：本表由试验单位提供，建设单位、施工单位、城建档案馆各存一份。

表 3-17　　　　轻骨料试验报告

编号：×××

试验编号：××-006

委托编号：××-0135

工程名称及部位	××工程			试样编号	002
委托单位	××建筑工程公司			试验委托人	×××
种类	黏土陶粒	密度等级	轻粗骨料 700	产地	××
代表数量		来样日期	××年×月×日	试验日期	××年×月×日

试验结果			
	一、细度	1 细度模数（细骨料）	/
		2. 最大粒径（粗骨料）	20mm
		3. 级配情况	☑连续粒级　□单粒级
	二、表观密度		1190 kg（m^3）
	三、堆积密度		678 kg（m^3）
	四、筒压强度		5.1 MPa
	五、吸水率（1h）		4.2%
	六、粒型系数		/
	七、其他		含泥量：0.4%　孔隙率 43%

续表

工程名称及部位	××工程			试样编号	002
委托单位	××建筑工程公司			试验委托人	×××
种类	黏土陶粒	密度等级	轻粗骨料 700	产地	××
代表数量		来样日期	××年×月×日	试验日期	××年×月×日

结论：

依据《轻集料及其试验方法第一部分：轻集料》（GB/T17431.1—1998）、《轻集料及其试验方法第二部分：轻集料试验方法》（GB/T17431.2—1998）标准，该黏土陶粒符合要求，颗粒级配 10～20 mm，密度等级 700，含泥量小于 1.0%。

批准	×××	审核	×××	试验	×××
试验单位	××建筑工程公司试验室				
报告日期	××年×月×日				

注：本表由试验单位提供，施工单位保存。

学习案例

工程名称及部位	××工程　地下二层外墙		试样编号		×××
委托单位	×××		试验委托人		×××
材料名称及规格	缓凝减水剂		产地、厂别	××化工厂	
代表数量	××	来样日期	××年×月×日	试验日期	
要求试验项目及说明： 必试项目： （1）钢筋腐蚀。　（2）凝结时间差。 （3）28 天抗压强度比。　（4）减水率。					

想一想

根据表格与本单元内容得出结果和结论。

案例分析

结果：（1）钢筋腐蚀：无锈蚀作用。

（2）凝结时间差：初凝 165 分，终凝 205 分。

（3）28 天抗压强度比：3 天抗压强度比：124%。7 天抗压强度比：119%。28 天抗压强度比：116%。

（4）减水率：21.4%。

结论：依据《混凝土外加剂》（GB 8076—2008）标准，所验项目达到合格品指标要求，对钢筋无腐蚀。

学习单元三　建筑安装工程施工物资资料

知识目标

了解建筑给排水及采暖工程施工物资资料及注意事项。

技能目标

通过本单元的学习，掌握建筑给排水及采暖工程常用物资质量证明文件及要求。

基础知识

一、建筑给排水及采暖工程施工物资资料相关表格

（1）工程材料/构配件/设备报审表填表说明见表 3-18，填表范例见表 3-19。

表 3-18　　工程材料/构配件/设备报审表填表说明

项目	主要内容
资料流程	工程物资进场后，施工单位应对拟采用的构配件和设备进行检测、测试，合格后填写“工程材料/构配件/设备报审”，附齐主要原材料复试结果、备案资料、出厂质量证明文件等，报项目监理部，监理工程师签署审查结论
相关规定与要求	（1）“工程材料/构配件/设备报审”是承包单位对拟进场的主要工程材料、构配件、设备，在自检合格后报项目监理机构进行进场验收。 （2）对未经监理人员验收或验收不合格的工程材料、构配件、设备，监理人员应拒绝签认，承包单位不得在工程上使用，并应限期将不合格的材料、构配件、设备撤出现场。 （3）拟用于部位：指工程材料、构配件、设备拟用于工程的具体部位。 （4）材料/构配件/设备清单：按表列括号内容用表格形式填报。 （5）工程材料/构配件/设备质量证明资料：指生产单位提供的证明材料/构配件/设备质量合格的证明资料。如：合格证、性能检测报告等。凡无国家或省正式标准的新材料、新产品、新设备应有省级及以上有关部门鉴定文件。凡进口的材料、产品、设备应有商检的证明文件。如无出厂合格证原件，有抄件或原件复印件亦可。但抄件或原件复印件上要注明原件存放单位，抄件人和抄件、复印件单位签名并盖公章。 （6）自检结果：指所购材料、构配件、设备的承包单位对所购材料、构配件、设备，按有关规定进行自检及复试的结果。对建设单位采购的主要设备进行开箱检查监理人员应进行见证，并在其开箱检查记录签字。复试报告一般应提供原件。 （7）专业监理工程师审查意见：专业监理工程师对报验单所附的材料、构配件、设备清单、质量证明资料及自检结果认真核对，在符合要求的基础上对所进场材料、构配件、设备进行实物核对及观感质量验收，查验是否与清单、质量证明资料合格证及自检结果相符、有无质量缺陷等情况，并将检查情况记录在监理日记中，根据检查结果，如符合要求，将“不符合”“不准许”及“不同意”用横线划掉，反之，将“符合”“准许”及“同意”划掉，并指出不符合要求之处
注意事项	（1）监理工程师签署审查结论前要对构配件和设备进行检测、测试，对附件资料的内容进行全面检查，如符合设计、规范及合约要求，可签认同意验收。未经监理验收或验收结果为不合格的物资应明确标识，并不得应用于工程。

续表

项目	主要内容
注意事项	（2）工程物资进场报验应有时限要求，施工单位和监理单位均需按照施工合同的约定完成各自的报送和审批工作 （3）资料中有关管材规格的填写要统一、规范。镀锌钢管、焊接钢管、排水铸铁管等一般为公称直径，如DNl00，无缝钢管、铜管、塑料管等一般为直径×壁厚，如φ159×6，其他管材规格可按图纸说明或产品合格证上的格式填写 （4）生活饮用给水管材的卫生性能试验项目为“必试”，为工程管理过程中对材料进行验收时必须试验的项目。建筑排水用硬聚氯乙烯管材、管件，给水用硬聚氯乙烯管材、给水用聚乙烯管材、卫生陶瓷试验项目为“其他”，为根据需要进行的试验项目

表 3-19　　工程材料/构配件/设备报审表（范例）

工程名称：××工程　　　　编号：×××

致：××××监理公司（监理单位）

我方于××年×月×日进场的工程材料/构配件/设备数量如下（见附件）。现将质量证明文件及自检结果报上，拟用于下述部位：（1）②～⑥/Ⓑ～Ⓙ轴、+3.500～6.500 现浇混凝土柱、梁、板的配筋（2）+9.500～+15.500 所有门窗洞口过梁配筋，请予以审核。

附件：

数量清单

工程材料/构配件/设备名称	主要规格	单位	数量	取样报审表编号
光圆钢筋	HPB235/Φ8	t	××	××××
光圆钢筋	HPB235/Φ14	t	××	××××
热轧带肋钢筋	HPB335/Φ14	t	××	××××
热轧带肋钢筋	HPB335/Φ16	t	××	××××
热轧带肋钢筋	HPB335/Φ20	t	××	××××

质量证明文件：

出厂合格证 5 页（如出厂合格证无原件，有抄件或原件复印件亦可。但抄件或原件复印件上要注明原件存放单位，抄件人和抄件、复印件单位签名并盖公章）。

厂家质量检验报告 5 页。

进场复试报告 5 页（复试报告一般应提供原件）。

自检结果：

工程材料质量证明资料齐全，观感质量及进场复试检验结果合格。

承包单位（章）××建筑工程公司

项 目 经 理　×××

日　　　期　××年×月×日

续表

审查意见：

经检查上述工程材料/构配件/设备，符合/不符合设计文件和规范的要求，准许/不准许进场，同意/不同意使用于拟订部位。

项目监理机构　××监理公司××项目监理部
总/专业监理工程师　×××
日　　期　××年×月×日

（2）材料/构配件进场检验记录填表说明见表 3-20，填表范例见表 3-21。

表 3-20　（给排水及采暖工程）材料、构配件进场检验记录填表说明

项目	主要内容
资料流程	材料、构配件进场后，应由建设、监理单位会同施工单位共同对进场物资进行检查验收，填写《材料、构配件进场检验记录》
相关规定与要求	对进场物资进行检查验收，主要检验项目包括： （1）物资出厂质量证明文件及检测报告是否齐全 （2）实际进场物资数量、规格和型号等是否满足设计和施工计划要求 （3）物资外观质量是否满足设计要求或规范规定 （4）按规定须抽检的材料、构配件是否及时抽检 工程采用施工总承包管理模式的，签字人员应为施工总承包单位的相关人员
注意事项	（1）按规定应进场复试的工程物资，必须在进场检查验收合格后取样复试。 （2）表格内检验项目按《建筑给水排水及采暖工程施工质量验收规范》（GB 50242—2002）第 3.2.1 条、第 3.2.2 条填写，为“品种、规格、外观、质量合格证明文件” （3）抽检比例也要依据《建筑给水排水及采暖工程施工质量验收规范》（GB 50242—2002）相关条目规定 （4）《材料、构配件进场检验记录》（表 C3-1）由施工单位填写并保存

表 3-21　（给排水及采暖工程）材料、构配件进场检验记录（范例）

编号：×××

工程名称		×××工程			检验日期	××年×月×日	
序号	名称	规格型号	进场数量	生产厂家 合格证号	检验项目	检验结果	备注
1	铜三通	80mm × 40mm	5	×××	品种、规格、外观、质量合格证明文件	合格	
2	铜套法兰	50mm	20	×××	品种、规格、外观、质量合格证明文件	合格	
3	铜大小头	50mm × 40mm	5	×××	品种、规格、外观、质量合格证明文件	合格	

续表

工程名称		×××工程			检验日期	××年×月×日	
序号	名称	规格型号	进场数量	生产厂家 合格证号	检验项目	检验结果	备注
4							
5							
6							
7							
8							

检验结论：

品种、规格、外观、质量合格证明文件符合设计及《建筑给水排水及采暖工程施工质量验收规范》要求

签字栏	建设（监理）单位	施工单位	×××公司	
		专业质检员	专业工长	检验员
	××监理公司	×××	×××	×××

（3）设备开箱检验记录表填表说明见表 3-22，填表范例见表 3-23。

表 3-22　（给排水及采暖工程）设备开箱检验记录表填表说明

项目	主要内容
资料流程	设备进场后，由建设（监理）单位、施工单位、供货单位共同开箱检验并做记录，填写“设备开箱检验记录”
相关规定与要求	（1）设备必须具有中文质量合格证明文件，规格、型号及性能检测报告应符合国家技术标准或设计要求，进场时应做检查验收 （2）主要器具和设备必须有完整的安装使用说明书 （3）在运输、保管和施工过程中，应采取有效措施防止损坏或腐蚀
注意事项	（1）对于检验结果出现的缺损附件、备件要列出明细，待供应单位更换后重新验收 （2）测试情况的填写应依据专项施工及验收规范相关条目，如表格中的“离心水泵”可参照《压缩机、风机、泵安装工程施工及验收规范》（GB 50275—2010）
其他	“设备开箱检验记录”由施工单位填写并保存

表 3-23　给排水及采暖工程设备开箱检验记录（范例）

编号：×××

设备名称		离心水泵	检查日期	××年×月×日
规格型号		×××	总数量	×××台
装箱单号		×××	检验数量	×××台
检验记录	包装情况	包装完整良好，无损坏，标识明确		
	随机文件	设备装箱单 1 份，中文质量合格证明 1 份，安装使用说明书 1 份		
	备件与附件	配套法兰、螺栓、螺母等齐全		
	外观情况	外观良好，无损坏锈蚀现象		
	测试情况	良好		

续表

设备名称	离心水泵			检查日期	××年×月×日
规格型号	×××			总数量	×××台
装箱单号	×××			检验数量	×××台
检查结果	缺、扣附备件明细表				
	序号	名称	规格	单位	数量	备注

结论：

设备包装、外观状况、测试情况良好，随机文件、备件与附件齐全，符合设计及施工质量验收规范要求

签字栏	建设（监理）单位	施工单位	供应单位
	××监理公司	×××	××公司

（4）设备及管道附件试验记录见表 3-24。

表 3-24　　设备及管道附件试验记录

编号：×××

工程名称	×××工程				使用部位		给水系统	
设备/管道附件名称	型号	规格	编号	介质	强度试验		严密性试验（MPa）	试验结果
					压力（MPa）	停压时间		
闸阀	×××	DN65	×××	水	2.4	60s	1.76	合格
蝶阀	×××	DN50	×××	水	2.4	15s	1.76	合格
施工单位	××建筑工程公司			试验	×××	试验日期	××年×月×日	

注：本表由施工单位填写，建设单位、施工单位各保存一份。

☼小提示

供应单位提供的质量证明文件的管理要求如下。

（1）供应单位应提供营业执照复印件（有厂家签章，并有年审记录）等资质文件。

（2）材料、设备一般为按规定标准（国家标准、地方标准、行业标准或通过备案的企业标准）生产的产品，并具有出厂质量证明文件（包括产品合格证、质量合格证、检验报告、试验报告、产品生产许可证和质量保证书等）。

（3）产品合格证或质量合格证应具有产品名称、产品型号、产品规格、数量、质量标准代号或地方（地区）企业代号，出厂日期、厂名、地址、产品出厂检验证明（检验章）或代号等。其中，原材料及辅料合格证，同种材料、相同规格、同批生产的保存一份合格证即可。主要设备、器具合格证要全部保存，并将合格证编号同设备铭牌对照保证一致。取得合格证后施工单位应统一编号。

（4）检验报告由具有相应资质检验单位提供。

（5）主要设备、器具安装使用说明书由供应单位提供。

（6）质量证明文件的复印件应与原件内容一致，加盖原件存放单位公章，注明原件存放处，并有经办人签字和时间。复印件要求字迹清晰，项目填写及签认手续完整。

二、建筑给排水及采暖工程常用物资质量证明文件及要求

建筑给排水及采暖工程常用物资质量证明文件及要求见表 3-25。

表 3-25 建筑给排水及采暖工程常用物资质量证明文件及要求

序号	物资名称	供应单位提供的质量证明文件	检验报告应含基本检测项目
1	镀锌钢管	质量证明书	
2	无缝钢管	质量证明书	
3	焊接钢管	质量证明书	
4	二次镀锌管道及附件	质量证明书、检验报告	锌层厚度、附着强度、外观
5	建筑给水塑料管道	质量证明书、检验报告、备案证明	生活饮用给水管道的卫生性能、纵向回缩率、维卡软化温度等
6	建筑排水塑料管道	质量证明书、检验报告、备案证明	纵向回缩率、维卡软化温度等，螺旋消音管材要有消声检测证明
7	铜管道及配件	质量证明书、检验报告	生活饮用给水管道的卫生性能
8	柔性接口排水铸铁管	质量证明书、产品合格证、备案证明	
9	不锈钢管	质量证明书、检验报告	生活饮用给水管道的卫生性能
10	钢管外涂塑管道（室外景观）	质量证明书	涂覆材料、涂层颜色、外观质量、涂层厚度、针孔检测、附着力
11	法兰	产品合格证或质量证明书、检验报告	国标或行标
12	沟槽连接件	质量证明书、检验报告	用于生活饮用水系统应有胶圈卫生性能
13	快速接头(园林绿化)	产品合格证、检验报告	壳体试验、密封试验、上密封试验、连接尺寸、标志包装、铸件质量/表面质量、装配质量、阀体壁厚

续表

序号	物资名称	供应单位提供的质量证明文件	检验报告应含基本检测项目
14	刚性密闭套管	质量证明书（外购）	
15	柔性防水套管	质量证明书（外购）	
16	人防密闭套管	质量证明书（外购）	
17	型钢（角钢、槽钢、扁钢、工字钢）	质量证明书	
18	电焊条	产品合格证、质量证明书	
19	水表、热量表	产品合格证、计量检定证书	
20	压力表、温度计	产品合格证	
21	各种阀类（截止阀、闸阀、蝶阀、球阀等）	产品合格证、检验报告	强度、严密度
22	安全阀、减压阀	产品合格证、调试报告及定压合格证书	
23	消防供水设备、消火栓箱	产品合格证、检验报告	强制检验
24	消火栓、灭火器、消防接口、消防枪炮、防火阻燃材料	产品合格证、检验报告	型式认可
25	洒水喷头、湿式报警阀、水流指示器、消防用压力开关、消防水带	产品合格证、检验报告	强制认证
26	散热器	质量证明书、检验报告	耐压强度、热工性能
27	整体或拼装水箱	质量证明书、检验报告（生活水箱）	卫生性能
28	卫生洁具	质量证明书、检验报告、备案证明	冲击功能、吸水率、抗龟裂试验、水封试验、污水排放试验环保检测
29	疏水器、过滤器、除污器	质量证明书	
30	地漏、清扫口	产品合格证	
31	金属波纹补偿器	产品合格证、检验报告、成品补偿器预拉伸证明书	外观、尺寸偏差、形位偏差、补偿量、刚度检测、应变、耐压力、气密性、稳定性
32	绝热材料	产品合格证、检验报告	容重、导热性能、燃烧性能
33	布基胶带	产品合格证、检验报告	总厚度、初黏、持黏、剥离力、抗拉强度
34	锅炉、压力容器	质量证明书、检验报告、安装使用说明书	焊缝无损探伤

续表

序号	物资名称	供应单位提供的质量证明文件	检验报告应含基本检测项目
35	热交换器	质量证明书、安装使用说明书	
36	水泵、变频供水设备	产品合格证或质量证明书、安装使用说明书	

注：（1）各类管材应有产品质量证明文件。

（2）阀门、调压装置、消防设备、卫生洁具、给水设备、中水设备、排水设备、采暖设备、热水设备、散热器、锅炉及附属设备、各类开（闭）式水箱（罐）、分（集）水器、安全阀、水位计、减压阀、热交换器、补偿器、疏水器、除污器、过滤器、游泳池水系统设备等应有产品质量合格证及相关检验报告。

（3）对于国家有规定的特定设备及材料，如消防、卫生、压力容器等，应附有相应资质检验单位提供的检验报告。例如：安全阀、减压阀的调试报告、锅炉（承压设备）焊缝无损探伤检测报告、给水管道材料卫生检验报告、卫生器具环保检测报告、水表和热量表计量检定证书等。

（4）绝热材料应有产品质量合格证和材质检验报告。

（5）主要设备、器具应有安装使用说明书。

（6）对涉及建筑工程质量、安全、节能、环保的建筑材料．实行供应备案管理。

（7）已实施产品强制认证制度的消防产品：点型感烟火灾探测器、点型感温火灾探测器、火灾报警控制器、洒水喷头、湿式报警阀、水流指示器、消防用压力开关、消防水带、手动火灾报警按钮、消防联动控制设备。实施形式认可制度的消防产品：灭火剂、防火门、消火栓、灭火器、消防接口、消防枪炮、消防应急灯具、火灾报警设备（可燃气体报警控制器、可燃气体探测器、家用可燃气体报警器）、防火阻燃材料（钢结构、饰面型、电缆、无机防火堵料、有机防火堵料、阻火包）。实施强制检验制度的消防产品：气体灭火系统、干粉灭火系统、气溶胶灭火系统、防火卷帘门、防排烟风机、防火阀、排烟防火阀、消防供水设备、消火栓箱等。

（8）境内制造、使用的锅炉压力容器，制造企业必须取得《中华人民共和国锅炉压力容器制造许可证》。

（9）安装于建筑工程中用于贸易结算的电度表、水表、煤气表、热量表等计量仪表的生产厂家必须提供产品合格证和法定计量检测单位出具的计量检定证书。

（10）国家实施生产许可证产品目录包括：电焊条、空气压缩机、家用燃气快速热水器、泵、燃气调压器（箱）、铜及铜合金管材、耐火材料、锅炉及压力容器用钢管（管坯）、锅炉、压力容器用钢板、制冷设备等产品。

学习单元四　建筑电气工程施工物资资料

知识目标

了解电气工程常用材料品种。

技能目标

通过本单元的学习，掌握电气工程常用材料品种及技术要求。

基础知识

建筑电气工程常用材料品种及技术要求见表 3-26。

表 3-26　　建筑电气工程常用材料品种与技术要求

材料品种	技术标准	主要技术要求
金属导管	《电气安装用导管特殊要求——金属导管》（GB/T 14823.1—1993）	（1）力学性能（抗弯、抗压） （2）电气性能 （3）防护性能
镀锌焊接钢管	《低压流体输送用焊接钢管》（GB/T 3091—2008）	（1）牌号和化学成分 （2）制造工艺 （3）交货状态 （4）力学性能 （5）工艺性能 （6）表面质量
焊接钢管	《低压流体输送用焊接钢管》（GB/T 3091—2008）	（1）牌号和化学成分 （2）制造工艺 （3）交货状态 （4）力学性能 （5）工艺性能 （6）表面质量
硬塑料管（PVC 管）	《电气安装用导管特殊要求-刚性绝缘材料平导管》（GB/T 14823.2-1993）	（1）力学性能：抗压能力、抗冲击能力、抗弯曲能力、抗弯折能力 （2）耐热性能 （3）耐燃性能 （4）电气绝缘性能
半硬塑料管（PE 管）	《电气安装用导管特殊要求——可弯曲自恢复绝缘材料管》（GB/T 14823.4—1993）	（1）力学性能：抗压能力、抗冲击能力、抗弯曲能力、抗弯折能力 （2）耐热性能 （3）耐燃性能 （4）电气绝缘性能
电线、电缆	《额定电压 450/750 及以下聚氯乙烯绝缘电缆》（GB5023.1～GB 5023.7— 2008）	（1）导体 （2）绝缘 （3）填充 （4）内保护层 （5）护套
开关	《家用和类似用途固定式电器装置的开关》（GB 16915.1—2003）	（1）防触电保护 （2）接地措施 （3）耐老化、开关外壳提供的防护和防潮 （4）绝缘电阻和电气强度 （5）温升 （6）通断能力 （7）机械强度 （8）耐热 （9）爬电距离、电气间隙和穿通密封胶距离 （10）绝缘材料的耐非常热、耐燃和耐漏电起痕 （11）电磁兼容性

续表

材料品种	技术标准	主要技术要求
插座	《家用和类似用途插头插座》（GB 2099.1—2008）	（1）耐老化、防有害进水和防潮 （2）温升 （3）分断容量 （4）机械强度 （5）耐热 （6）防锈性能
灯具	《灯具一般安全要求与试验》（GB 7000.1—2002）	（1）结构 （2）外部接线和内部接线 （3）接地规定 （4）防触电保护 （5）防尘、防固体异物和防水 （6）绝缘电阻和电气强度 （7）爬电距离和电气间距 （8）耐久性试验和热试验 （9）耐热、耐火和耐起痕 （10）螺纹接线端子 （11）无螺纹接线端子和电连接体
金属线槽、桥架	《电控配电用电缆桥架》（JB/T 10216—2000）	（1）机械负载 （2）支吊架负载 （3）撞击 （4）各种防护涂（镀）层的性能 （5）保护电路连续性 （6）防护等级
低压成套配电柜	《低压成套开关设备和控制设备》（GB 7251.1—2006）	（1）温升极限 （2）介质性能 （3）短路耐受强度 （4）保护电路有效性 （5）电气间隙和爬电距离 （6）机械操作 （7）防护等级 （8）连接线、通电操作 （9）绝缘 （10）防护措施 （11）绝缘电阻
封闭式母线	《低压成套开关设备和控制设备》（GB 7251.2—2006）	（1）温升极限 （2）介质性能 （3）短路耐受强度 （4）保护电路有效性 （5）电气间隙和爬电距离 （6）机械操作 （7）防护等级 （8）电阻、电抗与阻抗 （9）结构强度 （10）滑触式干线系统耐久性

续表

材料品种	技术标准	主要技术要求
配电板（箱）	《低压成套开关设备和控制设备》（GB 7251.3—2006）	（1）温升极限。 （2）介质性能。 （3）短路耐受强度。 （4）保护电路有效性。 （5）电气间隙和爬电距离。 （6）机械操作。 （7）防护等级。 （8）冲击强度。 （9）耐锈性能。 （10）绝缘材料的耐热能力。 （11）绝缘材料对非正常发热和着火危险的耐受能力。 （12）绝缘。 （13）防护措施

学习单元五　通风与空调工程施工物资资料

知识目标

了解通风与空调工程施工物资所需质量证明文件及要求。

技能目标

通过本单元的学习，掌握通风与空调工程施工物资资料相关表格的填写。

基础知识

一、通风与空调工程施工物资资料相关表格

（1）工程材料/构配件/设备报审表的填表说明与填表范例分别参见表 3-27 与表 3-28。

（2）材料、构配件进场检验记录填表说明见表 3-24 与表 3-25。

表 3-27　　通风与空调工程材料、构配件进场检验记录填表说明

项目	主要内容
物资流程	材料、构配件进场后，应由建设、监理单位会同施工单位共同对进场物资进行检查验收，填写“材料、构配件进场检验记录”
相关规定与要求	（1）对进场物资进行检查验收，主要检验项目包括： ① 物资出厂质量证明文件及检测报告是否齐全 ② 实际进场物资数量、规格和型号等是否满足设计和施工计划要求 ③ 物资外观质量是否满足设计要求或规范规定 ④ 按规定须抽检的材料、构配件是否及时抽检 （2）工程采用施工总承包管理模式的，签字人员应为施工总承包单位的相关人员

续表

项目	主要内容
注意事项	（1）按规定应进场复试的工程物资，必须在进场检查验收合格后取样复试 （2）抽检的比例依据《通风与空调工程施工质量验收规范》（GB 50243—2002）相关条目
其他	“材料、构配件进场检验记录”由施工单位填写并保存

表 3-28　　通风与空调工程材料、构配件进场检验记录（范例）

编号：×××

<table>
<tr><td colspan="2">工程名称</td><td colspan="3">×××工程</td><td>检验日期</td><td colspan="2">××年×月×日</td></tr>
<tr><td rowspan="2">序号</td><td rowspan="2">名称</td><td rowspan="2">规格型号</td><td rowspan="2">进场数量</td><td>生产厂家</td><td rowspan="2">检验项目</td><td rowspan="2">检验结果</td><td rowspan="2">备注</td></tr>
<tr><td>合格证号</td></tr>
<tr><td>1</td><td>法兰风管</td><td>800mm×400mm</td><td>各类规格</td><td></td><td>质量证明文件</td><td>合格</td><td></td></tr>
<tr><td>2</td><td>消声设备</td><td>800mm×400mm</td><td>各类规格</td><td></td><td>质量证明文件</td><td>合格</td><td></td></tr>
<tr><td></td><td></td><td></td><td></td><td></td><td></td><td></td><td></td></tr>
<tr><td></td><td></td><td></td><td></td><td></td><td></td><td></td><td></td></tr>
</table>

检验结论：

镀锌风管及角钢法兰风管等镀锌层覆盖面完整，接口连接处牢固，型号规格及镀锌板厚度均符合规范要求。

消声设备表面平整、接口牢固，型号规格及外包尺寸符合设计要求。

<table>
<tr><td rowspan="3">签字栏</td><td rowspan="2">建设（监理）单位</td><td>施工单位</td><td colspan="2">×××</td></tr>
<tr><td>专业质检员</td><td>专业工长</td><td>检验员</td></tr>
<tr><td>×××</td><td>×××</td><td>×××</td><td>×××</td></tr>
</table>

（3）设备开箱检验记录填表说明见表 3-29，填表范例见表 3-30。

表 3-29　　通风与空调工程设备开箱检验记录填表说明

项目	主要内容
资料流程	设备进场后，由施工单位、建设（监理）单位、供货单位共同开箱检验并做记录，填写“设备开箱检验记录”
相关规定与要求	（1）设备必须具有中文质量合格证明文件，规格、型号及性能检测报告应符合国家技术标准或设计要求，进场时应做检查验收 （2）主要器具和设备必须有完整的安装使用说明书 （3）在运输、保管和施工过程中，应采取有效措施防止损坏或腐蚀
注意事项	（1）对于检验结果出现的缺损附件、备件要列出明细，待供应单位更换后重新验收 （2）测试情况的填写应依据专项施工及验收规范相关条目，如本表格的“轴流风机”可参照《压缩机、风机、泵安装工程施工及验收规范》（GB 50275—2010）
其他	“设备开箱验收记录”由施工单位填写并保存

表 3-30 通风与空调工程设备开箱检验记录（范例）

编号：×××

<table>
<tr><td colspan="2">设备名称</td><td>轴流风机</td><td>检查日期</td><td colspan="3">××年×月×日</td></tr>
<tr><td colspan="2">规格型号</td><td>×××</td><td>总数量</td><td colspan="3">××台</td></tr>
<tr><td colspan="2">装箱单号</td><td>×××</td><td>检验数量</td><td colspan="3">××台</td></tr>
<tr><td rowspan="5">检验记录</td><td>包装情况</td><td colspan="5">包装完整良好，无损坏，标识明确</td></tr>
<tr><td>随机文件</td><td colspan="5">出厂合格证 1 份，装箱单 1 份，技术操作说明书 1 份</td></tr>
<tr><td>备件与附件</td><td colspan="5">配套法兰、螺栓、螺母等连接构件齐全</td></tr>
<tr><td>外观情况</td><td colspan="5">外观无破损，锈蚀现象</td></tr>
<tr><td>测试情况</td><td colspan="5">状况正常</td></tr>
<tr><td rowspan="4">检查结果</td><td colspan="6">缺、损附备件明细表</td></tr>
<tr><td>序号</td><td>名称</td><td>规格</td><td>单位</td><td>数量</td><td>备注</td></tr>
<tr><td></td><td></td><td></td><td></td><td></td><td></td></tr>
<tr><td></td><td></td><td></td><td></td><td></td><td></td></tr>
<tr><td colspan="7">结论：
检查包装、随箱文件齐全，外观及测试状况良好，同意验收。</td></tr>
<tr><td colspan="2" rowspan="2">签字栏</td><td colspan="2">建设（监理）单位</td><td>施工单位</td><td colspan="2">供应单位</td></tr>
<tr><td colspan="2">×××</td><td>×××</td><td colspan="2">×××</td></tr>
</table>

（4）设备及管道附件实验记录填表说明见表 3-31，填表范例见表 3-32。

表 3-31 （通风与空调工程）设备及管道附件试验记录填表说明

项目	主要内容
资料流程	设备、阀门、密闭水箱（罐）、风机盘管设备等安装前，均应按规定进行强度试验并做记录，填写“设备及管道附件试验记录”
相关规定与要求	（1）对于工作压力大于 1.0 MPa 及在主干管上起切断作用的阀门，应进行强度和严密性试验，合格后方准使用。其他阀门可不单独进行试验，待在系统试压中检验 阀门的强度试验压力为公称压力的 1.5 倍，持续时间不少于 5 分钟，阀门的壳体、填料应无渗漏。严密性试验压力为公称压力的 1.1 倍，试验压力在试验持续时间内应保持不变，以阀瓣密封面无渗漏力合格。阀门试压的试验持续时间应不少于规范的规定 （2）热交换器应以最大工作压力的 1.5 倍做水压试验，蒸汽部分应不低于蒸汽供汽压力加 0.3 MPa；热水部分应不低于 0.4 MPa。检验方法：在试验压力下，保持 10 分钟压力不降
注意事项	（1）如设计要求与规范规定不一致时，应及时向设计提出由设计作出决定，也可选用相对严格的要求 （2）阀门型号要与铭牌保持一致 （3）每批（同牌号、同型号、同规格）数量中抽查 10%，每一个阀门的试验情况均应填写到表格中，编号不同 （4）试验时需严格执行试验压力和停压时间的规定，避免试压对阀门造成破坏；试验前要核对好阀门承压能力，确保无误 （5）电控、电动等构造复杂的特种阀门，试压前要取得供应单位的认可，并严格按其规定做法进行试压
其他	“设备及管道附件试验记录”由施工单位填写，建设单位、施工单位各保存一份

表 3-32　　通风与空调工程设备及管道附件试验记录（范例）

编号：×××

工程名称	×××工程				使用部位			空调水系统
设备管道附件名称	型号	规格	编号	介质	强度试验		严密性试验（MPa）	试验结果
					压力（MPa）	停压时间		
闸阀	×××	DN50	×××	水	2.4	5分	1.76	合格
蝶阀	×××	DN65	×××	水	2.4	5分	1.76	合格
施工单位	×××			试验人	×××	试验日期	××年×月×日	

二、通风与空调工程常用物资所需质量证明文件及要求

通风与空调工程常用物资所需质量证明文件及要求见表 3-33。

表 3-33　　通风与空调工程常用物资所需质量证明文件及要求

序号	物资名称	供货厂家提供的质量证明文件	检测报告应含检测项目
1	冷水机组	质量监督检验证书、合格证、安装使用说明书	
2	各类水泵	合格证或质量证明书、安装使用说明书	
3	热交换器	质量证明书、安装使用说明书	
4	空调、新风机组	检测报告、合格证、安装使用说明书	外观、主要零部件检查、启动与运转、风量、出口全压、输入功率、漏风量、振动速度
5	风机盘管	合格证、质量证明书、安装使用说明书	
6	冷却塔	质量证明书、安装使用说明书	
7	减压阀、水位差浮球阀、浮球阀	检测报告、合格证	
8	气压罐、分水器、低压硅磷晶加药设备、紫外线消毒器、集水器、综合水处理器	合格证、CCC 认证、设备保修卡、质量证明书、安装使用说明书	
9	金属风管	质量证明书、型式检验报告	漏风量
10	金属风管及配件	合格证、质量证明书	
11	镀锌钢管	质量证明书	
12	无缝钢管	质量证明书	
13	焊接钢管	质量证明书	

128

续表

序号	物资名称	供货厂家提供的质量证明文件	检测报告应含检测项目
14	钢板卷管	质量证明书、焊缝射线探伤报告	
15	各类管件	合格证或质量证明书	
16	各类法兰	合格证或质量证明书	
17	刚性密闭套管	出场检验报告、合格证	
18	柔性防水套管	质量证明书、合格证	
19	型钢（角钢、槽钢、扁钢、工字钢、C 型钢）	质量证明书	
20	各种阀类（密闭阀、闸阀、蝶阀）	质量证明书、合格证	
21	各类水箱	质量证明书	
22	金属波纹补偿器	合格证、检验报告	外观、尺寸偏差、形位偏差、补偿量、刚度检测、应变、耐压力、气密性、稳定性
23	保温材料	合格证、检测报告	燃烧性能
24	布基胶带	合格证、测试报告	总厚度、初黏、持黏、剥离力、抗拉强度
25	消声静压箱	合格证	
26	液体消声器	材料/构配件/设备报验单	
27	电动调节阀	合格证、检验报告	严密性检验（工作压力大于 1 000 Pa 应有 1.5 倍压力下自由开关强度测试报告）
28	防火调节阀	合格证、检验报告	严密性检验（工作压力大于 1 000 Pa 应有 1.5 倍压力下自由开关强度测试报告）
29	排烟阀	合格证、检验报告	严密性检验
30	多叶调节阀	合格证、检验报告	严密性检验
31	防火风管	合格证、质量证明书	
32	橡胶减振垫	合格证、质量证明书	
33	管道支架底部减振垫	合格证、质量证明书	
34	橡塑吊架减振器	合格证、质量证明书	
35	橡胶剪切减振器	质量证明书	
36	电动阀、定流量阀	设备进场验收报告	
37	消声设备	合格证	
38	橡胶软接头	质量证明书	
39	金属软管	检测报告	外观检查、尺寸检查、压力试验、气密性

学习单元六　电梯工程物资资料

知识目标

了解电梯工程施工物资资料填表说明的内容。

技能目标

通过本单元的学习，掌握电梯设备开箱检验记录。

基础知识

电梯工程施工物资资料填表说明见表3-34，开箱检验记录填表范例见表3-35。

表3-34　电梯工程施工物资资料填表说明

项目	主要内容
应填写的主要资料	电梯设备进场后，应由建设、监理、施工和供货单位共同开箱检验，并进行记录，填写“电梯设备开箱检验记录”
设备、材料所需资料	电梯工程的主要设备、材料及附件应有出厂合格证、产品说明书及安装技术文件

表3-35　电梯设备开箱检验记录（范例）

编号：×××

工程名称	电梯工程			产品合同号	
设备及名称及规格型号	×××			出厂日期	××××
装箱单号	×××		×××	开箱日期	××××
	检查内容及规范标准要求				检查结果
包装情况	零部件应按装箱单完好地装入箱内，并应垫平、卡紧、固定、精密加工，应防止表面装饰的部件相对移动。驱动主机应整体包装，包装及密封应完好，规格应符合设计要求，附件、备件应完全且外观完好。设备、材料、零部件无损伤、锈蚀及其他异常情况				包装完好无损坏
随机文件	①文件目录；②装箱清单；③产品合格证；④机房、井道布置图；⑤使用维护说明书（含电梯润滑汇总表及电梯功能表）；⑥电气原理图、接线图及其符号说明；⑦主要部件安装图；⑧安装（调试）说明书；⑨安全部件形式试验报告结论副本；⑩易损件目录				文件齐全
机械部件	曳引机标牌应注明：①产品名称、型号；②额定速度；③额定载重量；④减速比；⑤出厂编号；⑥标准编号；⑦质量等级标志；⑧厂名、商标；⑨出厂日期。 限速器、缓冲器、安全钳装置、门锁等安全部件的标牌应标明：①名称、型号及主要性能、参数；②厂名；③形式试验标志及试验单位				部件齐全无损坏

续表

<table>
<tr><td>工程名称</td><td colspan="3">电梯工程</td><td>产品合同号</td><td></td></tr>
<tr><td>设备及名称
及规格型号</td><td colspan="3">×××</td><td>出厂日期</td><td>××××</td></tr>
<tr><td>装箱单号</td><td>×××</td><td></td><td>×××</td><td>开箱日期</td><td>××××</td></tr>
<tr><td colspan="5">检查内容及规范标准要求</td><td>检查结果</td></tr>
<tr><td>电气部件</td><td colspan="4">电动机、控制柜等各种电气部件应装入防潮箱内，并应作防震处理，必须存放与室内。控制柜标牌应标明型号、规格、制造厂名称机器识别标志或商标</td><td>标识明确
无损坏</td></tr>
<tr><td>进口设备</td><td colspan="4">应有进口货物报关单、商检合格证书及国际标准化组织认证的产品证书、产品检验标准和有关资料。产品各部件的标志、标识、须知、说明等，均应清晰、易懂、耐用，并优先使用中文汉字</td><td>文件齐全</td></tr>
<tr><td>处理意见</td><td colspan="5"></td></tr>
<tr><td rowspan="2">签字栏</td><td colspan="3">建设（监理）单位</td><td>供应单位</td><td>安装单位</td></tr>
<tr><td colspan="3">×××</td><td>×××</td><td>×××</td></tr>
</table>

注：本表由施工单位填写，建设单位、施工单位各存一份。

学习案例

2008 年 9 月 12 日，某小区商住楼工程施工用工程材料、构配件、设备进场，施工单位对进场的原材料先进行了自检自验，确认合格后填写了工程材料报验单，连同出厂合格证书、质量保证书、复试报告等一并报驻地监理工程师进行了质量认可。监理单位批复了建筑材料报审表。

想一想

1. 承包单位提供工程材料、构配件和设备报验时必须提供哪些附件？
2. 建筑材料报审表由何单位填报？本表有效的条件是什么？
3. 工程材料报验的基本要求有哪些？

案例分析

1.（1）数量清单；（2）质量证明文件；（3）自检结果。

2. 建筑材料报审表由承包单位填报；承包单位填报，加盖公章—项目经理签字—经专业监理工程师审查符合要求后签字有效。

3. 基本要求：

（1）施工单位对所有进场的原材料、构配件必须报验，工程竣工后，材料报验要和设计的材料、构配件的品种和数量一致；

（2）进场原材料、构配件报验应及时，监理单位可以和施工单位、材料供应单位协商确定进场材料、构配件进场后的报验方法；

（3）预制构件厂必须对成品、半成品进行严格检查后，签发出厂合格证，不合格的产品不得出厂。

知识拓展

公路工程质量检验内容

分项工程质量检验内容包括基本要求、实测项目、外观鉴定和质量保证资料四个部分。只有在其实用的原材料、半成品、成品及施工工艺符合基本要求的规定，无严重外观缺陷和质量保证资料真实并基本齐全时，才能对分项工程进行检验评定。

1. 实测项目

涉及结构安全和使用功能的重要实测项目为关键项目，在分项工程实测项目以“Δ”标识，其合格率不得低于90%（属于工厂加工制造的桥梁金属构件不低于95%，机电工程为100%），且检测值不得超过规定极值，否则必须进行返工处理。

实测项目的规定值是指任一单个检测值都不能突破的极限值，不符合要求时该实测项目为不合格。

分项工程的评分值满分为100分，按实测项目采用加权平均法计算。存在外观缺陷或资料不全时，应予减分。采用《验评标准》附录B至附录I所列方法进行评定的关键项目，不符合要求时则该分项工程评为不合格。

2. 质量保证资料

施工单位应有完整的施工原始记录、试验数据、分项工程自检数据等质量保证资料，并进行整理分析，负责提交齐全、真实和系统的施工资料和图表。工程监理单位负责提交齐全、真实和系统的监理资料。质量保证资料应包括以下六个方面：

（1）所用原材料、半成品和成品质量检验结果。

（2）材料配比、拌和加工控制检验和试验数据。

（3）地基处理、隐蔽工程施工记录和大桥、隧道施工监控资料。

（4）各项质量控制指标的试验和质量检验汇总图表。

（5）施工过程中遇到的非正常情况记录及其对工程质量影响分析。

（6）施工过程中如发生质量事故，经处理补救后，达到设计要求的认可证明文件。

情境小结

本学习情境介绍了五方面的内容，包括：施工物资管理概述、土建工程施工物资资料、建筑安装工程施工物资资料、建筑电气工程施工物资资料、通风与空调工程施工物资资料。

施工物资管理概述主要讲述了施工物资资料的定义与管理原则、施工物资资料管理的内容及要求、施工物资资料的管理流程。

土建工程施工物资资料讲述了土建工程应具备的施工物资资料及注意事项、土建工程施工物资资料相关表格。

建筑安装工程施工物资资料讲述了建筑给排水及采暖工程施工物资资料和建筑给排水及采暖工程常用物资质量证明文件及要求。

建筑电气工程施工物资资料讲述了建筑电气工程常用材料品种及技术要求。

通风与空调工程施工物资资料讲述了通风与空调工程施工物资资料相关的表格和通风与空调工程常用物资所需质量证明文件及要求。

学习检测

一、填空题

1. 施工物资资料是反映工程所用物资质量和性能指标等的各________和________的统称。

2. 施工物资资料的管理原则包括：________、________、________。

3. 工程物资进场后，施工单位应及时组织相关人员________、________及________供货单位提供的质量证明文件等。合格后填写“材料、构配件进场检验记录”。

4. 建筑给排水及采暖工程中工程材料/构配件/设备报审表拟用于部位指：________、________、________拟用于工程的具体部位。

5. 电梯工程的主要设备、材料及附件应有________、________、________。

二、单项选择题

1. 施工物资资料的原则不包括（　　）。

A. 文件资料的管理　　B. 进厂检验要求

C. 分级管理要求　　D. 质量安全

2. 施工单位进行工程物资进场验收形成（　　）。

A. 材料、构配件进场检验记录表　　B. 材料试验报告（通用）表

C. 工程材料、构配件、设备报审表　　D. 设备开箱检验记录表

E. 设备及管道附件试验记录表

3. 施工物资资料管理原则中分级管理原则分为（　　）部分。

A. 分级管理的原则　　B. 钢筋资料的分级管理

C. 混凝土资料的分级管理　　D. 预制构件资料的分级管理

E. 进场检验的原则

4. 下列不属于给排水及采暖工程设备开箱检验记录的相关规定与要求的是（　　）。

A. 主要器具和设备必须有完整的安装使用说明书

B. 在运输、保管和施工过程中，应采取有效措施防止损坏或腐蚀

C. 对于检验结果出现的缺损附件、备件要列出明细，特供应单位更换后重新验收

D. 设备必须具有中文质量合格证明文件，规格、型号及性能检测报告应符合国家技术标准或设计要求，进场时应作检查验收

三、简答题

1. 简述施工物资资料的内容及要求。

2. 简述土建工程工程材料/构配件/设备报审表的相关规定及要求、注意事项。

3. 简述建筑给排水及采暖工程设备开箱检验记录的相关规定及要求、注意事项。

4. 建筑电气工程的常用材料品种有哪些？

5. 通风与空调工程设备及管道附件试验记录应注意的问题有哪些？

学习情境四

建筑工程施工记录

情境导入

某工程为框架结构粮食库房，建筑面积 3 300 m^2，层数二层，层高 4.5 m，室内外高差 0.3 m，钢筋混凝土独立柱基础，按 7 度设防。现工程刚开工，基坑开挖已经完成，达到设计基底标高，地基局部经过换土处理准备验槽。

案例导航

新建建筑物应进行施工验槽，检查内容包括基坑位置、平面尺寸、持力层核查、基底绝对高程标高（和相对标高和绝对高程）、持力层核查、基坑土质及地下水位等，有基础桩桩支护或桩基的工程还应有工程桩的检查。地基验槽检查记录应由建设、勘察、设计、监理、施工单位共同验收签认。地基需处理时，应由勘察、设计部门提出处理意见。

要了解地基基础检查、验槽的内容，需要掌握相关知识有：

（1）土建工程施工记录。

（2）建筑安装工程施工记录。

学习单元一　土建工程施工记录

知识目标

了解建筑工程施工记录的填表说明及注意事项。

技能目标

通过本单元的学习，熟悉各施工项目检查记录内容，并掌握“填表范例”。

基础知识

一、隐蔽工程检查记录

隐蔽工程检查记录填表说明见表 4-1，填表范例见表 4-2。建筑工程施工中主要隐检项目及内容见表 4-3。

表 4-1　　隐蔽工程检查记录填表说明

项目	主要内容
附件收集	该隐蔽工程部位所涉及的施工试验报告等
资料流程	由施工单位填写后随各相应检验批进入资料流程，无对应检验批的直接报送监理单位审批后各相关单位存档
相关规定与要求	（1）工程名称、隐检项目、隐检部位及日期必须填写准确 （2）隐检依据、主要材料名称及规格型号应准确，尤其对设计变更、洽商等容易遗漏的资料应填写完全 （3）隐检内容应填写规范，必须符合各种规程规范的要求 （4）签字应完整，严禁他人代签
注意事项	（1）审核意见应明确，将隐检内容是否符合要求表述清楚 （2）复查结论主要是针对上一次隐检出现的问题进行复查，因此要对质量问题整改的结果描述清楚
其他	"隐蔽工程检查记录"由施工单位填报，建设单位、施工单位、城建档案馆各保存一份

表 4-2　　隐蔽工程检查记录（范例）

编号：×××

工程名称	××工程		
隐检项目	钢筋绑扎	隐检日期	××年×月×日
隐检部位	地下二层　①～⑫/Ⓐ～Ⓗ 轴线　−2.95～0.10 标高		

隐检依据：施工图图号　结施-3，结施-4，结施-11，结施-12　，设计变更/洽商（编号　×××　）及有关国家现行标准等。

主要材料名称：　钢筋，绑扎丝　。

规格、型号：　ϕ12，ϕ14　。

隐检内容：

（1）墙厚 300 mm，钢筋双向双层，水平筋ϕ12@200，在内侧，竖向筋ϕ14@150，在外侧。

（2）墙体的钢筋搭接绑扎，搭接长度 42d（ϕ12：405mm/ϕ14：588mm）接头纵横错开 50%，接头净距 50 mm。

（3）墙体筋定位筋采用ϕ12 竖向梯子筋，每跨 3 道，上口设水平梯子筋与主筋绑牢。

（4）竖向筋起步距柱 50 mm，水平筋起步距梁 50 mm，间距排距均匀。

（5）绑扎丝为双铅丝，每个相交点八字扣绑扎，丝头朝向混凝土内部。

（6）墙外侧保护层 35 mm，内侧 20 mm，采用塑料垫块间距 600mm 梅花形布置。

（7）钢筋均无锈污染已清理干净，如钢筋原材做复试，另附钢筋原材复试报告。试验编号（××）。

隐检内容已做完，请予以检查。

申报人：×××

续表

工程名称	××工程		
隐检项目	钢筋绑扎	隐检日期	××年×月×日
隐检部位	地下二层　①～⑫/Ⓐ～Ⓗ 轴线　–2.95～0.10 标高		

检查意见：
经检查：

（1）地下二层，①～⑫/Ⓐ～Ⓗ 轴墙钢筋品种、级别、规格、配筋数量、位置、间距符合设计要求。

（2）钢筋绑扎安装质量牢固，无漏扣现象，观感符合要求，搭接长度 42 天。

（3）墙体定位梯子筋各部位尺寸间距准确与主筋绑扎。

（4）保护层厚度符合要求，采用塑料垫块绑扎牢固，间距 600 mm，梅花形布置。

（5）钢筋无锈蚀无污染，近场复试合格，符合《混凝土结构工程施工质量验收规范（2010 年局部修订版）》（GB 50204—2002）规定。

检查结论：　☑同意隐蔽　□不同意，修改后进行复查

复查结论：

复查人：　复查日期：

签字栏	建设（监理）单位	施工单位	××建筑工程公司	
		专业技术负责人	专业质检员	专业工长
	×××	×××	×××	×××

表 4-3　建筑工程施工中主要隐检项目及内容

工程名称	主要隐检项目
土方工程	土方基槽、房心回填前检查基底清理、基底标高情况等
支护工程	锚杆、土钉的品种、规格、数量、位置、插入长度、钻孔直径、深度和角度等；地下连续墙的成槽宽度、深度、倾斜度垂直度、钢筋笼规格、位置、槽底清理、沉渣厚度等
桩基工程	钢筋笼规格、尺寸、沉渣厚度、清孔情况等
地下防水工程	混凝土变形缝、施工缝、后浇带、穿墙套管、埋设件等设置的形式和构造；人防出口止水做法；防水层基层、防水材料规格、厚度、铺设方式、阴阳角处理、搭接密封处理等
结构工程（基础、主体）	用于绑扎的钢筋的品种、规格、数量、位置、锚固和接头位置、搭接长度、保护层厚度和除锈、除污情况、钢筋代用变更及胡子筋处理等；钢筋焊（连）接形式、焊（连）接种类、接头位置、数量及焊条、焊剂、焊口形式、焊缝长度、厚度及表面清渣和连接质量等
预应力工程	检查预留孔道的规格、数量、位置、形状、端部的预埋垫板；预应力筋的下料长度、切断方法、竖向位置偏差、固定、护套的完整性；锚具、夹具、连接点的组装等
钢结构工程	地脚螺栓规格、位置、埋设方法、紧固等
保温隔热工程	外墙内、外保温构造节点做法
地面工程	各基层（垫层、找平层、隔离层、防水层、填充层、地龙骨）材料品种、规格、铺设厚度、方式、坡度、标高、表面情况、节点密封处理、黏结情况等

续表

工程名称	主要隐检项目
抹灰工程	具有加强措施的抹灰应检查其加强构造的材料规格、铺设、固定、搭接等
门窗工程	预埋件和锚固件、螺栓等的数量、位置、间距、埋设方式、与框的连接方式、防腐处理、缝隙的嵌填、密封材料的黏结等
吊顶工程	吊顶龙骨及吊件材质、规格、间距、连接方式、固定、表面防火、防腐处理、外观情况、接缝和边缝情况、填充和吸声材料的品种、规格及铺设、固定等
轻质隔墙工程	预埋件、连接件、拉结筋的位置、数量、连接方法、与周边墙体及顶棚的连接、龙骨连接、间距、防火、防腐处理、填充材料设置等
饰面板（砖）工程	预埋件、（后置埋件）、连接件规格、数量、位置、连接方式、防腐处理等。有防水构造部位应检查找平层、防水层、找平层的构造做法，同地面基层工程检查
幕墙工程	构件之间、构件与主体结构的连接节点的安装及防腐处理；幕墙四周、幕墙与主体结构之间间隙节点的处理、封口的安装；幕墙伸缩缝、沉降缝、防震缝及墙面转角节点的安装；幕墙防雷接地节点的安装等
细部工程	预埋件或后置埋件和连接件的数量、规格、位置连接方式、防腐处理等
建筑屋面工程	基层、找平层、保温层、防水层、隔离层情况、材料的品种、规格、厚度、铺贴方式、搭接宽度、接缝处理、黏结情况；附加层、天沟、檐沟、泛水和变形缝细部做法、隔离层设置、密封处理部位等

☼小提示

幕墙是建筑物的外墙护围，不承重，像幕布一样挂上去，故又称为悬挂墙，是现代大型和高层建筑常用的带有装饰效果的轻质墙体。由结构框架与镶嵌板材组成，是不承担主体结构荷载与作用的建筑围护结构。

（1）幕墙是一个独立完整的整体结构系统；

（2）幕墙通常用在主体结构的外侧，一般都包覆在主体结构表面；

（3）幕墙相对主体结构在平面内有的微动能力。

二、预检记录

预检记录填表说明见表 4-4，填表范例见表 4-5。

表 4-4　　预检记录填表说明

项目	主要内容
资料流程	由施工单位填写，随相应检验批进入资料流程
相关规定与要求	依据现行施工规范，对于其他涉及工程结构安全、实体质量、建筑观感及人身安全须做质量预控的重要工序，应做质量预控，填写预检记录
注意事项	（1）检查意见应明确，一次验收未通过的要注明质量问题，并提出复查要求。 （2）复查意见主要是针对上一次验收的问题进行的，因此应把质量问题改正的情况表述清楚

续表

项目	主要内容
其他	（1）“预检记录”由施工单位保存 （2）预检记录是对施工重要工序进行的预先质量控制检查记录，为通用施工记录，适用于各专业

表 4-5　　预检记录（范例）

编号：×××

工程名称	××工程	预检项目	模板
预检部位	地下一层墙体①～⑩/Ⓐ～Ⓗ轴	检查日期	××年×月×日
依据：施工图纸（施工图纸号　结施-6　）、设计变更/洽商（编号　×××　）和有关规范、规程。 主要材料或设备：　钢模板、木模板、架管等 规格/型号：			
预检内容： （1）模板清理干净，隔离剂涂刷均匀，擦拭光亮。（2）清扫口留设、模内清理。（3）模板方案支模、支撑系统的承载能力、刚度和稳定性。（4）模板几何尺寸、轴线位置、垂直度、平整度、板间接缝。（5）模板下口海绵条粘贴严密。（6）模板采用12厚覆膜竹胶板，模板支撑木方间距25 mm。水平支撑间距600 mm。（7）板厚：30 mm。（8）模板标高：−4.15 m。 预检内容已经做完，请予以检查。			
检查意见： 经检查：模板几何尺寸、轴线位置、预埋件、预留洞位置尺寸符合设计要求，标高传递准确，模板清理干净。脱模剂涂刷均匀，无遗漏。模内清理到位。板间接缝采用1 cm成口海绵条，防止漏浆。按模板方案支撑，支撑系统的承载能力、刚度和稳定性、模板的垂直度、平均度均符合《混凝土结构工程施工质量验收规范（2010年局部修订版）》（GB 50204—2002）规定，可进行下道工序施工。			
复查意见： 复查人：　　　　复查日期：			

施工单位	××建筑工程公司	
专业技术负责人	专业质检员	专业工长
×××	×××	×××

138

建筑工程中预检项目及内容见表4-6。

表 4-6　　预检项目及内容

工程名称	预检项目及内容
模板工程	几何尺寸、轴线、标高、预埋件及预留孔位置、模板牢固性、接缝严密性、起拱情况、清扫口留置、模内清理、脱模剂涂刷、止水要求等；节点做法，放样检查
设备基础和预制构件安装	设备基础位置、混凝土混凝土强度、标高、几何尺寸、预留孔、预埋件等
地上混凝土结构施工缝	留置方法、位置和接槎的处理等

续表

工程名称	预检项目及内容
管道预留孔洞	预留孔洞的尺寸、位置、标高等
管道预埋套管（预埋件）	预埋套管（预埋件）的规格、型式、尺寸、位置、标高等

三、施工检查记录（通用）

施工检查记录（通用）填表说明见表 4-7，填表范例见表 4-8。

表 4-7　施工检查记录（通用）填表说明

项目	主要内容
附件收集	附相关图表、图片、照片及说明文件等
资料流程	由施工单位填写并保存
相关规定与要求	按照现行规范要求应进行施工检查的重要工序，且无与其相适应的施工记录表格的。“施工检查记录（通用）”适用于各专业
注意事项	对隐蔽检查记录和预检记录不适用的其他重要工序，应按照现行规范要求进行施工质量检查，填写“施工检查记录（通用）”

表 4-8　施工检查记录（通用）（范例）

<table>
<tr><td>工程名称</td><td>××幼儿园</td><td>检查项目</td><td colspan="3">砌筑</td></tr>
<tr><td>检查部位</td><td>三层①～⑫/Ⓐ～Ⓟ 轴墙体</td><td>检查日期</td><td colspan="3">××年×月×日</td></tr>
<tr><td colspan="6">检查依据：
（1）施工图纸建-1，建-5
（2）《砌体工程施工质量验收规范》（GB 50203—2002）</td></tr>
<tr><td colspan="6">检查内容：
（1）瓦工班 15 人砌筑①～⑫/Ⓐ～Ⓟ 轴填充墙，并于当日全部完成
（2）质检员检查时发现一处填充墙砌筑不合格（①/Ⓑ～Ⓒ 轴卧室）并责令瓦工班进行返工处理
（3）试验员制作两组砌筑砂浆试块，强度等级 M7.5</td></tr>
<tr><td colspan="6">检查结论：
经检查，①/Ⓑ～Ⓒ 卧室处填充墙返工重新砌筑，检查内容已整改完成，符合设计及《砌体工程施工质量验收规范》（GB50203—2002）规定</td></tr>
<tr><td colspan="6">复查意见：

复查人：　　　　　　　　复查日期：</td></tr>
<tr><td colspan="2">施工单位</td><td colspan="4">××建筑工程公司</td></tr>
<tr><td colspan="2">专业技术负责人</td><td colspan="2">专业质检员</td><td colspan="2">专业工长</td></tr>
<tr><td colspan="2">×××</td><td colspan="2">×××</td><td colspan="2">×××</td></tr>
</table>

四、交接检查记录

交接检查记录填表说明见表 4-9，填表范例见表 4-10。

表 4-9　　交接检查记录填表说明

项目	主要内容
资料流程	由施工单位填写，移交、接收和见证单位各存一份
相关规定与要求	分项（分部）工程完成，在不同专业施工单位之间应进行工程交接，应并做应进行专业交接检查，填写“交接检查记录”。移交单位、接收单位和见证单位共同对移交工程进行验收，并对质量情况、遗留问题、工序要求、注意事项、成品保护、注意事项等进行记录，填写“交接检查记录”
注意事项	“见证单位”栏内应填写施工总承包单位质量技术部门，参与移交及接收的部门不得作为见证单位
其他	见证单位应根据实际检查情况，并汇总移交和接收单位意见形成见证单位意见

表 4-10　　交接检查记录（范例）

<table>
<tr><td>工程名称</td><td colspan="4">××大学科技综合楼</td></tr>
<tr><td>移交单位名称</td><td colspan="2">××工程公司</td><td>接收单位名称</td><td>××工程公司</td></tr>
<tr><td>交接部位</td><td colspan="2">设备基础</td><td>检查日期</td><td>××年×月×日</td></tr>
<tr><td colspan="5">交接内容：
按《建筑给水排水及采暖工程施工质量验收规范》（GB 50242—2002）第 4.4.1 条、第 13.2.1 条和《通风与空调工程施工质量验收规范》（GB 50243—2002）第 7.1.4 条规定及施工图纸××要求，设备就位前对其基础进行验收。
内容包括：混凝土强度等级（C25）、坐标、标高、几何尺寸及螺栓孔位置等。</td></tr>
<tr><td colspan="5">检查结果：
经检查：设备基础混凝土强度等级达到设计强度等的 132%，坐标、标高、螺栓孔位置准确，几何尺寸偏差最大值 1 mm，符合设计和《建筑给水排水及采暖工程施工质量验收规范》（GB 50242—2002）、《通风与空调工程施工质量验收规范》（GB 50243—2002）要求，验收合格，同意进行设备安装。</td></tr>
<tr><td colspan="5">复查意见：
复查人：　　　　复查日期：</td></tr>
<tr><td colspan="5">见证单位意见：
符合设计及和《建筑给水排水及采暖工程施工质量验收规范》（GB 50242—2002）、《通风与空调工程施工质量验收规范》（GB 50243—2002）要求，同意交接。</td></tr>
<tr><td colspan="2">见证单位名称</td><td colspan="3">××工程公司××工程项目质量部</td></tr>
<tr><td rowspan="2">签字栏</td><td>移交单位</td><td colspan="2">接收单位</td><td>见证单位</td></tr>
<tr><td>×××</td><td colspan="2">×××</td><td>×××</td></tr>
</table>

五、地基基础检查记录

1. 地基验槽检查记录

地基验槽检查记录填表说明见表 4-11，填表范例见表 4-12。

表 4-11　　地基验槽检查记录填表说明

项目	主要内容
附件收集	相关设计图纸、设计变更洽商及地质勘察报告等相关设计图纸、设计变更洽商及地质勘察报告等
资料流程	由总包单位填报，经各相关单位转签后存档
相关规定与要求	（1）新建建筑物应进行施工验槽，检查内容包括基坑位置、平面尺寸、持力层核查、基底绝对高程标高（和相对标高和绝对高程）、持力层核查、基坑土质及地下水位等，有基础桩桩支护或桩基的工程还应有工程桩的检查 （2）地基验槽检查记录应由建设、勘察、设计、监理、施工单位共同验收签认 （3）地基需处理时，应由勘察、设计部门提出处理意见
注意事项	对于进行地基处理的基槽，还应再办理一次地基验槽记录，并将地基处理的洽商编号、处理方法等注明
其他	“地基验槽检查记录”由施工单位填写，建设单位、施工单位、城建档案馆各保存一份

表 4-12　　地基验槽检查记录（范例）

编号：×××

工程名称	××工程	验槽日期	××年×月×日
验槽部位	①～⑩/Ⓐ～Ⓟ 轴基槽		

依据：施工图纸（施工图纸号　结-1、结-3　）、设计变更/洽商（编号　　　　）及有关规范、规程。

验槽内容：

1. 基槽开挖至勘探报告第　×　层，持力层为　×　层。
2. 基底绝对高程和相对标高　××m　−8.70 m。
3. 土质情况　2 类黏土　基底为老土层，均匀密实。
（附：☑　钎探记录及钎探点平面布置图）
4. 桩位置　/　、桩类型　/　、数量　/　，承载力满足设计要求。
（附：□施工记录、□桩检测记录）

注：若建筑工程无桩基或人工支护，则相应在第 4 条填写处画“/”。

申报人：×××

检查意见：

槽底土均匀密实，与地质勘探报告（编号××）相符，基槽平面位置、几何尺寸、基槽底标高，定位符合设计要求。

地下水情况：槽底地地下水位上 1.5 m，无坑、穴洞。

检查结论：　　☑无异常，可进行下道工序　　□需要地基处理

签字公章栏	建设单位	监理单位	设计单位	勘察单位	施工单位
	×××	×××	×××	×××	×××

2. 地基处理记录

地基处理记录填表说明见表 4-13，填表范例见表 4-14。

表 4-13　　地基处理记录填表说明

项目	主要内容
附件收集	相关设计图纸、设计变更洽商及地质勘察报告等
资料流程	由总包单位填报，经各相关单位转签后存档
相关规定与要求	地基需处理时，应由勘察、设计部门提出处理意见，施工单位应依据勘察、设计单位提出的处理意见进行地基处理，完工后填写《地基处理记录》，内容包括地基处理方式、处理部位、深度及处理结果等。地基处理完成后，应报请勘察、设计、监理部门复验查
注意事项	（1）当地基处理范围较大、内容较多、用文字描述较困难时，应附简图示意 （2）如勘察、设计单位委托监理单位进行复查时，应有书面的委托记录
其他	“地基处理记录”由施工单位填写，建设单位、施工单位、城建档案馆各保存一份

表 4-14　　地基处理记录（范例）

编号：×××

工程名称	××工程	日期	××年×月×日

处理依据及方式：

处理依据：

（1）《建筑地基基础工程施工质量验收规范》（GB 50202—2002）

（2）《建筑地基处理技术规范》（JGJ 79—2002）

（3）本工程《地基基础施工方案》

（4）设计变更/洽商（编号××）及钎探记录。方式：填级配石厚 200 mm

处理部位及深度（或用简图表示）

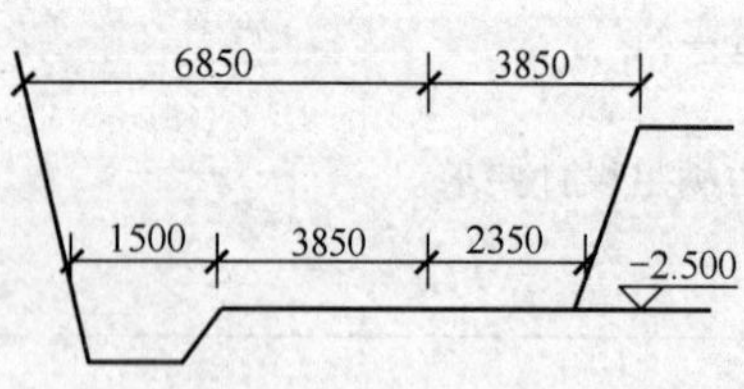

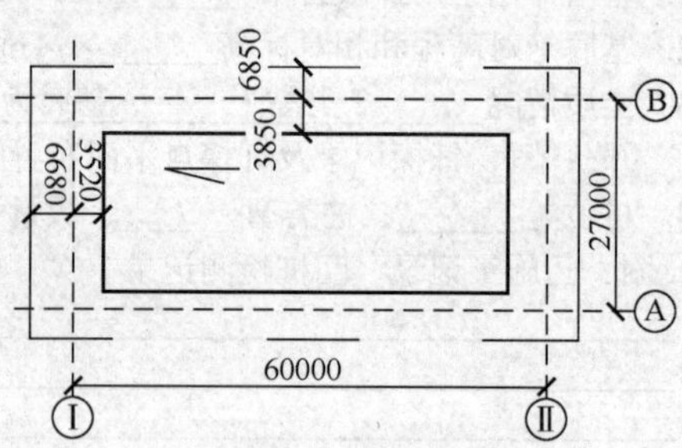

□有　　☑无　附页（图）

处理结果：

（1）填级配石厚 200 mm。

（2）先将基底松土及橡皮土清至老土层。

（3）按设计要求两侧钉好水平桩标高控制在−2.2 m 为回填级配石上平。

（4）回填级配石的粒径不大于 10 cm，且无草根、垃圾等有机物。

（5）填好级配石后用平板振动器振捣遍数不少于三遍。

（6）排水沟内填卵石，不含有沙子，标高至基底上表面。

（7）级配石的运输方法：用钉好的溜槽投料，严禁将级配石由上直接投入槽中。

续表

工程名称	××工程	日期	××年×月×日

检查意见：

经复验，已按洽商要求施工完毕，符合质量验收规范要求，可以进行下道工序施工。

（由勘察、设计单位签署复查意见）

检查日期：××年×月×日

签字栏	监理单位	设计单位	勘察单位	施工单位	××工程公司	
				专业技术负责人	专业质检员	专业工长
	×××	×××	×××	×××	×××	×××

3. 地基钎探记录

地基钎探记录填表说明见表 4-15，填表范例见表 4-16。

表 4-15　地基钎探记录填表说明

项目	主要内容
附件收集	地基钎探原始记录（或复印件）
资料流程	“地基钎探记录”由施工单位填写，建设单位、施工单位、城建档案馆各保存一份
相关规定与要求	钎探记录用于检验浅土层（如基槽）的均匀性，确定基槽的容许承载力及检验填土质量。钎探前应绘制钎探点平面布置图，确定钎探点布置及顺序编号。按照钎探图及有关规定进行钎探并记录
注意事项	必须真实有效，严禁弄虚作假

表 4-16　地基钎探记录（范例）

编号：×××

工程名称	××工程		钎探日期		××年×月×日		
套锤重	12 kg	自由落距		60 cm		钎径	Φ35
顺序号	各步锤击数						备注
	0～30 cm	30～60 cm	60～90 cm	90～120 cm	120～150 cm	150～180 cm	180～210 cm
1	15	39	722	85	25	72	88
2	14	15	78	57	28	35	43
3	18	48	89	29	16	18	29
4	14	40	46	99	35	36	65
5	18	55	89	40	25	42	34
6	18	81	143	58	47	39	17
7	17	69	154	38	34	75	69
8	15	56	58	32	26	82	68
9	12	34	56	31	29	57	65
10	18	65	75	48	18	29	33
11	24	75	106	88	20	36	18

续表

工程名称	××工程				钎探日期	××年×月×日	
套锤重	12 kg	自由落距		60 cm		钎径	Φ35
顺序号	各步锤击数						
	0～30 cm	30～60 cm	60～90 cm	90～120 cm	120～150 cm	150～180 cm	180～210 cm	备注
12	16	68	115	66	26	44	69	
13	16	67	113	42	41	67	65	
14	21	72	97	30	26	44	42	
15	25	68	68	42	25	31	29	
16	17	61	76	70	19	90	85	
17	15	54	80	63	19	23	27	
18	16	56	108	116	41	111	58	
施工单位	××工程公司							
专业技术负责人			专业工长			记录人		
×××			×××			×××		

六、混凝土检查记录

1. 混凝土浇灌申请书

混凝土浇灌申请书填表说明见表 4-17，填表范例见表 4-18。

表 4-17　　混凝土浇灌申请书填表说明

项目	主要内容
资料流程	由施工单位填写并保存，在浇筑混凝土之前报送监理单位备案
相关规定与要求	正式浇筑混凝土前，施工单位应检查各项准备工作（如钢筋、模板工程检查；水电预埋检查；材料、设备及其他准备等），自检合格填写《混凝土浇灌申请书》报监理单位后方可浇筑混凝土
其他	“技术要求”栏应依据混凝土合同的具体要求填写

表 4-18　　混凝土浇灌申请书（范例）

编号：×××

工程名称	××工程	申请浇灌日期	××年×月×日×时
申请浇灌部位	地上五层①～⑩/Ⓐ～Ⓙ 轴柱	申请方量（m^3）	××
技术要求	坍落度 170 cm，初凝时间 2.3 小时	强度等级	C35
搅拌方式（搅拌站名称）	××混凝土公司	申请人	×××

依据：施工图纸（施工图纸号　结施-3　）、设计变更/洽商（编号/　　）和有关规范、规程。

续表

施工准备检查		专业工长（质量员）签字	备注
1. 隐检情况：☑ 已	□ 未完成检查	×××	
2. 预检情况：☑ 已	□ 未完成预检	×××	
3. 水电预埋情况：☑ 已	□ 未完成并未经检查	×××	
4. 施工组织情况：☑ 已	□ 未完备	×××	
5. 机械设备准备情况：☑ 已	□ 未准备	×××	
6. 保温及有关准备：☑ 已	□ 未准备	×××	

审批意见：

原材料、机械设备及施工人员已就位。

施工方案及技术交底工作已落实。

计量设备已准备完毕。

各种隐预检、水电预埋工作已完成。

审批结论：☑ 同意浇筑　　□ 整改后自行浇筑　　□ 不同意，整改后重新申请

审批人：×××

施工单位名称：××工程公司　　审批日期：××年×月×日

2. 预拌混凝土运输单

预拌混凝土运输单填表说明见表4-19，预拌混凝土运输单（正本）与预拌混凝土运输单（副本）填表范例分别见表4-20、表4-21。

表4-19　预拌混凝土运输单填表说明

项目	主要内容
资料流程	预拌混凝土运输单由预拌混凝土供应单位向施工单位提供
相关规定与要求	预拌混凝土运输单包括工程名称、使用部位、供应方量、配合比、坍落度、出站时间、到场时间和施工单位测定的现场实测坍落度等

表4-20　预拌混凝土运输单（正本）

编号：×××

合同编号	×××			任务单号	×××
供应单位	××混凝土公司			生产日期	××年×月×日
工程名称及施工部位	××工程　地上六层　⑥~⑫/Ⓑ~Ⓖ轴墙体				
委托单位	×××	混凝土强度等级	C30	抗渗等级	/
混凝土输送方式	泵送	其他技术要求	/		
本车供应方量（m^3）	30	要求坍落度（mm）	140～160	实测坍落度（mm）	150

续表

配合比编号	××-0012		配合比比例	C:W:S:G = 1.0:0.49:2.42:3.17			
运距（km）	20	车号	×××	车次	16	司机	×××
出站时间	13:38	到场时间		14:28		现场出罐温度（℃）	20
开始浇筑时间	14:36	完成浇筑时间	现场坍落度（mm）		150		
签字栏	现场验收人	混凝土供应单位质量员			混凝土供应单位签发人		
	×××	×××			×××		

表 4-21　　　　预拌混凝土运输单（副本）

编号：×××

合同编号	×××			任务单号		×××	
供应单位	××混凝土公司			生产日期		××年×月×日	
工程名称及施工部位	××工程　地上六层　⑥～⑫/Ⓑ～Ⓖ轴墙体						
委托单位	×××	混凝土强度等级		C30	抗渗等级		/
混凝土输送方式	泵送	其他技术要求					
本车供应方量（m^3）	30	要求坍落度（mm）		140～160	实测坍落度（mm）		150
配合比编号	××-0012	配合比比例		C:W:S:G = 1.0:0.49:2.42:3.17			
运距（km）	20	车号	×××	车次	16	司机	×××
出站时间	13:38	到场时间		14:28		现场出罐温度（℃）	20
开始浇筑时间	14:36	完成浇筑时间	现场坍落度（mm）		150		
签字栏	现场验收人	混凝土供应单位质量员			混凝土供应单位签发人		
	×××	×××			×××		

3．混凝土开盘鉴定

混凝土开盘鉴定填表说明见表 4-22，填表范例见表 4-23。

表 4-22　　　　混凝土开盘鉴定填表说明

项目	主要内容
资料流程	由施工单位填写
相关规定与要求	采用预拌混凝土的，应对首次使用的混凝土配合比在混凝土出厂前，由混凝土供应单位自行组织相关人员进行开盘鉴定。采用现场搅拌混凝土的，应由施工单位组织监理单位、搅拌机组、混凝土试配单位进行开盘鉴定工作，共同认定试验室签发的混凝土配合比、确定的组成材料是否与现场施工所用材料相符，以及混凝土拌合物性能是否满足设计要求和施工需要
注意事项	表中各项都应根据实际情况填写清楚、齐全，要有明确的鉴定结果和结论，签字齐全
其他	采用现场搅拌混凝土的工程，“混凝土开盘鉴定”由施工单位填写并保存

表 4-23　　　　混凝土开盘鉴定（范例）

编号：×××

工程名称及部位	××工程 三层①～⑤/Ⓐ～Ⓟ 轴框架柱				鉴定编号		××××	
施工单位	××建筑工程公司				搅拌方式		强制式搅拌机	
强度等级	C35				要求坍落度		160～180cm	
配合比编号	××-0682				试配单位		××混凝土公司试验室	
水灰比	0.46				砂率（%）		42	
材料名称	水泥	砂	石	水	外加剂		掺合料	
每 $1m^3$ 用料（kg）	323	773	1 053	180	8.7		91	
调整后每盘用料（kg）	砂含水率		5.4%		石含水率		0.2%	
	646	1 629	2 110	272	17.4	182		

鉴定结果	鉴定项目	混凝土拌合物性能			混凝土试块抗压强度（MPa）	原材料与申请单是否相符
		坍落度	保水性	黏聚性		
	设计	160～180 cm			42.2	相符
	实测	170 cm	良好	良好		

鉴定结论：

同意 C35 混凝土开盘鉴定结果，鉴定合格。

建设（监理）单位	混凝土试配单位负责人	施工单位技术负责人	搅拌机组负责人
×××	×××	×××	×××
鉴定日期	××年×月×日		

4. 混凝土拆模申请单

混凝土拆模申请单填表说明见表 4-24，填表范例见表 4-25。

表 4-24　　　　混凝土拆模申请单填表说明

项目	主要内容
附件收集	混凝土试块抗压强度试验报告
资料流程	由施工单位填写、保存，在拆模前报送监理单位审核
相关规定与要求	在拆除现浇混凝土结构板、梁、悬臂构件等底模和柱墙侧模前，应填写“混凝土拆模申请单”并附同条件混凝土强度等级报告，报项目专业负责人审批后报监理单位审核，通过后方可拆模

☼小技巧

（1）拆模时混凝土强度规定：当设计有要求时，应按设计要求；当设计无要求时，应按现行规范要求。

（2）如结构型式复杂（结构跨度变化较大）或平面不规则，应附拆模平面示意图

表 4-25 混凝土拆模申请单（范例）

编号：×××

<table>
<tr><td>工程名称</td><td colspan="5">××工程</td></tr>
<tr><td>申请
拆模部位</td><td colspan="5">地上二层①～⑨/Ⓐ～Ⓖ顶板梁</td></tr>
<tr><td>混凝土
强度等级</td><td>C25</td><td>混凝土浇筑
完成时间</td><td>××年×月×日</td><td>申请拆模日期</td><td>××年×月×日</td></tr>
<tr><td colspan="6">构件类型
（注：在所选构件类型的□内画“√”）</td></tr>
<tr><td>□ 墙</td><td>□ 柱</td><td>板：
□ 跨度≤2 m
☑ 2 m＜跨度≤8 m
□ 跨度＞8 m</td><td>梁：
☑跨度≤8 m
□跨度＞8 m</td><td>□悬臂构件</td><td></td></tr>
<tr><td colspan="2">拆模时混凝土强度要求</td><td>龄期（d）</td><td>同条件混凝土抗压强度（MPa）</td><td>达到时设计强度要求（%）</td><td>强度报告编号</td></tr>
<tr><td colspan="2">应达到设计强度的 75%
（或____MPa）</td><td>18</td><td>20</td><td>80</td><td>××—018</td></tr>
<tr><td colspan="6">审批意见：

同意该部位混凝土拆模申请。
批准拆模日期：××年×月×日</td></tr>
<tr><td colspan="2">施工单位</td><td colspan="4">××建筑工程公司</td></tr>
<tr><td colspan="2">专业技术负责人</td><td colspan="2">专业质检员</td><td colspan="2">申请人</td></tr>
<tr><td colspan="2">×××</td><td colspan="2">×××</td><td colspan="2">×××</td></tr>
</table>

5. 混凝土搅拌测温记录

混凝土搅拌测温记录填表说明见表 4-26，填表范例见表 4-27。

表 4-26 混凝土搅拌测温记录填表说明

项目	主要内容
资料流程	由施工单位填写并保存，需按时提供给监理单位
相关规定与要求	（1）冬季混凝土施工时，应进行搅拌和养护的测温记录 （2）混凝土冬期施工搅拌测温记录应包括大气温度、原材料温度、出罐温度、入模温度等 （3）混凝土冬施养护测温应先绘制测温点布置图，包括测温点的部位、深度等。测温记录应包括大气温度、各测温孔的实测温度、同一时间测得的各测温孔的平均温度和间隔时间等
注意事项	“备注”栏内应填写“现场搅拌”或“预拌混凝土”

表 4-27　　　　混凝土搅拌测温记录（范例）

编号：×××

工程名称				××工程							
混凝土强度等级				C25			坍落度			80 mm	
水泥品种及强度等级				P·O42.5			搅拌方式			机械	
测温时间				大气温度（℃）	原材料温度（℃）				出罐温度（℃）	入模温度（℃）	备注
年	月	日	时		水泥	砂	石	水			
××	×	×	10	+5	+5	+16	+4	+62	+18	+16	现场搅拌
××	×	×	12	+6	+5	+15	+4	+61	+18	+16	现场搅拌
××	×	×	14	+8	+5	+12	+5	+65	+20	+17	现场搅拌
××	×	×	16	+6					+18	+15	现场搅拌
××	×	×	18	+5					+19	+16	预拌混凝土
××	×	×	20	+2					+17	+15	预拌混凝土
××	×	×	22	0					+18	+16	预拌混凝土
××	×	×	24	-2					+19	+16	预拌混凝土
施工单位				××建筑工程公司							
专业技术负责人					专业质检员					记录人	
×××					×××					×××	

6. 大体积混凝土养护测温记录

大体积混凝土养护测温记录填表说明见表 4-28，填表范例见表 4-29。

表 4-28　　　　大体积混凝土养护测温记录填表说明

项目	主要内容
资料流程	由施工单位填写并保存，需按时提供给监理单位
相关规定与要求	（1）大体积混凝土施工应有对混凝土入模时大气温度、养护温度记录、内外温差记录和裂缝进行检查并记录。 （2）大体积混凝土养护测温应附测温点布置图
注意事项	“大体积混凝土养护测温记录”应真实、及时，严禁弄虚作假

表 4-29　　大体积混凝土养护测温记录表（范例）

编号：×××

工程名称			××工程				施工单位			××建筑工程公司	
测温部位			①~⑤/Ⓐ~Ⓙ 轴		测温方式		隔离测温		养护方法		浇水覆盖
测温时间			大气温度（℃）	入模温度（℃）	孔号	各测温孔温度（℃）	t中－t上（℃）	t中－t下（℃）	T气－t上（℃）	内外最大温差记录（℃）	裂缝宽度（mm）
月	日	时									
×	×	10	29		1#	上 32.5 中 38.5 下 34.5	6	4	−3.5		
×	×	12	30		2#	上 32 中 45.0 下 36.0	13	9	−2		
×	×	14	32		3#	上 33.0 中 45.0 下 40.0	12	5	−1		
×	×	16	30		4#	上 30.0 中 43.0 下 38.0	13	7	0		
						上 中 下					
						上 中 下					

审核意见： 混凝土测温点布置及测温措施控制，各项数据符合设计、规范要求		
施工单位	××建筑工程公司	
专业技术负责人	专业工长	测温员
×××	×××	×××

七、构件吊装记录

构件吊装记录填表说明见表 4-30，填表范例见表 4-31。

表 4-30　　构件吊装记录填表说明

项目	主要内容
附件收集	相关设计要求文件等
资料流程	由施工单位填写并保存

续表

项目	主要内容
相关规定与要求	预制混凝土结构构件、大型钢、木构件吊装应有《构件吊装记录》，吊装记录内容包括构件型号名称、安装位置、外观检查、楼板堵孔、清理、锚固、构件支点的搁置与搭接长度、接头处理、固定方法、标高、垂直偏差等，应符合设计和现行标准、规范要求

表 4-31　　构件吊装记录（范例）

编号：×××

工程名称		××工程					
使用部位		屋面			吊装日期	××年×月×日	
序号	构件名称及编号	安装位置	安装检查				备注
			搁置与搭接尺寸	接头（点）处理	固定方法	标高检查	
1	预应力屋面板 1#	①-③/Ⓐ-Ⓓ	70 mm	焊接混凝土灌缝	焊接	22.80	

结论：

预应力屋面板有出厂合格证，外观、型号数量等各项技术指标符合设计要求及规范规定，构件合格

施工单位	××建筑工程有限公司	
专业技术负责人	专业质检员	记录人
×××	×××	×××

☼小提示

“备注”栏内应填写吊装过程中出现的问题、处理措施及质量情况等。对于重要部位或大型构件的吊装工程，应有专项安全交底。

八、其他施工检查记录

1. 焊接材料烘焙记录

焊接材料烘焙记录填表说明见表 4-32，填表范例见表 4-33。

表 4-32　　焊接材料烘焙记录填表说明

项目	主要内容
资料流程	由施工单位填写并保存
相关规定与要求	按照规范、标准和工艺文件等规定应须进行烘焙的焊接材料应在使用前按要求进行烘焙，并填写《焊接材料烘焙记录》。烘焙记录内容包括烘焙方法、烘干温度、要求烘干时间、实际烘焙时间和保温要求等

表 4-33　　焊接材料烘焙记录（范例）

编号：×××

<table>
<tr><td colspan="2">工程名称</td><td colspan="9">××工程</td></tr>
<tr><td colspan="2">焊材牌号</td><td>E 4311</td><td colspan="2">规格（mm）</td><td colspan="2">3.2×350</td><td colspan="2">焊材厂家</td><td colspan="2">×××</td></tr>
<tr><td colspan="2">钢材材质</td><td>热轧带肋</td><td colspan="2">烘焙方法</td><td colspan="2"></td><td colspan="2">烘焙日期</td><td colspan="2">××年×月×日</td></tr>
<tr><td rowspan="3">序号</td><td rowspan="3">施焊部位</td><td rowspan="3">烘焙数量（kg）</td><td colspan="5">烘焙要求</td><td colspan="2">保温要求</td><td rowspan="3">备注</td></tr>
<tr><td rowspan="2">烘干温度（℃）</td><td rowspan="2">烘干时间（h）</td><td colspan="3">实际烘焙</td><td rowspan="2">降至恒温（℃）</td><td rowspan="2">保温时间（h）</td></tr>
<tr><td>烘焙日期</td><td>从时分</td><td>至时分</td></tr>
<tr><td>1</td><td>首层①～⑥/Ⓐ～Ⓔ柱</td><td>100</td><td>280</td><td>2</td><td>×××</td><td>××</td><td>××</td><td>30</td><td>4</td><td></td></tr>
<tr><td></td><td></td><td></td><td></td><td></td><td></td><td></td><td></td><td></td><td></td><td></td></tr>
<tr><td></td><td></td><td></td><td></td><td></td><td></td><td></td><td></td><td></td><td></td><td></td></tr>
<tr><td></td><td></td><td></td><td></td><td></td><td></td><td></td><td></td><td></td><td></td><td></td></tr>
<tr><td></td><td></td><td></td><td></td><td></td><td></td><td></td><td></td><td></td><td></td><td></td></tr>
<tr><td></td><td></td><td></td><td></td><td></td><td></td><td></td><td></td><td></td><td></td><td></td></tr>
<tr><td></td><td></td><td></td><td></td><td></td><td></td><td></td><td></td><td></td><td></td><td></td></tr>
<tr><td></td><td></td><td></td><td></td><td></td><td></td><td></td><td></td><td></td><td></td><td></td></tr>
<tr><td></td><td></td><td></td><td></td><td></td><td></td><td></td><td></td><td></td><td></td><td></td></tr>
<tr><td></td><td></td><td></td><td></td><td></td><td></td><td></td><td></td><td></td><td></td><td></td></tr>
</table>

说明：

（1）焊条、焊剂等在使用前，应按产品说明书及有关工艺文件规定的技术要求进行烘干

（2）焊接材料烘干后应存放在保温箱内，随用随取，焊条由保温箱（筒）取出到施焊的时间不得超过 2 小时，酸性焊条不宜超过 4 小时。烘干温度 250～300℃

施工单位	××建筑工程公司	
专业技术负责人	专业质检员	记录人
×××	×××	×××

2. 地下工程防水效果检查记录

地下工程防水效果检查记录填表说明见表 4-34，填表范例见表 4-35。

表 4-34　　地下工程防水效果检查记录填表说明

项目	主要内容
附件收集	背水内表面结构工程展开图、相关图片、相片及说明文件等
资料流程	由施工单位填写，报送建设单位和监理单位，各相关单位保存
相关规定与要求	地下工程验收时，应对地下工程有无渗漏现象进行检查，并填写“地下工程防水效果检查记录”，主要检查内容应包括裂缝、渗漏水部位和处理意见等。发现渗漏水现象应制作、标示好背水内表面结构工程展开图
注意事项	“检查方法及内容”栏内按《地下防水工程质量验收规范》（GB 50208—2002）相关内容及技术方案填写

表 4-35　　地下工程防水效果检查记录（范例）

编号：×××

工程名称	××工程		
检查部位	地下室底板、外墙	检查日期	××年×月×日

检查方法及内容：

依据《地下防水工程质量验收规范》（GB 50208—2002）及施工方案，渗漏水水量调查与量测方法执行《地下防水工程质量验收规范》（GB 50208—2002）中第 8.0.8 条及其附录 C，内容包括裂缝、渗漏部位、大小、渗漏情况、处理意见等

检查结果：

经检查：地下室底板、外墙不存在渗漏水现象，施工工艺及观感质量合格，符合设计要求和《地下防水工程质量验收规范》（GB 50205—2002）有关规定

复查意见：

同意检查结果。

复查人：　　　　　　　　　　　　复查日期：

签字栏	建设（监理）单位	施工单位	××建筑工程公司	
		专业技术负责人	专业质检员	专业工长
	××监理公司	×××	×××	×××

3. 防水工程试水检查记录

防水工程试水检查记录填表说明见表 4-36，填表范例见表 4-37。

表 4-36　　防水工程试水检查记录填表说明

项目	主要内容
附件收集	相关的图片、照片及文字说明等
资料流程	由施工单位填写后报送建设单位及监理单位存档

续表

项目	主要内容
相关规定与要求	（1）凡有防水要求的房间应有防水层及装修后的蓄水检查记录。检查内容包括蓄水方式、蓄水时间、蓄水深度、水落口及边缘封堵情况和有无渗漏现象等。 （2）屋面工程完毕后，应对细部构造（屋面天沟、檐沟、檐口、泛水、水落口、变形缝、伸出屋面的管道等）、接缝处和保护层进行雨期观察或淋水、蓄水检查。淋水试验持续时间不得少于 2 小时；做蓄水检查的屋面、蓄水时间不得少于 24 小时

表 4-37　防水工程试水检查记录（范例）

编号：×××

<table>
<tr><td>工程名称</td><td colspan="4">××工程</td></tr>
<tr><td>检查部位</td><td colspan="2">地上三层厕浴间</td><td>检查日期</td><td>××年×月×日</td></tr>
<tr><td rowspan="2">检查方式</td><td>☑ 第一次蓄水</td><td>☐ 第二次蓄水</td><td>蓄水日期</td><td>从××年×月×日 8 时
至××年×月×日 8 时</td></tr>
<tr><td colspan="2">☐ 淋水</td><td colspan="2">☐ 雨期观察</td></tr>
<tr><td colspan="5">检查方法及内容：
厕浴间一次蓄水试验，在门口处用水泥砂浆做挡水墙，地漏周围挡高 5 cm，用球塞（或棉丝）把地漏堵严密且不影响试水，蓄水最浅水位为 20 mm，蓄水时间为 24 小时</td></tr>
<tr><td colspan="5">检查结果：
经检查，厕浴间一次蓄水试验，蓄水最前水位高出地面最高点 20 mm，经 24 h 无渗漏现象，检查合格，符合标准</td></tr>
<tr><td colspan="5">复查意见：
复查人：　　　　　　　　复查日期：</td></tr>
</table>

<table>
<tr><td rowspan="3">签字栏</td><td rowspan="2">建设（监理）单位</td><td>施工单位</td><td colspan="2">××建筑工程公司</td></tr>
<tr><td>专业技术负责人</td><td>专业质检员</td><td>专业工长</td></tr>
<tr><td>××监理公司</td><td>×××</td><td>×××</td><td>×××</td></tr>
</table>

4. 通风（烟）道、垃圾道检查记录

通风（烟）道、垃圾道检查记录填表说明见表 4-38，填表范例见表 4-39。

表 4-38　通风（烟）道、垃圾道检查记录填表说明

项目	主要内容
附件收集	相关的图片、照片及文字说明等
资料流程	由施工单位填写并保存，按监理单位要求报送
相关规定与要求	（1）建筑通风（烟）道应做全数通（抽）风和漏风、串风试验，要求 100%检查，并做好检查记录。 （2）垃圾道应全数检查其是否畅通情况，要求 100%检查，并做好检查记录

表 4-39　　　　　　通风（烟）道、垃圾道检查记录（范例）

编号：×××

工程名称	××工程				检查日期	××年×月×日	
检查部位和检查结果						检查人	复检人
检查部位	主烟（风）道		副烟（风）道		垃圾道		
	烟道	风道	烟道	风道			
Ⓔ~Ⓕ/⑦~⑩	√		√			×××	
Ⓓ~Ⓕ/④~⑥		√		√		×××	
Ⓔ~Ⓕ/④~⑥		√		×		×××	×××
Ⓗ~Ⓙ/①~④	√		√			×××	
Ⓜ~Ⓝ/⑤~⑥		×		√		×××	×××
Ⓘ~Ⓝ/⑦~⑨	√		√			×××	
Ⓔ~Ⓕ/⑩~⑫	×		√	√		×××	×××
Ⓓ~Ⓕ/⑭~⑯		√		√		×××	
Ⓖ~Ⓗ/⑭~⑮		√	√			×××	
Ⓗ~Ⓙ/⑯~⑲	√			√		×××	
Ⓜ~Ⓝ/⑭~⑮		√				×××	
Ⓛ~Ⓝ/⑬~⑪	√		√			×××	

施工单位	××建筑工程公司	
专业技术负责人	专业质检员	专业工长
×××	×××	×××

注：（1）主烟（风）道可先检查，检查部位按轴线记录；副烟（风）道可按户门编号记录

（2）检查合格记（√），不合格记（×）

（3）第一次检查不合格记录（×），复查合格后在（×）后面记录（√）

5. 支护与桩（地）基工程施工记录

支护与桩（地）基工程施工记录填表说明见表 4-40。

表 4-40　　　　　　支护与桩（地）基工程施工记录填表说明

项目		主要内容
要求		由施工单位自行记录或设计表格
说明内容	基坑支护变形监测记录	在基坑开挖和支护结构使用期间，当设计有指标应以设计指标及要求为依据进行过程监测，如设计无要求，应按规范要求规定对重要的支护结构进行监测，保留并做好变形监测记录
	桩基施工记录	（1）桩（地）基施工单位在施工过程中，应按规定做桩施工记录。检查内容主要对包括孔位、孔径、孔深、桩体垂直度、桩顶标高、桩位偏差、桩顶完整性和接桩质量等进行检查并记录 （2）桩基施工记录应由具由有相应资质的专业施工单位负责提供

6. 预应力工程施工记录

预应力工程施工记录填表说明见表 4-41，填表范例见表 4-42、表 4-43。

表 4-41　　　　预应力工程施工记录填表说明

项目	主要内容
资料流程	由施工单位填写，建设单位、施工单位、城建档案馆各保存一份
相关规定与要求	（1）预应力筋张拉记录：应由专业施工人员负责填写。《预应力筋张拉记录（一）》包括预应力施工部位、预应力筋规格、平面示意图、张拉程序、应力记录、伸长量等。《预应力筋张拉记录（二）》对每根预应力筋的张拉实测值进行记录。后张法预应力张拉施工应执行实行见证管理，按规定要求做见证张拉记录 （2）有粘结预应力结构灌浆记录：后张法有粘结预应力筋张拉后应及时灌浆，并做灌浆记录，记录内容包括灌浆孔状况、水泥浆配比状况、灌浆压力、灌浆量，并有灌浆点简图和编号等 （3）预应力张拉原始施工记录应归档保存 （4）预应力工程施工记录应由有相应资质的专业施工单位负责提供

表 4-42　　　　预应力筋张拉记录（一）

编号：×××

工程名称	××工程	张拉日期	××年×月×日
施工部位	预应力 9#屋架	预应力筋规格及抗拉强度	Φ^{S} 1 570N/m^3

156

预应力筋张拉程序及平面示意图：

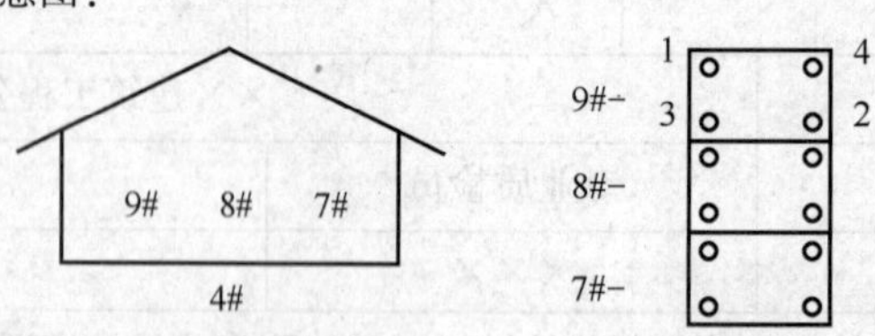

□ 有　　　　☑无附页

张拉端锚具类型		固定端锚具类型	
设计控制应力	305 kN	实际张拉力	308 kN
千斤顶编号	1#（表号 498）	压和表编号	20.1
	2#（表号 457）		20.3
混凝土设计强度	C50	张拉时混凝土实际强度	75 MPa

预应力筋计算伸长值：

$$\varDelta L=\frac{E_p \cdot L}{A_P \cdot E_s}=\frac{308\times 27\,400}{15\times 19.63\times 200}=143\,(\text{mm})$$

预应力筋伸长值范围：136～157 mm

施工单位	××建筑公司	
专业技术负责人	专业质检员	记录人
×××	×××	×××

表 4-43　　　　　　　　　　　　　　　　预应力筋张拉记录（二）

编号：×××

工程名称		××工程			张拉日期	××年×月×日			
施工部位		7#、8#、9#屋架							
张拉顺序编号	计算值	预应力筋张拉伸长实测值（cm）							备注
		一端张拉			另一端张拉			总伸长	
		原长L_1	实长L_2	伸长ΔL	原长L_1'	原长L_2'	伸长$\Delta L'$		
7#1孔	14.2	2.3	13.2	10.9	5.1	8.5	3.4	14.3	
7#2孔	14.2	3.0	13.6	10.6	4.9	8.5	3.6	14.2	
7#3孔	14.2	2.6	13.6	11.0	4.8	8.1	3.3	14.3	
8#4孔	14.2	2.8	14.2	11.4	5.2	8.2	3.0	14.4	
8#1孔	14.3	2.9	13.9	11.0	6.0	9.5	3.5	14.5	
8#2孔	14.3	2.5	13.6	11.1	4.0	7.6	3.6	14.7	
8#3孔	14.3	3.3	14.2	10.8	3.9	7.6	3.6	14.4	
8#4孔	14.3	2.9	14.3	11.4	3.8	6.9	3.1	14.5	
9#1孔	14.4	3.2	14.3	11.1	4.0	7.6	3.6	14.7	
9#2孔	14.4	2.7	13.5	10.8	3.0	6.6	3.6	14.4	
☑有 □无见证		见证单位		××公司			见证人	×××	
施工单位			××建筑工程公司						
施工单位			专业质检员				记录人		
×××			×××				×××		

学习单元二　建筑安装工程施工记录

知识目标

了解建筑安装工程施工记录的填表说明及注意事项。

技能目标

通过本单元的学习，熟悉并掌握建筑安装工程的“填表要求”。

基础知识

一、建筑给排水及采暖工程施工记录

1. 隐蔽工程检查记录

建筑给排水及采暖隐蔽工程检查记录填表说明见表 4-44，填表范例见表 4-45。

表 4-44　建筑给排水及采暖隐蔽工程检查记录填表说明

项目	主要内容
形成流程	隐蔽工程检查记录为通用施工记录，适用于各专业。按规范规定须进行隐检的项目，施工单位应填报《隐蔽工程检查记录》
相关规定与要求	（1）直埋于地下或结构中，暗敷设于沟槽、管井、不进入吊顶内的给水、排水、雨水、采暖、消防管道和相关设备，以及有防水要求的套管：检查管材、管件、阀门、设备的材质与型号、安装位置、标高、坡度；防水套管的定位及尺寸；管道连接作法及质量；附件使用、支架固定，以及是否已按照设计要求及施工规范规定完成强度严密性、冲洗等试验 （2）有绝热、防腐要求的给水、排水、采暖、消防、喷淋管道和相关设备：检查绝热方式、绝热材料的材质与规格、绝热管道与支吊架之间的防结露措施、防腐处理材料及做法等 （3）埋地的采暖、热水管道，在保温层、保护层完成后，所在部位进行回填之前，应进行隐检：检查安装位置、标高、坡度；支架做法；保温层、保护层设置等
其他	《隐蔽工程检查记录》由施工单位填报，建设单位、施工单位、城建档案馆各保存一份

☼小提示

隐蔽工程检查记录的注意事项：

（1）隐检内容依据规程要求将内容填写翔实。

（2）隐检项目和预检项目在实际中有不同界定，办理施工记录时应区分把握（即隐检和预检不用重复办理）。

（3）工程采用施工总承包管理模式的，签字人员应为施工总承包单位的相关人员。

（4）有防水要求的套管的隐蔽工程检查记录应在施工完成后，及时报监理验收；其他项目的隐蔽工程检查记录一般与检验批验收一同向监理报验，作为其附件

表 4-45　隐蔽工程检查记录（范例）

工程名称	××工程		
隐检项目	室内废水水平管安装	隐检日期	××年×月×日
隐检部位	地下一层③～⑩/Ⓑ～Ⓗ轴　轴线-7.000　标高		

隐检依据：施工图图号___设 1___，设计变更/洽商（编号___/___）及有关国家现行标准等。

主要材料名称：承插法兰式柔性接口排水铸铁管

规格/型号：DN150。

续表

工程名称	××工程		
隐检项目	室内废水水平管安装	隐检日期	××年×月×日
隐检部位	地下一层③～⑩/Ⓑ～Ⓗ轴　轴线-7.000　标高		

隐检内容：

（1）管材为承插法兰式柔性接口排水铸铁管，管件为厂家配套产品。

（2）管道安装位置位于③～⑩轴/Ⓑ～Ⓗ 轴，标高-7.000，坡度为 0.01。

（3）管道连接作法为承插法兰式，质量良好；支架固定，间距 2 m。

（4）已按设计要求及施工规范规定完成灌水试验，结果合格。

申报人：×××

检查意见：

经查符合设计要求及《建筑给水排水及采暖工程施工质量验收规范》（GB 50242—2002）规定。

检查结论：　☑同意隐蔽　　□不同意，修改后进行复查

复查结论：

复查人：　　　　复查日期：

<table>
<tr><td rowspan="3">签字栏</td><td rowspan="2">建设（监理）单位</td><td>施工单位</td><td colspan="2">××建筑公司</td></tr>
<tr><td>专业技术负责人</td><td>专业质检员</td><td>专业工长</td></tr>
<tr><td>×××</td><td>×××</td><td>×××</td><td>×××</td></tr>
</table>

2．预检记录

建筑给排水及采暖预检记录填表说明见表 4-46，填表范例见表 4-47。

表 4-46　建筑给排水及采暖预检记录填表说明

项目	主要内容
资料流程	“预检记录”是对施工重要工序进行的预先质量控制检查记录，为通用施工记录，适用于各专业
相关规定与要求	（1）设备基础和预制构件安装：检查设备基础位置、混凝土强度、标高、几何尺寸、预留孔、预埋件等 （2）管道预留孔洞：检查预留孔洞的尺寸、位置、标高等 （3）管道预埋套管（预埋件）：检查预埋套管（预埋件）的规格、型式、尺寸、位置、标高等 （4）机电各系统的明装管道（包括进入吊顶内）、设备安装：检查位置、标高、坡度、材质、防腐、接口方式、支架形式、固定方式等 （5）机电表面器具（包括风口、卫生器具等）：检查位置、标高、规格、型号、外观效果等
注意事项	（1）预检内容依据规程要求将内容填写翔实 （2）预检项目和隐检项目在办理施工记录时应有所区分（即隐检和预检不用重复办理） （3）工程采用施工总承包管理模式的，签字人员应为施工总承包单位的相关人员 （4）请注意示例中的喷洒系统执行《自动喷水灭火系统施工及验收规范》（GB 50261—2005），而包括消火栓系统在内的建筑给水排水及采暖系统的施工质量验收执行《建筑给水排水及采暖工程施工质量验收规范》（GB 50242—2002）

续表

项目	主要内容
注意事项	（5）设备基础和预制构件安装、管道预留孔洞和管道预埋套管（预埋件）等项目的预检记录应在施工完成后，及时报监理验收；其他项目的预检记录一般与检验批验收一同向监理报验，作为其附件
其他	“预检记录”由施工单位填写并保存

表 4-47　　建筑给排水及采暖预检记录（范例）

编号：×××

工程名称	××工程	预检项目	室内喷洒干管安装
预检部位	地下一层③～⑨轴/Ⓓ～Ⓙ 轴	检查日期	××年×月×日

依据：施工图纸（施工图纸号 设 25，设计变更/洽商（编号 P005）和有关规范、规格。

主要材料或设备：镀锌钢管丝扣连接

规格/型号：DN50～DN100

预检内容：

管道明装位于地下一层③～⑨轴/Ⓓ～Ⓙ 轴，标高-6.28，材质与接口为镀锌钢管丝扣连接，外露丝扣已做防腐，支架采用圆钢吊架，间距符合要求

检查意见：

经查符合设计要求及《自动喷水灭火系统施工及验收规范》（GB 50261—2005）规定

复查意见：

复查人：　　　　复查日期：

施工单位	××建筑工程公司	
专业技术负责人	专业质检员	专业工长
×××	×××	×××

3. 交接检查记录

建筑给排水及采暖交接检查记录填表说明见表 4-48，填表范例见表 4-49。

表 4-48　　建筑给排水及采暖交接检查记录填表说明

项目	主要内容
资料流程	不同施工单位之间工程交接，应进行交接检查，填写《交接检查记录》
相关规定与要求	移交单位、接收单位和见证单位共同对移交工程进行验收，并对质量情况、遗留问题、工序要求、注意事项、成品保护等进行记录
注意事项	（1）交接内容、检查结果应将内容填写完整 （2）除依据施工图纸和验收规范以外，双方也可以依据事先达成的约定进行验收 （3）只有交接双方和见证单位全部签字认可后，交接才算完成，再进入后续工作
其他	（1）《交接检查记录》由移交、接收和见证单位各保存一份 （2）见证单位应根据实际检查情况，并汇总移交和接收单位意见形成见证单位意见

表 4-49 建筑给排水及采暖交接检查记录（范例）

编号：×××

<table>
<tr><td>工程名称</td><td colspan="3">××工程</td></tr>
<tr><td>移交单位名称</td><td>×××</td><td>接收单位名称</td><td>×××</td></tr>
<tr><td>交接部位</td><td>生活泵房水泵基础</td><td>检查日期</td><td>××年×月×日</td></tr>
<tr><td colspan="4">交接内容：
设备就位前由安装单位对土建施工的设备基础进行交接。
检查设备基础位置、混凝土强度、标高、几何尺寸、预留孔、预埋件等</td></tr>
<tr><td colspan="4">检查结果：
经查，设备基础混凝土强度等级达到设计强度等级，坐标、标高、螺栓孔位置准确，几何尺寸满足图纸要求，符合《建筑给水排水及采暖工程施工质量验收规范》（GB 50242—2002）规定，满足设备安装条件，同意进行交接</td></tr>
<tr><td colspan="4">复查意见：
复查人： 复查日期：</td></tr>
<tr><td colspan="4">见证单位意见：
符合设计要求及规范规定，同意双方交接后进行下一步工作。
见证单位名称： ××监理公司</td></tr>
<tr><td rowspan="2">签字栏</td><td>移交单位</td><td>接收单位</td><td>见证单位</td></tr>
<tr><td>×××</td><td>×××</td><td>×××</td></tr>
</table>

二、建筑电气工程施工记录

1. 隐蔽工程检查记录

建筑电气工程隐检内容见表 4-50，隐蔽工程检查记录填表说明见表 4-51，填表范例见表 4-52。

表 4-50 建筑电气工程隐检内容

序号	项目	主要内容
1	埋于结构内的各种电线导管	检查导管的品种、规格、位置、弯扁度、弯曲半径、连接、跨接地线、防腐、管盒固定、管口处理、敷设情况、保护层、需焊接部位的焊接质量等
2	利用结构钢筋做的避雷引下线	检查轴线位置、钢筋数量、规格、搭接长度、焊接质量，以及接地极、避雷网、均压环等连接点的焊接情况
3	等电位及均压环暗埋	检查使用材料的品种、规格、安装位置、连接办法、连接质量、保护层厚度等
4	接地极装置埋设	检查接地极的位置、间距、数量、材质、埋深、接地极的连接方法、连接质量、防腐情况等
5	金属门窗、幕墙及避雷引下线的连接	检查连接材料的品种、规格、连接位置和数量、连接方法和质量等
6	不进入吊顶内的电线导管	检查导管的品种、规格、位置、弯扁度、弯曲半径、连接、跨接地线、防腐、需焊接部位的焊接质量、管盒固定、管口处理、固定方法、固定间距等

续表

序号	项目	主要内容
7	不进入吊顶内的线槽	检查材料品种、规格、位置、连接、接地、防腐、固定方法、固定间距及其他管线的位置关系等
8	直埋电缆	检查电缆的品种、规格、埋设方法、埋深、弯曲半径、标桩埋设情况等
9	不进入的电缆沟敷设电缆	检查电缆的品种、规格、弯曲半径、固定方法、固定间距、标识情况等

表 4-51　　建筑电气工程隐蔽工程检查记录填表说明

项目	主要内容
资料流程	隐蔽工程检查记录为通用施工记录，适用于各专业。按规范规定须进行隐检的项目，施工单位应填报《隐蔽工程检查记录》（表 C4-1）或隐蔽工程（随工检查）验收表
相关规定与要求	（1）隐蔽工程项目施工完毕后，施工单位应进行自检，自检合格后，申报建设（监理）单位会同施工单位共同对隐蔽工程项目进行检查验收 （2）主要检查内容包括：应根据隐蔽工程的检查项目和内容认真进行检查，不得落项，隐检内容应根据规范要求填写齐全、明了，检查结果和结论齐全 （3）隐蔽工程检查应及时；自检合格后向监理报验。签验的时限不应与土建进度相矛盾 （4）当检查无问题时，复查意见栏不应填写 （5）编号栏的填写应参照材料、构配件进场检验记录中编号栏的填写要求进行填写，但顺序号填写时应注意，由于隐蔽工程涉及多个分项工程，所以顺序号应根据分项工程的不同，按各检查项目分别从 001 开始连续编号
注意事项	（1）表格中凡需填空的地方，实际已发生的，如实填写；未发生的，则在空白处画斜杠"/" （2）对于选择框，有此项内容，在选择框处画"√"，若无此项内容，可空着，不必画"×" （3）对于隐蔽工程检查记录表不适用的其他重要工序，应按照现行规范要求进行施工质量检查，并填写施工检查记录表（通用）

表 4-52　　建筑电气工程隐蔽工程检查记录（范例）

工程名称	××工程		
隐检项目	硬质 PVC 管暗配	隐蔽日期	××年×月×日
隐检部位	地上三层⑤～⑪/Ⓒ～Ⓗ　轴线　+8.90　标高		

隐检依据：施工图图号＿电-8＿，设计变更/洽商（编号＿/＿）及有关国家现行标准等。

主要材料名称规格/型号：＿硬质 PVC 管　×××＿。

隐检内容：

（1）避雷引线共 26 处，分别利用轴、①、轴、③……处两根Φ25 柱主筋上下对应引上，位置符合电气施工图纸。

（2）柱主筋采用搭接焊接，焊接长度大于钢筋直径的 6 倍，且两面施焊；药皮已清除，无夹渣咬肉现象（柱筋连接采用压力埋弧焊等做法时，可按实填写）。

以上隐检内容已做完，请予以检查。

申报人：×××

续表

<table>
<tr><td>工程名称</td><td colspan="4">××工程</td></tr>
<tr><td>隐检项目</td><td colspan="2">硬质 PVC 管暗配</td><td>隐蔽日期</td><td>××年×月×日</td></tr>
<tr><td>隐检部位</td><td colspan="4">地上三层⑤～⑪/Ⓒ～Ⓗ　轴线　+8.90　标高</td></tr>
<tr><td colspan="5">检查意见：
经检查：避雷引线位置、施工做法柱主筋搭接符合设计要求及《建筑电气工程施工质量验收规范》（GB 50303－2002）规定。
检查结论：　☑同意隐蔽　□不同意，修改后进行复查</td></tr>
<tr><td colspan="5">复查结论：

复查人：　复查日期：</td></tr>
<tr><td rowspan="3">签字栏</td><td rowspan="2">建设（监理）单位</td><td>施工单位</td><td colspan="2">××建筑工程公司</td></tr>
<tr><td>专业技术负责人</td><td>专业质检员</td><td>专业工长</td></tr>
<tr><td>×××</td><td>×××</td><td>×××</td><td>×××</td></tr>
</table>

2. 预检记录

建筑电气工程预检内容见表 4-53，预检记录填表说明见表 4-54，填表范例见表 4-55。

表 4-53　建筑电气工程预检内容

序号	项目	主要内容
1	电气明配管（包括进入吊顶内）	检查导管的品种、规格、位置、连接、弯扁度、弯曲半径、跨接地线、焊接质量、固定、防腐、外观处理等
2	明装线槽、桥架、母线（包括能进入吊顶内）	检查材料的品种、规格、位置、连接、接地、防腐、固定方法、固定间距等
3	明装等电位连接	检查连接导线的品种、规格、连接配件、连接方法等
4	屋顶明装避雷带	检查材料的品种、规格、连接方法、焊接质量、固定、防腐情况等
5	配电装置	检查配电箱、柜基础槽钢的规格、安装位置、水平与垂直度、接地的连接质量；配电箱、柜的水平与垂直度；高低压电源进出口方向、电缆位置等
6	机电表面器具（包括开关、插座、灯具、风口、卫生器具等）	检查位置、标高、规格、型号、外观效果等

表 4-54　建筑电气工程预检记录填表说明

项目	主要内容
资料流程	预检记录是对施工重要工序进行的预先质量控制检查记录，为通用施工记录，适用于各专业
相关规定与要求	（1）预检工程项目施工完毕后，施工单位应由专业技术负责人、工长、质检员共同进行检查。

续表

项目	主要内容
相关规定与要求	（2）主要检查内容包括：应根据预检工程的检查项目和内容认真进行检查，不得落项，预检内容应根据规范要求填写齐全、明了，检查结果和结论齐全 （3）预检工程检查应及时；设备、机电表面器具的安装位置、标高的检查应在抹灰前进行；吊顶或轻钢龙骨墙部位的配管及线槽的检查应在封板前进行 （4）当检查无问题时，复查意见栏不应填写 （5）编号栏的填写应参照隐蔽工程检查记录表编号编写，但表式不同时顺序号应重新编号
注意事项	（1）要求无未了事项：表格中凡需填空的地方，实际已发生的，如实填写；未发生的，则在空白处画斜杠“/” （2）“预检内容”栏应说明的内容： ① 门口的翘板开关因构造柱钢筋密而无法稳装开关盒，其开关要移位，而移位又不符合《建筑电气工程施工质量验收规范》（GB 50303—2002）的规定，在不影响操作方便和电气安全的情况下，可做洽商移位处理，这样的问题在预检内容中说明 ② 暖气炉片进出支管间有电源插座时，其插座距暖气管的距离不符合《建筑电气通用图集》（92DQ8）中要求的上 200 mm、下 300 mm 的规定，应采取技术处理并办理洽商，同时应在预检内容中说明 ③ 照明配电箱按《建筑电气工程施工质量验收规范》（GB 50303—2002）中的要求，底边距地 1.5 m，而有的箱子比较高，超过 1 m，按此标高要求则影响箱子的开启，这种情况下要降低安装高度，并办理洽商，同时在预检内容中应说明 （3）依据现行施工规范，对于涉及工程实体质量、观感及人身安全的重要工序，应做预检 （4）对于《预检工程检查记录表》不适用的其他重要工序，应按照现行规范要求进行施工质量检查，并填写施工检查记录表（通用）

表 4-55　　建筑电气工程预检记录（范例）

编号：×××

工程名称	××大厦	预检项目	避雷带敷设
预检部位	屋顶	检查日期	××年×月×日

依据：

施工图纸（施工图纸号 电施 27 、设计变更/洽商（编号 / ）及有关规范、规程等。

主要材料或设备： 镀锌圆钢

规格/型号： ×× 。

预检内容：

（1）屋面避雷带采用××（规格）镀锌圆钢，符合设计规范要求

（2）搭接长度大于圆钢直径的 6 倍，且两面施焊

（3）焊接处药皮已清除，涂刷防腐漆

（4）避雷带平正顺直，固定点支持件间距均匀、固定可靠

检查意见：

符合设计及规范要求

续表

工程名称	××大厦	预检项目		避雷带敷设
预检部位	屋顶		检查日期	××年×月×日

复查意见：

复查人：　　　　复查日期：

施工单位	××建筑工程公司	
专业技术负责人	专业质检员	专业工长
×××	×××	×××

3. 施工检查记录（通用）

建筑电气工程施工检查记录（通用）填表说明见表4-56，填表范例见表4-57。

表4-56　　建筑电气工程施工检查记录（通用）填表说明

项目	主要内容
资料流程	按照现行规范要求应进行施工检查的重要工序，且无相应施工记录表格的，应填写《施工检查记录（通用）》，施工检查记录（通用）适用于各专业
相关规定与要求	《施工检查记录（通用）》由施工单位填写并保存

表4-57　　建筑电气工程施工检查记录（通用）（范例）

编号：×××

工程名称	××大厦		预检项目	避雷带敷设
检查部位	三层①～⑫/～Ⓟ轴墙体	检查日期		××年×月×日

检查依据：

（1）施工图纸电施08

（2）《建筑电气工程施工质量验收规范》（GB 50303—2002）

检查内容：

（1）电工13人进行管路敷设

（2）质检员检查时发现钢管（SC）有2处漏做跨接地线

检查结论：

基本符合设计图纸要求及《建筑电气工程施工质量验收规范》（GB 50303—2002）的规定。2处漏做跨接地线的应用进行整改

复查意见：

经检查整改已完成

复查人：×××　　　　复查日期：××年×月×日

施工单位	××建筑工程公司	
专业技术负责人	专业质检员	专业工长
×××	×××	×××

4. 交接检查记录

建筑电气工程交接检查记录填表说明见表4-58，填表范例见表4-59。

表 4-58　　　　建筑电气工程交接检查记录填表说明

项目	主要内容
资料流程	分项（分部）工程完成，在不同专业施工单位进行移交，应由移交单位、接收单位和见证单位共同对移交工程进行验收
相关规定与要求	（1）应根据专业交接检查的检查项目和内容认真进行检查，交接内容应根据规范要求填写齐全、明了，检查结果和结论齐全 （2）当检查无问题时，复查意见栏不应填写 （3）编号栏的填写应参照《隐蔽工程检查记录表》编号编写，但表式不同时顺序号应重新编号 （4）见证单位意见：见证单位应根据实际检查情况，并汇总移交和接收单位意见形成见证单位意见
注意事项	见证单位的确定： （1）当在总包管理范围内的分包单位之间移交时，见证单位为总包单位 （2）当在总包单位和其他专业分包单位之间移交时，见证单位应为建设（监理）单位
其他	（1）《交接检查记录》由移交、接收和见证单位各保存一份 （2）见证单位应根据实际检查情况，并汇总移交和接收单位意见形成见证单位意见

表 4-59　　　　建筑电气工程交接检查记录（范例）

编号：×××

工程名称	××大厦		
移交单位名称	××工程公司	接收单位名称	××消防公司
交接部位	整个工程消防系统配管	检查日期	××年×月×日

交接内容：

（1）该工程消防系统配管使用管材的规格、型号。

（2）管路敷设质量情况。

（3）成品保护情况

检查结果：

（1）该工程消防系统配管使用××（型号）、××（规格）钢管，符合施工图纸要求。

（2）管路敷设的位置、敷设的质量符合设计及施工规范要求。

（3）该工程消防系统配管，已全部施工完毕。带线已穿完，管口进行了封堵，无堵塞现象。

复查意见：

复查人：　　　　　　复查日期：

见证单位意见：

同意交接。

见证单位名称：××监理公司

签字栏	移交单位	接收单位	见证单位
	×××	×××	×××

三、通风与空调工程施工记录

1．隐蔽工程检查记录

通风与空调工程隐蔽工程检查记录填表说明见表4-60，填表范例见表4-61。

表4-60　　通风与空调工程隐蔽工程检查记录填表说明

项目	主要内容
资料流程	隐蔽工程检查记录为通用施工记录，适用于各专业。按规范规定须进行隐检的项目，施工单位应填报《隐蔽工程检查记录》
相关规定与要求	通风与空调工程主要隐检项目及内容如下： （1）敷设于竖井内、不进入吊顶内的风道（包括各类附件、部件、设备等）：检查风道的标高、材质，接头、接口严密性，附件、部件安装位置，支架、吊架、托架安装、固定，活动部件是否灵活可靠、方向正确，风道分支、变径处理是否合理，是否符合要求，是否已按照设计要求及施工规范规定完成风管的漏光、漏风检测、空调水管道的强度严密性、冲洗等试验 （2）有绝热、防腐要求的风管、空调水管及设备：检查绝热形式与做法、绝热材料的材质和规格、防腐处理材料及做法。绝热管道与支吊架之间应垫以绝热衬垫或经防腐处理的木衬垫，其厚度应与绝热层厚度相同，表面平整，衬垫接合面的空隙应填实
注意事项	（1）"隐检内容"依据规程要求将内容填写详实 （2）隐检项目和预检项目在规程上已有不同界定，办理施工记录时应区分把握（即隐检和预检不用重复办理） （3）工程采用施工总承包管理模式的，签字人员应为施工总承包单位的相关人员 （4）有防水要求的套管的隐蔽工程检查记录应在施工完成后，及时报监理验收；其他项目的隐蔽工程检查记录一般与检验批验收一同向监理报验，作为其附件
其他	《隐蔽工程检查记录》由施工单位填报，建设单位、施工单位、城建档案馆各保存一份

表4-61　　通风与空调工程隐蔽工程检查记录（范例）

编号：×××

工程名称	××工程		
隐检项目	送排风系统安装	隐检日期	××年×月×日
隐检部位	地下一层　3～15/A～E轴　轴线××　标高		

隐检依据：施工图图号 ××× ，设计变更/洽商（编号 / ）及有关国家现行标准等。

主要材料名称： 镀锌风管

规格/型号： 700×700

隐检内容：

检查风管的标高是否与图纸一致，风管接口严密性，支架、吊架、托架安装固定。

申报人：×××

续表

<table>
<tr><td>工程名称</td><td colspan="4">××工程</td></tr>
<tr><td>隐检项目</td><td colspan="2">送排风系统安装</td><td>隐检日期</td><td>××年×月×日</td></tr>
<tr><td>隐检部位</td><td colspan="4">地下一层　3～15/A～E 轴　轴线××　标高</td></tr>
<tr><td colspan="5">检查意见：
经检查：送排风管道安装符合设计要求及《通风与空调工程施工质量验收规范》（GB 50243—2002）规定。
检查结论：　☑同意隐蔽　□不同意，修改后进行复查</td></tr>
<tr><td colspan="5">复查结论：
复查人：　复查日期：</td></tr>
<tr><td rowspan="3">签字栏</td><td rowspan="2">建设（监理）单位</td><td>施工单位</td><td colspan="2">×××</td></tr>
<tr><td>专业技术负责人</td><td>专业质检员</td><td>专业工长</td></tr>
<tr><td>×××</td><td>×××</td><td>×××</td><td>×××</td></tr>
</table>

2. 预检记录

通风与空调工程预检记录填表说明见表 4-62，填表范例见表 4-63。

表 4-62　通风与空调工程预检记录填表说明

项目	主要内容
资料流程	预检记录是对施工重要工序进行的预先质量控制检查记录，为通用施工记录，适用于各专业
相关规定与要求	预检项目及内容如下： （1）设备基础和预制构件安装：检查设备基础位置、混凝土强度、标高、几何尺寸、预留孔、预埋件等 （2）管道预留孔洞：检查预留孔洞的尺寸、位置、标高等 （3）管道预埋套管（预埋件）：检查预埋套管（预埋件）的规格、型式、尺寸、位置、标高等 （4）机电各系统的明装管道（包括进入吊顶内）、设备安装：检查位置、标高、坡度、材质、防腐、接口方式、支架形式、固定方式等 （5）机电表面器具（包括风口、卫生器具等）：检查位置、标高、规格、型号、外观效果等
注意事项	（1）预检内容依据规程要求将内容填写翔实 （2）预检项目和隐检项目在规程上已有不同界定，办理施工记录时应区分把握（即隐检和预检不用重复办理） （3）工程采用施工总承包管理模式的，签字人员应为施工总承包单位的相关人员 （4）设备基础和预制构件安装、管道预留孔洞和管道预埋套管（预埋件）等项目的预检记录应在施工完成后，及时报监理验收；其他项目的预检记录一般与检验批验收一同向监理报验，作为其附件
其他	"预检记录"由施工单位填写并保存

表 4-63 通风与空调工程预检记录（范例）

编号：×××

<table>
<tr><td>工程名称</td><td>××工程</td><td>预检项目</td><td colspan="2">送排风系统安装</td></tr>
<tr><td>预检部位</td><td>地下一层</td><td>检查日期</td><td colspan="2">××年×月×日</td></tr>
<tr><td colspan="5">依据：施工图纸（施工图纸号 ××× ，设计变更/洽商（编号 / ）和有关规范、规程。
主要材料或设备： 镀锌风管
规格/型号： 700×700 。</td></tr>
<tr><td colspan="5">预检内容：
风管连接时法兰之间用密封垫料填充密实，用螺栓连接。支吊架形式有落地支架、防晃支架、普通支架三种</td></tr>
<tr><td colspan="5">检查意见：
经检查：送排风管道安装符合设计要求及《通风与空调工程施工质量验收规范》（GB 50243—2002）规定</td></tr>
<tr><td colspan="5">复查结论：

复查人： 复查日期：</td></tr>
<tr><td>施工单位</td><td colspan="4">×××</td></tr>
<tr><td>专业技术负责人</td><td colspan="2">专业质检员</td><td colspan="2">专业工长</td></tr>
<tr><td>×××</td><td colspan="2">×××</td><td colspan="2">×××</td></tr>
</table>

3. 交接检查记录

通风与空调工程交接记录检查填表说明见表 5-64，填表范例见表 4-65。

表 4-64 通风与空调工程交接记录检查填表说明

项目	主要内容
资料流程	不同施工单位之间工程交接，应进行交接检查，填写《交接检查记录》
相关规定与要求	移交单位、接收单位和见证单位共同对移交工程进行验收，并对质量情况、遗留问题、工序要求、注意事项、成品保护等进行记录
注意事项	（1）交接内容、检查结果应将内容填写完整 （2）除依据施工图纸和验收规范以外，双方也可以依据事先达成的约定进行验收 （3）只有交接双方和见证单位全部签字认可后，交接才算完成，再进入后续工作
其他	（1）《交接检查记录》由移交、接收和见证单位各保存一份 （2）见证单位应根据实际检查情况，并汇总移交和接收单位意见形成见证单位意见

表 4-65　　通风与空调工程交接检查记录（范例）

编号：×××

<table>
<tr><td>工程名称</td><td colspan="3">××工程</td></tr>
<tr><td>移交单位名称</td><td>×××</td><td>接收单位名称</td><td>×××</td></tr>
<tr><td>交接部位</td><td>风机基础</td><td>检查日期</td><td>××年×月×日</td></tr>
<tr><td colspan="4">交接内容：
依据《通风与空调工程施工质量验收规范》（GB 50243—2002）规定及施工图纸要求，设备就位前对其基础进行验收。内容包括：设备基础混凝土强度等级、坐标、标高、几何尺寸及螺栓孔位置等</td></tr>
<tr><td colspan="4">检查结果：
经检查：设备基础混凝土强度等级达到设计强度等级、坐标、标高、螺栓孔位置准确，几何尺寸偏差满足图纸要求，符合《通风与空调工程施工质量验收规范》（GB 50243—2002）规定验收合格，同意进行设备安装</td></tr>
<tr><td colspan="4">复查意见：

复查人：　　　　复查日期：</td></tr>
<tr><td colspan="4">见证单位意见：
符合设计及《通风与空调工程施工质量验收规范》（GB 50243—2002）规定，同意交接</td></tr>
<tr><td colspan="4">复查意见：　　　　复查人：　　　　复查日期：</td></tr>
<tr><td rowspan="2">签字栏</td><td>移交单位</td><td>接收单位</td><td>见证单位</td></tr>
<tr><td>×××</td><td>×××</td><td>×××</td></tr>
</table>

四、电梯工程施工记录

1. 隐蔽工程检查记录

电梯工程隐蔽工程检查记录填表说明及填表范例参阅本单元第一、第二、第三节其他建筑安装工程施工记录相关内容。

2. 预检记录

电梯工程预检记录填表说明及填表范例参阅本单元第一、第二、第三节其他建筑安装工程施工记录相关内容。

3. 交接检查记录

电梯工程交接检查记录填表说明及填表范例参阅本单元第一、第二、第三节其他建筑安装工程施工记录相关内容。

4. 其他项目检查记录

（1）电梯承重梁、起重吊环埋设隐蔽工程检查记录见表 4-66。

表 4-66　　　　　　电梯承重梁、起重吊环埋设隐蔽工程检查记录

编号：×××

工程名称	××工程	隐检项目	承重梁、起重吊环埋设		
检查部位	电梯机房承重梁	填写日期	××年×月×日		
施工日期	××年×月×日	天气情况	晴	气温（℃）	28

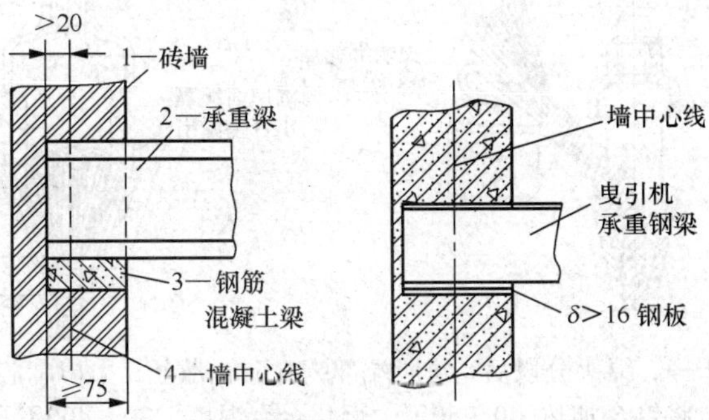

承重梁规格	2 700 mm×280 mm×120 mm	数量	2 根	承重墙类型	现浇	厚度	240 mm
埋设长度	160 mm	过墙中心	40 mm	梁垫规格	20 mm×200 mm×170 mm		
焊接情况	满焊	防腐措施	防锈漆	梁端封固	型钢焊接、混凝土灌注		
起重吊环设计荷载（kg）		3 000 kg		起重吊环材料规格		A3，ϕ24	
混凝土承重梁位置规格		2 620 mm×2 000 mm		吊环与钢筋锚固尺寸		焊接	
A3 圆钢吊环荷载		ϕ16，1.5 t	ϕ20，2.1 t	ϕ22，2.7 t	ϕ24，3.3 t		
检查意见	承重梁两端埋深超过墙体中心 40 mm，埋设长度 160 mm，梁下垫 20 mm 钢板，固定可靠，焊接牢固。 日期：××年×月×日		复查意见	经查：承重梁架设平稳牢固，埋设深度符合规范要求，复查合格。 日期：××年×月×日			
签字栏	建设（监理）单位	安装单位		××电梯设备安装公司			
		专业技术负责人		专业质检员	专业工长		
	×××	×××		×××	×××		

注：本表由施工单位填写，建设单位、施工单位、城建档案馆各保存一份。

（2）电梯钢丝绳头灌注隐蔽工程检查记录见表 4-67。

表 4-67　　　　电梯钢丝绳头灌注隐蔽工程检查记录

编号：×××

工程名称	××工程		隐检项目	钢丝绳头灌注		
操作场地	×××		填写日期	××年×月×日		
操作日期	××年×月×日		天气情况	阴	气温（℃）	28
钢绳用途	曳引	钢绳规格	φ16	锥套数	共 19 个	
隐检内容	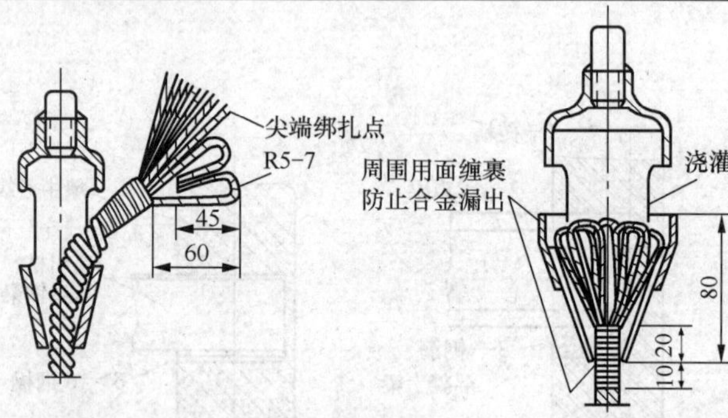 将钢绳清洗干净，绳头分段后，每股端部绑扎防止散丝；去掉麻芯，各绳股向中心弯曲后，拉入锥套内；将锥金加热 40～50℃，熔化合金温度 270～400℃；必须一次与锥套浇平，严禁一个锥套二次浇灌。					
检查意见	监察绳头组合现场制作全过程，完全符合全部要求。 日期：××年×月×日		复查意见	复查合格。 日期：××年×月×日		
签字栏	建设（监理）单位	安装单位		××电梯设备安装公司		
		专业技术负责人		专业质检员	专业工长	
	×××	×××		×××	×××	

注：本表由施工单位填写，建设单位、施工单位、城建档案馆各保存一份。

（3）电梯导轨、层门的支架、螺栓埋设隐蔽工程检查记录见表 4-68。

表 4-68　　　　电梯导轨、层门的支架、螺栓埋设隐蔽工程检查记录

编号：×××

工程名称	××工程	隐检项目	导轨、层门的支架、螺栓埋设		
检查部位	电梯井道内	填写日期	××年×月×日		
施工日期	××年×月×日	天气情况	晴	气温（℃）	28

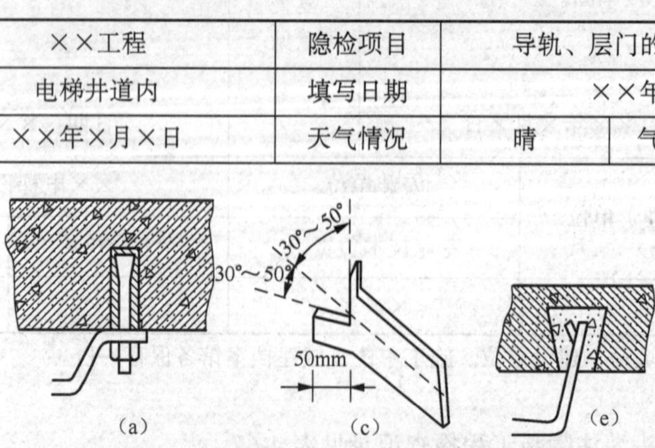

（a）　　（c）　　（e）

续表

工程名称	××工程	隐检项目	导轨、层门的支架、螺栓埋设		
检查部位	电梯井道内	填写日期	××年×月×日		
施工日期	××年×月×日	天气情况	晴	气温（℃）	28

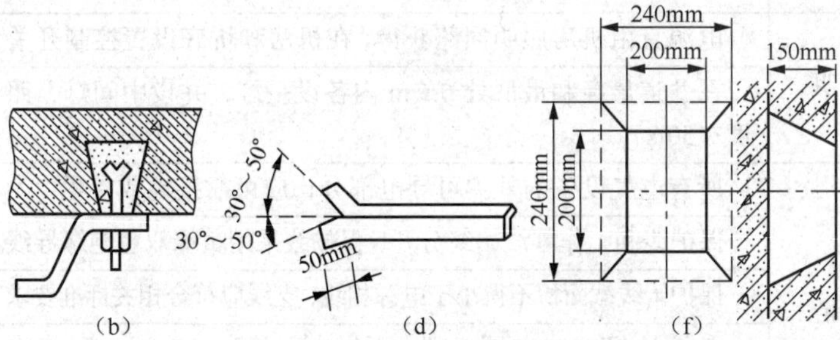

井壁结构	现浇	适用工艺	膨胀螺栓	适应图号	（a）、（b）、（c）、（d）、（e）、（f）
埋铁厚度	δ ≮16mm	螺栓规格	M16×150	型钢规格	/
燕尾夹角	≮60°	埋设深度	≮120 mm	墙洞尺寸	××
清渣冲水	/	混凝土配合比（水泥:砂:豆石）	/	养护（d）	/
检查意见	同意隐蔽 日期：××年×月×日		复查意见	复查合格 日期：××年×月×日	
签字栏	建设（监理）单位	安装单位		××电梯设备安装公司	
		专业技术负责人		专业质检员	专业工长
	×××	×××		×××	×××

注：本表由施工单位填写，建设单位、施工单位、城建档案馆各保存一份。

（4）电梯电气装置安装检查记录见表 4-69～表 4-71。

表 4-69　　　　电梯电气装置安装检查记录（一）

编号：×××

施工名称		××工程	日期	××年×月×日
序号	检验项目	检验内容及其规范标准要求		检查结果
1	主电源开关	位置在机房入口，各台易识别，容量适当，距地面 1.3～1.5 m		合格
		不应切断与电源有关的照明、通风、插座及报警电路		合格
2	机房照明	与电梯电源分开，在机房入口处设开关，地面照明≮200lx		合格
3	轿厢照明和通风电路	电源可由相应的主开关进线侧获得		合格
		在相应主开关近旁设置电源开关进行控制		合格

续表

<table>
<tr><td colspan="2">施工名称</td><td colspan="2">××工程</td><td>日期</td><td>××年×月×日</td></tr>
<tr><td>序号</td><td>检验项目</td><td colspan="3">检验内容及其规范标准要求</td><td>检查结果</td></tr>
<tr><td rowspan="2">4</td><td rowspan="2">轿顶照明及插座</td><td colspan="3">应装设照明装置，或设置安全电压的电源插座</td><td>合格</td></tr>
<tr><td colspan="3">轿顶检修 220 V 电源插座（2P+PE 型）应设明显标志</td><td>合格</td></tr>
<tr><td rowspan="2">5</td><td rowspan="2">井道照明</td><td colspan="3">电源宜由机房照明回路获得，在机房和坑底设置控制开关</td><td>合格</td></tr>
<tr><td colspan="3">在井道最高和最低处 0.5 m 内各设一灯，并设中间灯，照度≮50lx</td><td>合格</td></tr>
<tr><td rowspan="5">6</td><td rowspan="5">接地保护</td><td colspan="3">所有电气设备的外露可导电部分均应可靠接地或接零</td><td>合格</td></tr>
<tr><td colspan="3">保护线和工作零线始终分开，保护线采用黄绿双色绝缘导线</td><td>合格</td></tr>
<tr><td colspan="3">保护干线截面积不得小于电源相线，支线应符合相关标准要求</td><td>合格</td></tr>
<tr><td colspan="3">各接地保护端应易识别，不得串联接地。接地电阻值应≯4Ω</td><td>合格</td></tr>
<tr><td colspan="3">电梯轿厢可利用随行电缆的钢芯或不少于 2 根芯线接地</td><td>合格</td></tr>
<tr><td rowspan="3">7</td><td rowspan="3">控制屏柜</td><td colspan="3">布局合格，固定可靠，基础高出地面 50～100 mm</td><td>高 100mm</td></tr>
<tr><td colspan="3">垂直度偏差≯1.5/1 000</td><td>≯1‰</td></tr>
<tr><td colspan="3">正面距门窗、维修侧距墙≮600 mm，距机械设备≮500 mm</td><td>合格</td></tr>
<tr><td>8</td><td>防护罩壳</td><td colspan="3">在机房内必须防止直接触电，所有外壳防护等级最低为 IP2X</td><td>合格</td></tr>
<tr><td rowspan="2">9</td><td rowspan="2">线路敷设</td><td colspan="3">各台电梯的供电电源应单独敷设或采取隔离措施</td><td>合格</td></tr>
<tr><td colspan="3">机房、井道内应使用金属电线管槽，严禁使用可燃性的管槽</td><td>合格</td></tr>
<tr><td rowspan="3">签字栏</td><td rowspan="2">建设（监理）单位</td><td colspan="2">安装单位</td><td colspan="2">××电梯设备安装公司</td></tr>
<tr><td colspan="2">专业技术负责人</td><td>专业质检员</td><td>专业工长</td></tr>
<tr><td>×××</td><td colspan="2">×××</td><td>×××</td><td>×××</td></tr>
</table>

表 4-70　　电梯电气装置安装检查记录（二）

编号：×××

<table>
<tr><td colspan="2">施工名称</td><td colspan="2">××工程</td><td>日期</td><td>××年×月×日</td></tr>
<tr><td>序号</td><td>检验项目</td><td colspan="3">检验内容及其规范标准要求</td><td>检查结果</td></tr>
<tr><td rowspan="6">10</td><td rowspan="6">电线管槽</td><td>距轿厢、钢绳</td><td colspan="2">机房内≮50 mm，井道内≮20 mm</td><td>合格</td></tr>
<tr><td rowspan="2">水平和垂直偏差</td><td colspan="2">机房内≯2/1 000</td><td>合格</td></tr>
<tr><td colspan="2">井道内≯5/1 000，全长≯50 mm</td><td>合格</td></tr>
<tr><td colspan="3">均应可靠接地或接零，但线槽、软管不得作保护接线使用</td><td>合格</td></tr>
<tr><td colspan="3">轿厢顶部电线应敷设在被固定的金属电线管、槽内</td><td>合格</td></tr>
<tr><td colspan="3" style="display:none"></td><td style="display:none"></td></tr>
<tr><td rowspan="3">11</td><td rowspan="3">电线槽</td><td colspan="3">在机房地面敷设时，其壁厚≮1.5 mm</td><td>合格</td></tr>
<tr><td colspan="3">位置正确，安装牢固，每根线槽不应少于 2 点固定</td><td>合格</td></tr>
<tr><td colspan="3">接口严密，出线口无毛刺，槽盖齐全平整，便于开启</td><td>合格</td></tr>
</table>

续表

施工名称	××工程	日期	××年×月×日
序号	检验项目	检验内容及其规范标准要求	检查结果
12	电线管	应用管卡子固定，间距均匀（符合电气安装标准）	合格
		与线槽、箱、盒连接处应用锁母锁紧，管口装设护口	合格
		暗敷设时，保护层厚度≮15 mm	合格
13	金属软管	用于不易受机械损伤的分支线路，长度≯2 m	合格
		不得损伤和松散，与箱、盒、设备连接处应使用专用接头	合格
		应安装平直牢固，固定点间距均匀且≯1 m	合格
		端头及拐弯处固定距离应≯0.3 m，弯曲半径应≮其外径的4倍	合格
		与管、箱、盒应采用专用接地夹连接，保护线应采用≮4 mm^2 多股铜线	合格
14	轿厢操作盘及显示面板	应与轿壁贴实，洁净无划伤	合格
		按钮触动应灵活无卡阻，信号应清晰正确，无串光现象	合格
15	防腐	附属构架、电线槽、电线管等均应涂防锈漆或镀锌，无遗漏	合格

签字栏	建设（监理）单位	安装单位	××电梯设备安装公司	
		专业技术负责人	专业质检员	专业工长
	×××	×××	×××	×××

表 4-71　　电梯电气装置安装检查记录（三）

编号：×××

施工名称	××工程	日期	××年×月×日
序号	检验项目	检验内容及其规范标准要求	检查结果
16	导线敷设	应使用额定电压不低于500 V的铜芯绝缘导线	合格
		电缆的绝缘或护套表面应有制造厂名、型号和电压的连续标志，标志应字迹清楚，容易辨认且面耐擦	合格
		动力线路与控制线路应隔离敷设，抗干扰线路按产品要求	合格
		电线管、槽内无积水、污垢	
		接线编号齐全清晰。保护线端子、电压220 V以上和端子和主电源断开后仍带电超过50 V的端子应有明显标记	
		出入电线管、槽的电线应有护口或其他保护装置	合格
		电线槽拐弯、导线受力处应加绝缘衬垫、垂直部分应可靠固定	合格
		电线管内导线总截面积≯管内净截面积的40%	合格

续表

<table>
<tr><td>施工名称</td><td colspan="2">××工程</td><td>日期</td><td>××年×月×日</td></tr>
<tr><td>序号</td><td>检验项目</td><td colspan="2">检验内容及其规范标准要求</td><td>检查结果</td></tr>
<tr><td rowspan="6">16</td><td rowspan="6">导线敷设</td><td colspan="2">电线管内导线总截面积≯槽内净截面积的 60%</td><td>合格</td></tr>
<tr><td colspan="2">配线应绑扎整齐，留备用线，其长度与箱、盒内最长的导线相同</td><td>合格</td></tr>
<tr><td colspan="2">线槽内应减少接头，接头冷压端子压接可靠，绝缘良好</td><td>合格</td></tr>
<tr><td colspan="2">全部电线接头、连接端子及连接器应设置于柜、盒内或为此目的而设置的屏上</td><td>合格</td></tr>
<tr><td colspan="2">导线和电缆的保护外皮应完全进入开关和设备的壳体或应进入一个合适的封闭装置中</td><td>合格</td></tr>
<tr><td colspan="2">如果不需使用工具就能将连接件或插接式拔出时，则应保证重新插入时，绝不会插错</td><td>合格</td></tr>
<tr><td>17</td><td>绝缘电阻</td><td colspan="2">导体之间，导体对地之间应＞1 000 Ω/V。动力电路和电气安全装置电路应≮0.5 MΩ；控制回路和照明回路应≮0.25 MΩ</td><td>合格</td></tr>
<tr><td></td><td></td><td colspan="2"></td><td></td></tr>
<tr><td></td><td></td><td colspan="2"></td><td></td></tr>
<tr><td></td><td></td><td colspan="2"></td><td></td></tr>
<tr><td></td><td></td><td colspan="2"></td><td></td></tr>
<tr><td></td><td></td><td colspan="2"></td><td></td></tr>
<tr><td rowspan="3">签字栏</td><td rowspan="2">建设（监理）单位</td><td>安装单位</td><td colspan="2">××电梯设备安装公司</td></tr>
<tr><td>专业技术负责人</td><td>专业质检员</td><td>专业工长</td></tr>
<tr><td>×××</td><td>×××</td><td>×××</td><td>×××</td></tr>
</table>

注：本表由施工单位填写，建设单位、施工单位各存一份。

（5）电梯机房、井道预检记录见表 4-72。

表 4-72　　电梯机房、井道预检记录

编号：×××

<table>
<tr><td>工程名称</td><td colspan="2">××工程</td><td colspan="2">检查日期</td><td>××年×月×日</td></tr>
<tr><td>土建设计图号</td><td colspan="2">×××</td><td colspan="2">电梯厂设计图号</td><td>×××</td></tr>
<tr><td>同机房电梯数</td><td>2 台</td><td>同井道电梯数</td><td>1 台</td><td>楼层数</td><td>18 层</td></tr>
<tr><td>检测内容</td><td>设计要求</td><td>检测数据</td><td colspan="2">偏差数值</td><td>具体部位</td></tr>
<tr><td>机房高度</td><td>2 450 mm</td><td>2 440 mm</td><td colspan="2">−10 mm</td><td>整体低于设计高度</td></tr>
<tr><td>机房宽度</td><td>3 140 mm</td><td>3 120 mm</td><td colspan="2">−20 mm</td><td>整体窄于设计宽度</td></tr>
<tr><td>机房深度</td><td>5 655 mm</td><td>5 640 mm</td><td colspan="2">−15 mm</td><td>整体小于设计深度</td></tr>
<tr><td>地板承重</td><td>R1=6 600 R2=4 800</td><td>安装无误</td><td colspan="2"></td><td></td></tr>
<tr><td>预留孔洞</td><td>250 mm×250 mm</td><td>250 mm×250 mm</td><td colspan="2">± 0</td><td></td></tr>
</table>

续表

<table>
<tr><td>工程名称</td><td colspan="2">××工程</td><td colspan="2">检查日期</td><td>××年×月×日</td></tr>
<tr><td>土建设计图号</td><td colspan="2">×××</td><td colspan="2">电梯厂设计图号</td><td>×××</td></tr>
<tr><td>同机房电梯数</td><td>2台</td><td>同井道电梯数</td><td>1台</td><td>楼层数</td><td>18层</td></tr>
<tr><td>检测内容</td><td>设计要求</td><td>检测数据</td><td colspan="2">偏差数值</td><td>具体部位</td></tr>
<tr><td>吊钩埋设</td><td>2 700 kg</td><td>2 700 kg</td><td colspan="2"></td><td></td></tr>
<tr><td>井道宽度</td><td>2 100 mm</td><td>2 080 mm</td><td colspan="2">−20 mm</td><td>整体</td></tr>
<tr><td>井道深度</td><td>2 220 mm</td><td>2 180 mm</td><td colspan="2">−40 mm</td><td>整体</td></tr>
<tr><td>顶层高度</td><td>5 100 mm</td><td>5 050 mm</td><td colspan="2">−50 mm</td><td>整体</td></tr>
<tr><td>标准层高</td><td>3 350 mm</td><td>3 350 mm</td><td colspan="2">± 0 mm</td><td></td></tr>
<tr><td>底坑深度</td><td>1 550 mm</td><td>1 550 mm</td><td colspan="2">± 0 mm</td><td></td></tr>
<tr><td>井道偏斜</td><td>30 mm</td><td>30 mm</td><td colspan="2">± 0</td><td></td></tr>
<tr><td>混凝土梁间距</td><td>2 200 mm</td><td>2 200 mm</td><td colspan="2">± 0</td><td></td></tr>
<tr><td>埋铁位置</td><td>/</td><td></td><td colspan="2">/</td><td></td></tr>
<tr><td>层门尺寸</td><td>1 100 mm×2 200 mm</td><td>1 100mm×2 200mm</td><td colspan="2">± 0</td><td>厅门</td></tr>
<tr><td>盒洞 召唤开关</td><td>100 mm×240 mm</td><td>150 mm×250 mm</td><td colspan="2">（+50）×（+10 mm）</td><td>厅门外</td></tr>
<tr><td>盒洞 楼层指示</td><td>250 mm×520 mm</td><td>240 mm×550 mm</td><td colspan="2">（−10）×（+30 mm）</td><td>整体</td></tr>
</table>

检查意见：

实测机房井道有偏差，但不影响电梯安装及运行。

<table>
<tr><td>土建单位</td><td colspan="2">××工程公司</td><td>安装单位</td><td>××电梯设备安装公司</td></tr>
<tr><td rowspan="2">签字栏</td><td>土建技术负责人</td><td>专业技术负责人</td><td>专业质检员</td><td>专业工长</td></tr>
<tr><td>×××</td><td>×××</td><td>×××</td><td>×××</td></tr>
</table>

注：本表由施工单位填写并保存。

（6）自动扶梯、自动人行道安装与土建交接预检记录见表 4-73。

表 4-73　　自动扶梯、自动人行道安装与土建交接预检记录

编号：×××

工程名称	××工程	日期	××年×月×日

土建布置图（可复印粘贴）

电梯随机文件中机房、井道布置图

续表

检测项目	设计要求	检测数据	允许偏差（mm）
水平基准线标识	+500 mm	+500 mm	0
机房宽度	3 250 mm	3 220 mm	−30
机房深度	5 650 mm	5 640 mm	−10
支承宽度	160 mm	155 mm	−5
支承长度	160 mm	155 mm	−5
中间支承强度			
支承水平间距			0～15
扶梯提升高度	56 800 mm	56 790 mm	−15～+15
支承预埋铁尺寸	20×200×170	20×200×170	0
提升设备预留措施	250×250ϕ80	250×250ϕ80	0

检查意见：

实测机房、井道有偏差，符合允许偏差范围

土建单位	××工程公司		安装单位	××安装公司
签字栏	土建技术负责人	专业技术负责人	专业质检员	专业工长
	×××	×××	×××	×××

注：本表由施工单位填写并保存。

（7）自动扶梯、自动人行道的相邻区域检查记录见表 4-74。

表 4-74　　自动扶梯、自动人行道的相邻区域检查记录

编号：×××

施工名称		××工程	日期	××年×月×日
序号	检验项目	检验内容及其规范标准要求		检查结果
1	出入口畅通区	其宽度不应小于扶手带中心线之间的距离，纵深尺寸从扶手带转向端起应不小于 2.5 mm；如该区宽度大于扶手带中心间距两倍时，其纵深尺寸可减至 2 m		合格
2	照明	地面处的光照度；室内应不小于 50lx，室外应不小于 15lx		合格
3	防碰挡板	当扶手带中心线与障碍物或自动扶梯、自动人行道的交叉间距小于 0.5 m 时，应在外盖板上方设置无锐利边缘的垂直防碰挡板，其高度应不小于 0.3 m，软连接的链绳自由长度应不小于 75 mm		合格
4	净空高度	梯级、踏板或胶带上空垂直净高度严禁小于 2.3 m		合格
5	防护栏	自动扶梯与楼层地面开口部之间应设置保证安全的栏杆或屏障，其高度严禁小于 1.2 m		合格
6	防护网	当开口与扶梯间距大于 200 mm 时，应设防止物品下落的防护网，网孔密度不能让直径大于ϕ50 的球落下，骨架应用钢材制作。		合格

续表

施工名称	××工程	日期	××年×月×日
序号	检验项目	检验内容及其规范标准要求	检查结果
7	护板	出入口应设置防儿童钻爬的护板，其高度应不小于 1.1 m，与扶手装置及其他设施的间隙应不大于 100 mm。	合格
8	扶手带外缘	与墙壁或障碍物的水平距离不应小于 80 mm，该距离应保持至梯级、踏板或胶带上方不小于 2.1 m 的高度	合格
		相邻平行或交叉设置的自动扶梯，其扶手带外缘间距不应小于 120 mm	合格
9	标志须知	应采用汉字，位置明显，材料经久耐用。内容应符合《自动扶梯和自动人行道的制造与安装安全规范》GB 16899 的规定	合格

签字栏	建设（监理）单位	安装单位	××安装公司	
		专业技术负责人	专业质检员	专业工长
	×××	×××	×××	×××

注：本表由施工单位填写，建设单位、施工单位各存一份。

（8）自动扶梯、自动人行道的电气装置检查记录见表 4-75、表 4-76。

表 4-75　　自动扶梯、自动人行道的电气装置检查记录（一）

编号：×××

施工名称	××工程	日期	××年×月×日
序号	检验项目	检验内容及其规范标准要求	检查结果
1	主开关	装设在驱动主机或控制装置附近，能迅速而容易地操纵，具有稳定的断开和闭合位置，并能保持在断开的位置	合格
		不应切断电源插座或检修照明电路的电源	合格
2	照明电路、开关、插座	各分离机房、驱动和转向站内应设固定的照明和插座	合格
		在金属结构内应常备手提行灯，并配备足够的电源插座	合格
		插座应是 2P+PE 型（2 级+保护线）250 V 或安全电压型式	合格
		P+PE 型（2 级+保护线）250 V 或安全电压型式	合格

续表

施工名称		××工程	日期	××年×月×日
序号	检验项目	检验内容及其规范标准要求		检查结果
2	照明电路、开关、插座	电源应和主机电源分开，或由主开关之前的分支电缆供电。各回路的保护开关应位于主开关近旁，并应有明显的标志		合格
3	防护罩壳	在各分离机房、驱动和转向站内应采用防护等级至少为IP2X的防护罩以防止直接触电		合格
4	接地保护	电气设备金属罩壳均应有易识别的接地端。接地线应分别直接可靠的接至接地端上，不得互相串接后接地。接地电阻值应≯4Ω		合格
		接地保护线应采用黄绿双色绝缘铜芯导线，并应与零线始终分开		合格
		接地干线的截面积不得小于相线；支路采用裸铜线时应≮4 mm²，采用绝缘铜芯导线时应≮1.5 mm²		合格
		金属软管和线槽均应可靠接地或接零，但不得作为保护线使用		合格
5	线路敷设	各台自动扶梯、自动人行道的电源线路应单独敷设或采取隔离措施		合格
		所有管线应采用不延燃型材料，并应有防止机械损伤的措施		合格
		导线敷设总截面积（包括外保护层）不得超过线槽净截面积的60%；不得超过线管净面积的40%		合格
		动力线路与控制线路应隔离敷设，抗干扰线路按产品要求		合格
		配线应绑扎整齐，接线编号应齐全清晰		合格

签字栏	建设（监理）单位	安装单位	××电梯设备安装公司	
		专业技术负责人	专业质检员	专业工长
	×××	×××	×××	×××

表 4-76　自动扶梯、自动人行道的电气装置检查记录（二）

编号：×××

施工名称		××工程	日期	××年×月×日
序号	检验项目	检验内容及其规范标准要求		检查结果
1	金属软管	不得损伤或松散，与箱、盒、设备连接处应使用专用接头		合格
		应安装平直牢固，固定点间距均匀且应≯1m，端头及拐弯处固定距离应≯0.3 m，弯曲半径应≮其外径的4倍		合格
		与管、箱、盒应采用专用接地夹连接，保护线应采用≮4 mm²多股铜线		合格

续表

<table>
<tr><td colspan="2">施工名称</td><td colspan="3">××工程</td><td>日期</td><td>××年×月×日</td></tr>
<tr><td>序号</td><td>检验项目</td><td colspan="4">检验内容及其规范标准要求</td><td>检查结果</td></tr>
<tr><td rowspan="3">2</td><td rowspan="3">导线连接</td><td colspan="4">电缆的绝缘或护套表面有制造厂名、型号和电压的连续标志，标志应字迹清楚，容易辨认且耐擦</td><td>合格</td></tr>
<tr><td colspan="4">保护线端子、电压 220 V 以上的端子和主电源断开后仍带电超过 50 V 的端子应有明显标记</td><td>合格</td></tr>
<tr><td colspan="4">全部导线接头、连接端子及其连接器应设置于柜、箱、盒内；导线和电缆的保护外皮应完全进入开关和设备的壳体内</td><td>合格</td></tr>
<tr><td>3</td><td>绝缘电阻</td><td colspan="4">导体之间、导体对地之间应＞1 000 Ω/V；动力电路和电气安全装置电路应≮0.5 MΩ；其余回路（控制、照明等）应≮0.25 MΩ</td><td>合格</td></tr>
<tr><td></td><td></td><td colspan="4"></td><td></td></tr>
<tr><td></td><td></td><td colspan="4"></td><td></td></tr>
<tr><td></td><td></td><td colspan="4"></td><td></td></tr>
<tr><td></td><td></td><td colspan="4"></td><td></td></tr>
<tr><td rowspan="3">签字栏</td><td rowspan="2">建设（监理）单位</td><td>安装单位</td><td colspan="4">××电梯安装公司</td></tr>
<tr><td>专业技术负责人</td><td colspan="3">专业质检员</td><td>专业工长</td></tr>
<tr><td>×××</td><td>×××</td><td colspan="3">×××</td><td>×××</td></tr>
</table>

注：本表由施工单位填写，建设单位、施工单位各存一份。

（9）自动扶梯、自动人行道整机安装质量检查记录见表 4-77。

表 4-77　　自动扶梯、自动人行道整机安装质量检查记录

编号：×××

施工名称		××工程	日期	××年×月×日
序号	检验项目	检验内容及其规范标准要求		检查结果
1	一般要求	所有外露部件如装饰板、围裙板、扶手支架、扶手导轨、内外盖板，护壁板等应表面完整光滑，其接缝处的凸台不应大于 0.5 mm		合格

续表

施工名称	××工程	日期	××年×月×日

序号	检验项目	检验内容及其规范标准要求	检查结果
2	装饰板（围板）	应有足够的机械强度和刚度，除梯级、踏板或胶带以及扶手带等以外的运动部分均应完全封闭在无孔的围板内（可设通风孔）	合格
3	护壁板（护栏板）	应有足够的强度和刚度，其边缘应呈圆角或倒角状，对接处间隙不应大于 4 mm（玻璃护壁板之间应有间隙）	合格
4	围裙板梯级踏板	应设防夹装置或在梯级踏面两端提供黄色标记	合格
		与梯级或踏板任一侧的水平间隙应≯4 mm，两侧间隙总和应≯7 mm	合格
		与自动人行道踏板或胶带的间隙应≯4 mm，围裙板垂直投影不允许与踏板或胶带产生水平间隙	合格
5	扶手带	截面形状与导向件组合后，不应挤夹手指，开口处与导向件的距离在任何情况均不得超过 8 mm	合格
		导向和张紧应能在正常工作时不会脱离扶手导轨	
6	桁架（机架）	应能承受扶梯满载重量，其最大挠度应符合 GB 16899 中 5.3 的要求（可核查有关证明文件）	
		支承固定可靠，当提升高度大于 5 m 时，应设中间支承或采取其他增强措施。金属结构表面应有防锈措施（可核查隐检记录）	
7	驱动装置	驱动主机运转时不得有杂音、冲击和异常的振动	
		减速器箱体分割面、视孔、端盖处及油管接头均不应有渗油现象。驱动链、扶手驱动链、梯级链应保持良好润滑	
		制动器与制动轮工作表面应保持清洁，动作应灵活可靠	
		飞轮上应有与自动扶梯、自动人行道运行方向相对应的标志。手轮、制动盘等光滑圆形部件，至少应部分漆成黄色	
8	盘车装置	应操作方便、安全、可靠，不允许采用曲柄或多孔手轮	
		手动盘车装置附近应备有使用说明	
9	应设置有效防护装置的部件	轴上的键和螺栓，电动机主轴伸出部分	
		传动齿轮、链轮、传动皮带、链条、外露的限速器	
		须在驱动或转向站内维修的梯级和踏板转向部分	

签字栏	建设（监理）单位	安装单位	××电梯设备安装公司	
		专业技术负责人	专业质检员	专业工长
	×××	×××	×××	×××

注：本表由施工单位填写，建设单位、施工单位各存一份。

学习案例

根据本学习情境所学内容填写下列表格。

<table>
<tr><td>工程名称</td><td colspan="4">××工程</td></tr>
<tr><td>隐检项目</td><td colspan="2">送排风系统安装</td><td>隐检日期</td><td>××年×月×日</td></tr>
<tr><td>隐检部位</td><td colspan="4">地下一层　3～15/A～E 轴　轴线××　标高</td></tr>
<tr><td colspan="5">隐检依据：施工图图号 ××× ，设计变更/洽商（编号 / ）及有关国家现行标准等。
主要材料名称： 镀锌风管
规格/型号： 700×700</td></tr>
<tr><td colspan="5">隐检内容：
检查风管的标高是否与图纸一致，风管接口严密性，支架、吊架、托架安装固定。
申报人：×××</td></tr>
<tr><td colspan="5">检查意见：
经检查：送排风管道安装符合设计要求及《通风与空调工程施工质量验收规范》（GB 50243－2002）规定。
检查结论：　☑同意隐蔽　☐不同意，修改后进行复查</td></tr>
<tr><td colspan="5">复查结论：
复查人：　复查日期：</td></tr>
<tr><td rowspan="3">签字栏</td><td rowspan="2">建设（监理）单位</td><td>施工单位</td><td colspan="2">×××</td></tr>
<tr><td>专业技术负责人</td><td>专业质检员</td><td>专业工长</td></tr>
<tr><td>×××</td><td>×××</td><td>×××</td><td>×××</td></tr>
</table>

知识拓展

土建工程检验批质量合格标准

一、主控项目

1. 主控项目的内容

（1）建筑材料、构配件及建筑设备技术性能与进场复验要求。如水泥、钢材的质量，预制楼板、墙板、门窗等构配件的质量，风机等设备的质量等。

（2）涉及结构安全、使用功能的检测项目。如混凝土、砂浆的强度，钢结构的焊缝强度，管道的压力试验，风管的系统测定与调整，电气的绝缘、接地测试，电梯的安全保护、试运转结果等。

（3）一些重要的允许偏差项目，必须控制在允许偏差限值之内。

2. 主控项目验收要求

主控项目的条文必须达到的要求，是保证工程安全和使用功能的重要检验项目，是对安全、卫生、环境和公众利益起决定性作用的检验项目，是确定该检验批主要性能。主控项目中所有子项必须全部符合各专业验收规范规定的质量指标，方能判定该主控项目质量合格；反之，只要其中某一子项甚至某一抽查样本检验后达不到要求，即可判定该检验批质量为不合格，则该检验批拒收。换言之，主控项目中某一子项甚至某一抽查样本的检查结果若为不合格时，即行使对检查质量的否决权。

二、一般项目

一般项目是指除主控项目以外，对检验批质量有影响的检验项目，当其中缺陷（指超过规定质量指标的缺陷）的数量超过规定比例，或样本的缺陷程度超过规定的限度后，对检验批质量会产生影响。包括的主要内容有：

（1）允许有一定偏差的项目，而放在一般项目中，用数据规定的标准可以有允许偏差范围，并有不到20%的检查点可以超过允许偏差值，但也不能超过允许偏差值的150%。

（2）对于不能确定偏差值而又允许出现一定缺陷的项目，则以缺陷的数量来区分。

（3）其他一些无法定量的而采用定性的项目，如碎拼大理石地面颜色协调、无明显裂缝和坑洼等。

一般项目也是应该达到简要要求的项目，只不过对少数条文而言也不影响工程安全和使用功能，故可以适当放宽一些；有些条文虽不像主控项目那样重要，但对工程安全、使用功能、重点的美观都是有较大影响的。一般项目的合格判定条件：抽查样本的80%及以上（个别项目为90%以上，如混凝土规范中梁、板构件上部纵向受力钢筋保护层厚度等）符合各专业验收规范规定的质量指标，其余样本的缺陷通常不超过规定允许偏差值的1.5倍（个别规范规定为1.2倍，如钢结构验收规范等）。具体应根据各专业验收规范的规定执行。

情境小结

本学习情境主要介绍了两方面的内容：土建施工记录和建筑安装工程施工记录。

土建施工记录介绍了：①隐蔽工程检查记录的填表说明和填表范例，建筑工程施工中主要隐检项目及内容；②预检记录的填表说明和填表范例；③施工检查记录（通用）填表说明和填表范例；④交接检查记录填表说明和填表范例；⑤地基基础检查记录填表说明和填表范例；⑥混凝土检查记录填表说明和填表范例；⑦构件吊装记录填表说明和填表范例；⑧其他施工检查记录。

建筑安装工程施工记录介绍了：①建筑给排水及采暖工程施工记录；②建筑电气工程施工记录；③电梯工程施工记录。

学习检测

一、填空题

1. 土方基槽、房心回填前检查________及________情况等。
2. 细部工程主要隐检项目预埋件或后置埋件和连接件的________、________、________、________等。
3. 地基处理记录有________填写，经各相关单位转签后存档。
4. 预检记录是对施工重要工序进行的________，为通用施工记录，适用于各专业。
5. 通风与空调工程交接检查记录________、________和________共同对移交工程进行验收。

二、单项选择题

1. 下列不属于土建工程隐蔽工程检查记录相关规定与要求的是（　　）。

A. 工程名称、隐检项目、隐检部位及日期必须填写准确

B. 隐检内容应填写规范，必须符合各种规程、规范的要求

C. 隐检依据、主要材料名称及规格型号应准确，尤其对设计变更、洽商等容易遗漏的资料应填写完全

D. 签字应完整，严禁他人代签

2. 依据现行施工规范，对其他涉及公车结构安全、实体质量、建筑观感及人身安全须做质量预控的重要工序，应做质量预控，填写（　　）。

A. 施工检查记录　　B. 预检记录

C. 交接检查记录　　D. 地基基槽检查记录

3. 预检项目的内容不包括（　　）。

A. 模板工程　　B. 管道预留孔洞

C. 地上混凝土结构施工缝　　D. 幕墙工程

E. 管道预埋套管（预埋件）

4.（　　）是根据实际检查情况，并汇总移交单位和接收单位意见形成。

A. 建设单位　　B. 设计单位

C. 见证单位　　D. 监理单位

三、简答题

1. 简述土建工程施工中隐蔽工程检查记录的相关规定与要求。
2. 简述地基验槽检查记录的相关规定与要求、注意事项。
3. 简述混凝土拆模申请单的相关规定与要求。
4. 简述建筑给排水及采暖工程施工中隐蔽工程检查记录的注意事项。
5. 简述建筑电气工程隐蔽工程检查内容。

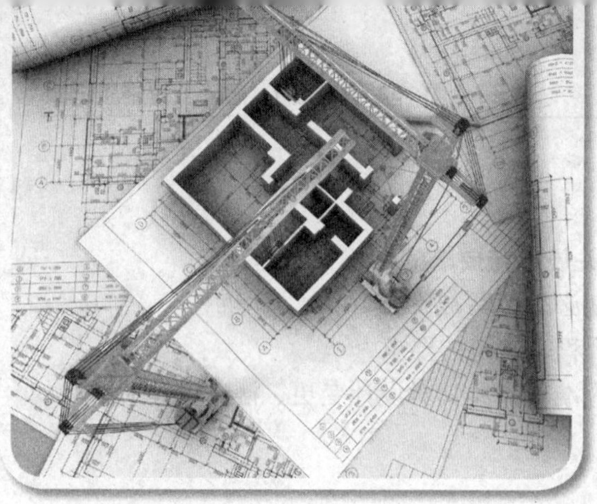

学习情境五

建筑工程施工试验记录和质量验收记录

情境导入

2007年建设的井下公司鄯善火车站四栋职工宿舍年底投运后部分卫生间出现漏水现象，严重影响员工正常生活，员工反应很大。经过现场调查和了解，调查人员发生卫生间漏水的主要原因是施工单位在卫生间施工时，安装管线穿越楼板套管时考虑不足，下料过短，套管高度未伸出地面以上50 mm，员工洗澡时大量污水从管线旁边缝隙中流入楼下，造成楼下顶板漏水、墙皮脱落。

案例导航

上述案例中施工质量的相关问题：工程施工过程中没有做施工试验，没有仔细地对工程进行质量问题方面的检查与验收，造成屋顶漏水与墙面裂缝等问题。施工中监理人员应采用平行、旁站或巡回的方法进行监理，在施工过程中，对施工质量进行察看和测量，并参加施工单位的重要项目检测。

要了解建筑施工的内容，需要掌握相关知识有：

（1）土建工程施工试验记录。

（2）智能建筑工程质量检查验收。

学习单元一　土建工程施工试验记录

知识目标

了解土建工程常用施工试验记录的“填表范例”和“相关规定与要求”。

技能目标

通过本单元的学习，掌握并能够熟练运用常用施工试验的“填表范例”。

基础知识

一、施工试验记录（通用）

施工试验记录（通用）填表说明见表5-1，填表范例见表5-2。

表 5-1　　施工试验记录（通用）填表说明

项目	主要内容
填写单位	由具备相应资质等级的检测单位出具后随相关资料进入资料流程（后续各种专用试验记录与此相同）
相关规定与要求	（1）在完成检验批的过程中，由施工单位试验负责人负责制作施工试验试件，之后送至具备相应检测资质等级的检测单位进行试验 （2）检测单位根据相关标准对送检的试件进行试验后，出具试验报告并将报告返还施工单位 （3）施工单位将施工试验记录作为检验批报验的附件，随检验批资料进入审批程序（后续各种专用试验记录形成流程相同）
注意事项	按照设计要求和规范规定应做施工试验，且本规程无相应施工试验表格的，应填写《施工试验记录（通用）》。采用新技术、新工艺及特殊工艺时，对施工试验方法和试验数据进行记录，应填写施工试验记录（通用）
其他	《施工试验记录（通用）》由建设单位、施工单位各保存一份

表 5-2　　施工试验记录（通用）（范例）

编号：×××

试验编号：×××

委托编号：×××

<table>
<tr><td>工程名称及施工部位</td><td colspan="5">×××工程　×××部位</td></tr>
<tr><td>试验日期</td><td colspan="2">××年×月×日</td><td>规格、材质</td><td colspan="2">×××</td></tr>
<tr><td colspan="6">试验项目：
（根据具体施工试验具体填写）</td></tr>
<tr><td colspan="6">试验项目：
（根据具体施工试验具体填写）</td></tr>
<tr><td colspan="6">结论：</td></tr>
<tr><td>批准</td><td>×××</td><td>审核</td><td>×××</td><td>试验</td><td>×××</td></tr>
<tr><td>试验单位</td><td colspan="5">×××实验室</td></tr>
<tr><td>报告日期</td><td colspan="5">××年×月×日</td></tr>
</table>

二、回填土施工试验记录

回填土施工实验记录填表说明见表 5-3，填表范例见表 5-4、表 5-5。

表 5-3　　　　　　　　回填土施工实验记录填表说明

项目	主要内容
填写单位	由具备相应资质等级的检测单位出具后随相关资料进入资料流程
相关规定与要求	（1）土方工程应测定土的最大干密度和最优含水量，确定最小干密度控制值，由试验单位出具《土工击实试验报告》 （2）应按规范要求绘制回填土取点平面示意图，分段、分层（步）取样做《回填土试验报告》
注意事项	按照设计要求和规范规定应做施工试验，且无相应施工试验表格的，应填写施工试验记录（通用）
	《土工击实试验报告》和《回填土试验报告》由建设单位、施工单位、城建档案馆各保存一份

表 5-4　　　　　　　　土工击实试验报告

编号：×××
试验编号：××-001
委托编号：××-0417

工程名称	××工程　外围基槽回填	试样编号	1
委托单位	××建筑工程公司	试验委托人	×××
结构类型	全现场浇剪力墙	填土部位	①-⑧/Ⓐ-Ⓕ轴基槽
要求压实系数（λ_c）	0.95	土样种类	灰土
来样日期	××年×月×日	试验日期	××年×月×日

试验结果	
	最优含水量(Wo_p)=20.5%
	最大干密度(ρdmax) = 1.73 g/cm³
	控制指标（控制干密度） 最大干密度×要求压实系数 = 1.7 g/cm³

结论：

依据《土工试验方法标准》（GB/T 50123—1999）标准，最佳含水率为 20.6%，最大干密度为 1.72 g/cm³，现将控制指标最小干密度为 1.60 g/cm³。

批准	×××	审核	×××	试验	×××
试验单位	××工程公司试验室				
报告日期	××年×月×日				

注：本表由建设单位、施工单位、城建档案馆各保存一份。

表 5-5　　　　　　　　　　　　　　回填土试验报告

编号：×××

试验编号：××-0013

委托编号：××-01736

工程名称及施工部位	××工程地下二层基槽东侧									
委托单位	××建筑工程公司					试验委托人		×××		
要求压实系数 λ_c						回填土种类		3∶7 灰土		
控制干密度 ρ_d	1.55 g/cm^3					试验日期		××年×月×日		
点号 / 项目 / 步数	1	2								
	实测干密度（g/cm^3）									
	实测压实系数									
1	1.62	1.59								
	0.96	0.97								
2	1.6	1.58								
	0.97	0.98								
3	1.59	1.63								
	0.97	0.95								
4	1.64	1.69								
	0.95	0.92								
5	1.57	1.62								
	0.99	0.96								

取样位置简图（附图）

图（略）

结论：

符合最小干密度及《土工试验方法标准》（GB/T 50123—1999）标准规定

批准	×××	审核	×××	试验	×××
试验单位	××建筑工程公司试验室				
报告日期	××年×月×日				

☼小提示

压实系数指路基经压实后实际到达的干密度与由击实试验得到的试样的最大干密度的比值。压实系数越接近 1，表明压实质量要求越高，而且最大干密度相对应的含水量是最佳含水量，而不是最小含水量。

路堤、路堑和路堤基层应进行压实。压实土基在于提高土体的密实度，降低土体的透水性，减小毛细水的上升高度，以防止积聚和侵蚀而导致土基软化，或因浆胀而引起不均匀变形。

影响土基压实度的内在因素主要是含水量和土的性质，外在因素有压实功能、压实工具以及方法等。

三、钢筋连接试验记录

（1）钢筋电阻点焊必试试验项目：抗拉强度、抗剪强度、弯曲试验。

钢筋电阻点焊组批原则及取样规定：班前焊（工艺性能试验）在工程开工或每批钢筋正式焊接前，应进行现场条件下的焊接性能试验。试验合格后方可正式生产。试件数量及要求如下所述。

① 钢筋焊接骨架。

a. 凡钢筋级别、直径及尺寸相同的焊接骨架应视为同一类制品，且每 200 件为一验收批，一周内不足 200 件的也按一批计。

b. 试件应从成品中切取，当所切取试件的尺寸小于规定的试件尺寸时，或受力钢筋大于 8 mm 时，可在生产过程中焊接试验网片，从中切取试件。

c. 由几种钢筋直径组合的焊接骨架，应对每种组合做力学性能检验；热轧钢筋焊点，应做抗剪试验，试件数量 3 件；冷拔低碳钢丝焊点，应做抗剪试验及对较小的钢筋做拉伸试验，试件数量 3 件。

② 钢筋焊接网。

a. 凡钢筋级别、直径及尺寸相同的焊接骨架应视为同一类制品，每批不应大于 30 t，或每 200 件为一验收批，一周内不足 30 t 或 200 件的也按一批计。

b. 试件应从成品中切取。冷轧带肋钢筋或冷拔低碳钢丝焊点应做拉伸试验，试件数量 1 件，横向试件数量 1 件；冷轧带肋钢筋焊点应做弯曲试验，纵向试件数量 1 件，横向试件数量 1 件；热轧钢筋、冷轧带肋钢筋或冷拔低碳钢丝的焊点应做抗剪试验，试件数量 3 件。

（2）钢筋闪光对焊接头必试试验项目：抗拉强度、弯曲试验。

钢筋闪光对焊接头组批原则及取样规定如下所述。

① 同一台班内由同一焊工完成的 300 个同级别、同直径钢筋焊接接头应作为一批，当同一台班内，可在一周内累计计算；累计仍不足 300 个接头，也按一批计。

② 力学性能试验时，试件应从成品中随机切取 6 个试件，其中 3 个做拉伸试验，3 个做弯曲试验。

③ 焊接等长预应力钢筋（包括螺丝杆与钢筋）可按生产条件做模拟试件。

④ 螺丝端杆接头可只做拉伸试验。

⑤ 若初试结果不符合要求时，可随机再取双倍数量试件进行复试。

⑥ 当模拟试件试验结果不符合要求时，复试应从成品中切取，其数量和要求与初试时相同。

（3）钢筋电弧焊接头必试试验项目：抗拉强度。

钢筋电弧焊接头组批原则及取样规定如下所述。

① 工厂焊接条件下：同钢筋级别 300 个接头为一验收批。

② 在现场安装条件下：每一至二层楼同接头形式、同钢筋级别的接头 300 个为一验收批，不足 300 个接头也按一批计。

③ 试件应从成品中随机切取 3 个接头进行拉伸试验。

④ 装配式结构节点的焊接接头可按生产条件制造模拟试件。

⑤ 当初试结果不符合要求时，应再取 6 个试件进行复试。

（4）钢筋电渣压力焊接头必试试验项目：抗拉强度。

钢筋电渣压力焊接头组批原则及取样规定如下所述。

① 一般构筑物中以 300 个同级别钢筋接头作为一验收批。

② 在现浇钢筋混凝土多层结构中，应以每一楼层或施工区段中 300 个同级别钢筋接头作为一验收批，不足 300 个接头也按一批计。

③ 试件应从成品中随机切取 3 个接头进行拉伸试验。

④ 当初试结果不符合要求时，应再取 6 个试件进行复试。

（5）钢筋气压焊接头必试试验项目：抗拉强度、弯曲试验（梁、板的水平筋连接）。

钢筋气压焊接头组批原则及取样规定：

① 一般构筑物中以 300 个接头作为一验收批。

② 在现浇钢筋混凝土房屋结构巾，同一楼层中应以 300 个头作为一验收批，不足 300 个接头也按一批计。

③ 试件应从成品中随机切取 3 个接头进行拉伸试验；在梁、板的水平钢筋连接中，应另切取 3 个试件做弯曲试验。

④ 当初试结果不符合要求时，应再取 6 个试件进行复试。

（6）预埋件钢筋 T 形接头必试试验项目：抗拉强度。

预埋件钢筋 T 型接头组批原则及取样规定如下所述。

① 预埋件钢筋埋弧压力焊，同类型预埋件一周内累计每 300 件时为一验收批，不足 300 个接头也按一批计，每批随机切取 3 个试件做拉伸试验。

② 当初试结果不符合规定时，再取 6 个试件进行复试。

（7）机械连接包括：锥螺纹连接、套筒挤压接头、镦粗直螺纹钢筋接头、（GB 30204—2002）、（JGJ 107—2010）、（JGJ 108—1996）、（JGJ 109—1996）、（JG/T 3057—1999）的相关规定。

机械连接必试试验项目：抗拉强度。

机械连接组批原则及取样规定如下所述。

① 工艺检验：在正式施工前，按同批钢筋、同种机械连接形式的接头试件不少于 3 根，同时对应截取接头试件的母材，进行抗拉强度试验。

② 现场检验：接头的现场检验按验收批进行，同一施工条件下采用同一批材料的同等级、同形式、同规格的接头每 500 个为一验收批，不足 500 个接头也按一批计，每一验收批必须在工程结构中随机截取 3 个试件做单向拉伸试验。在现场连续检验 10 个验收批，其全部单向拉伸试件一次抽样均合格时，验收批接头数量可扩大一倍。

钢筋连接试验报告填表说明见表 5-6，填表范例见表 5-7。

表 5-6　钢筋连接试验报告填表说明

项目	主要内容
填写单位	由具备相应资质等级的检测单位出具后随相关资料进入资料流程
相关规定与要求	（1）用于焊接、机械连接钢筋的力学性能和工艺性能应符合现行国家标准 （2）正式焊（连）接工程开始前及施工过程中，应对每批进场钢筋，在现场条件下进行工艺检验，工艺检验合格后方可进行焊接或机械连接的施工 （3）钢筋焊接接头或焊接制品、机械连接接头应按焊（连）接类型和验收批的划分进行质量验收并现场取样复试，钢筋连接验收批的划分及取样数量和必试项目见表 5-7 （4）承重结构工程中的钢筋连接接头应按规定实行有见证取样和送检的管理 （5）采用机械连接接头型式施工时，技术提供单位应提交由有相应资质等级的检测机构出具的型式检验报告 （6）焊（连）接工人必须具有有效的岗位证书

续表

项目	主要内容
注意事项	试验报告中应写明工程名称、钢筋级别、接头类型、规格、代表数量、检验形式、试验数据、试验日期以及试验结果
其他	《钢筋连接试验报告》由建设单位、施工单位、城建档案馆各保存一份

表 5-7　　钢筋连接试验报告（范例）

编号：
试验编号：
委托编号：

工程名称及部位	××工程　地下室框架梁				试件编号	007		
委托单位	××建筑工程公司				试验委托人	×××		
接头类型	滚轧直螺纹连接				检验形式	/		
设计要求接头性能等级	A 级				代表数量	300		
连接钢筋种类及牌号	HRB 335	公称直径	20 mm		原材试验编号	××-006		
操作人	×××	来样日期	××年×月×日		试验日期	××年×月×日		
接头试件			母材试件		弯曲试件			备注
公称面积（mm^2）	抗拉强度（Mpa）	断裂特征及位置	实测面积（mm^2）	抗拉强度（Mpa）	弯心直径	角度	结果	
314.2	595	母材拉断	314.2	600				
314.2	600	母材拉断	314.2	595				
314.2	605	母材拉断	/	/				

结论：

根据《钢筋机械连接通用技术规程》（JGJ 107—2003）标准，符合滚轧直螺纹 A 级接头性能

批准	×××	审核	×××	试验	×××
试验单位	××建筑工程公司实验室				
报告日期	××年×月×日				

四、砌筑砂浆施工试验记录

砌筑砂浆施工试验记录填表说明见表 5-8。

表 5-8　　砌筑砂浆施工试验记录填表说明

项目	主要内容
填写单位	由具备相应资质等级的检测单位出具后随相关资料进入资料流程
相关规定与要求	（1）应有《配合比申请单》（见表 5-9）和试验室签发的《配合比通知单》（见表 5-10） （2）应有按规定留置的龄期为 28 天标养试块的《抗压强度试验报告》（见表 5-11） （3）承重结构的砌筑砂浆试块应按规定实行有见证取样和送检 （4）砂浆试块的留置数量及必试项目符合规程要求 （5）应有单位工程《砌筑砂浆试块抗压强度统计、评定记录》（见表 5-12），按同一类型、同一强度等级砂浆为一验收批统计，评定方法及合格标准如下： ① 同一验收批砂浆试块抗压强度平均值必须大于或等于设计强度等级所对应的立方体抗压强度 ② 同一验收批砂浆试块抗压强度的最小一组平均值必须大于或等于设计强度等级所对应的立方体抗压强度的 0.75 倍

表 5-9　　砂浆配合比申请单

编号：×××

委托编号：××-01370

工程名称	××工程				
委托单位	××建筑工程公司			试验委托人	×××
砂浆种类	混合砂浆			强度等级	M5
水泥品种	P·O 32.5			厂别	××水泥厂
水泥进场日期	××年×月×日			试验编号	××C-012
砂产地	×××	粗细级别	中砂	试验编号	××S-016
掺合料种类	白灰膏		外加剂种类		/
申请日期	××年×月×日		要求使用日期		××年×月×日

表 5-10　　砂浆配合比通知单

配合比编号：××-0082

试配编号：×××

强度等级	M5	试验日期		××年×月×日	
配合比					
材料名称	水泥	砂	白灰膏	掺合料	外加剂
每立方米用量（kg/m³）	238	1 571	95		
比例	1	6.6	0.4		
注：砂浆稠度 70～100 mm，白灰膏稠度为 120 mm ± 5 mm					
批准	×××	审核	×××	试验	×××
试验单位	××建筑工程公司试验室				
报告日期	××年×月×日				

注：本表由施工单位保存。

表 5-11　　　　　　砂浆抗压强度试验报告

编号：×××

试验编号：××-0039

委托编号：××-01375

工程名称及部位	××工程　地上五层①～⑧/Ⓐ～Ⓔ轴砌体			试件编号	××-007
委托单位	×××			试验委托人	×××
砂浆种类	水泥混合砂浆	强度等级	M10	稠度	70 mm
水泥品种及强度等级	P·O 32.5			试验编号	××-0017
矿产地及种类	×××　中砂			试验编号	××-0012
掺合料种类	/			外加剂种类	/
配合比编号	××-0206				

试件成型日期	××年×月×日	要求龄期	28 天	要求试验日期	××年×月×日
养护方法	标准	试件收到日期	××年×月×日	试件制作人	×××

	试压日期	实际龄期（d）	试件边长（mm）	受压面积（mm^2）	荷载（kN）单块	荷载（kN）平均	抗压强度（MPa）	达设计强度等级（%）
试验结果	××年×月×日	28	70.7	5 000	54.6	62.7	12.5	125
					56.3			
					69.8			
					65.5			
					60.7			
					69.4			

结论：

合格

批准	×××	审核	×××	试验	×××
试验单位	××实验室				
报告日期	××年×月×日				

注：本表由建设单位、施工单位各存一份。

表 5-12　　　　　　砌筑砂浆试块抗压强度统计、评定记录

编号：×××

工程名称	××工程	强度等级	M7.5
施工单位	××建筑工程公司	养护方法	标养
统计期	××年×月×日至××年×月×日	结构部位	主体围护墙

试块组数 n	强度标准值 $f2$(MPa)	平均值 $f2$ m(MPa)	最小值 $f2$ min(MPa)	$0.75f2$
8	7.5	11.46	9.1	5.63

每组强度值（MPa）									
12.6	10.6	9.8	10.6	14.6	11	9.1	13.4		

续表

工程名称	××工程		强度等级	M7.5
施工单位	××建筑工程公司		养护方法	标养
统计期	××年×月×日至××年×月×日		结构部位	主体围护墙
试块组数 n	强度标准值 $f2$(MPa)	平均值 $f2$ m(MPa)	最小值 $f2$ min(MPa)	$0.75f2$
8	7.5	11.46	9.1	5.63
判定式	$f2$，m≥$f2$		$f2$，min≥0.75$f2$	
结果	11.46＞7.5		9.1＞5.63	

结论：

依据《砌体工程施工质量验收规范》（GB 50203—2002）第 4.0.12 条标准评定为合格

批准	审核	统计
×××	×××	×××
报告日期	××年×月×日	

注：本表由建设单位、施工单位、城建档案馆各保存一份

五、混凝土施工试验记录

混凝土施工试验记录填表说明见表 5-13。

表 5-13　混凝土施工试验记录填表说明

项目	主要内容
填写单位	试验报告由具备相应资质等级的检测单位出具后随相关资料进入资料流程。混凝土试块强度统计、评定记录由施工单位填写并报送建设单位、监理单位备案
相关规定与要求	（1）现场搅拌混凝土应有《配合比申请单》（见表 5-14）和《配合比通知单》（见表 5-15），预拌混凝土应有试验室签发的配合比通知单 （2）应有按规定留置龄期为 28 天标养试块和相应数量同条件养护试块的《抗压强度试验报告》（见表 5-16），冬施还应有受冻临界强度试块和转常温试块的抗压强度试验报告 （3）抗渗混凝土、特种混凝土除应具备上述资料外应有《专项试验报告》（见表 5-17） （4）应有单位工程《混凝土试块抗压强度统计、评定记录》（见表 5-18），统计、评定方法及合格标准应符合规范要求 （5）抗压强度试块、抗渗性能试块的留置数量及必试项目应符合规范要求 （6）承重结构的混凝土抗压强度试块，应按规定实行有见证取样和送检

续表

项目	主要内容
相关规定与要求	（7）结构由不合格批混凝土组成的，或未按规定留置试块的，应有结构处理的相关资料；需要检测的，应有相应资质检测机构检测报告，并有设计单位出具的认可文件 （8）潮湿环境、直接与水接触的混凝土工程和外部有供碱环境并处于潮湿环境的混凝土工程，应预防混凝土碱集料反应，并按有关规定执行，有相关检测报告
注意事项	各项相关表格必须按规定填写，严禁弄虚作假

表 5-14　　混凝土配合比申请单

编号：×××

委托编号：××-01560

工程名称及部位	××工程　地上四层①～⑤/Ⓐ～Ⓟ轴框架柱				
委托单位	××建筑工程公司			试验委托人	×××
设计强度等级	C35			要求坍落度、扩展度	160～180 mm
其他技术要求	/				
搅拌方法	机械	浇捣方法	机械	养护方法	标养
水泥品种及强度等级	P·O 42.5R	厂别牌号	×××××	试验编号	××C-043
砂产地及种类	×××　中砂			试验编号	××S-015
石子产地及种类	×××　碎石	最大粒径	25 mm	试验编号	××G-017
外加剂名称	PHF-3　泵送剂			试验编号	××D-024
掺合料名称	Ⅱ级粉煤灰			试验编号	××F-029
申请日期	××年×月×日	使用日期	××年×月×日	联系电话	××××××

表 5-15　　混凝土配合比通知单

配合比编号：××-0082

试配编号：×××

强度等级	C35	水胶比	0.43	水灰比	0.46	砂率	42%
项目 \ 材料名称	水泥	水	砂	石	外加剂	掺合料	其他
每 m^3 用量（kg/m^3）	320	189	773	1 053	8.7	91	
每盘用量（kg）	1.00	0.56	2.39	3.26	0.03	0.28	
混凝土碱含量（kg/m^3）	注：此栏只有在有关规定及要求需要填写时才填写						

续表

<table>
<tr><td colspan="3">说明：本配合比所使用材料均为干材料，使用单位应根据材料含水情况随时调整</td></tr>
<tr><td>批准</td><td>审核</td><td>试验</td></tr>
<tr><td>×××</td><td>×××</td><td>×××</td></tr>
<tr><td>报告日期</td><td colspan="2">××年×月×日</td></tr>
</table>

注：本表由施工单位保存。

表 5-16　　　　　混凝土抗压强度试验报告

编号：×××

试验编号：××-0017

委托编号：××-02450

<table>
<tr><td colspan="2">工程名称及部位</td><td colspan="5">××工程　三层框架柱</td><td colspan="2">试件编号</td><td colspan="2">××-003</td></tr>
<tr><td colspan="2">委托单位</td><td colspan="5">××建筑工程公司</td><td colspan="2">试验委托人</td><td colspan="2">×××</td></tr>
<tr><td colspan="2">设计强度等级</td><td colspan="5">C30，P8</td><td colspan="2">实测坍落度、扩展度</td><td colspan="2">160 mm</td></tr>
<tr><td colspan="2">水泥品种及强度等级</td><td colspan="5">P·O 42.5</td><td colspan="2">试验编号</td><td colspan="2">××C-022</td></tr>
<tr><td colspan="2">砂种类</td><td colspan="5">中砂</td><td colspan="2">试验编号</td><td colspan="2">××S-011</td></tr>
<tr><td colspan="2">石种类、公称直径</td><td colspan="5">碎石　5～10 mm</td><td colspan="2">试验编号</td><td colspan="2">××G-013</td></tr>
<tr><td colspan="2">外加剂名称</td><td colspan="5">UEA</td><td colspan="2">试验编号</td><td colspan="2">××D-017</td></tr>
<tr><td colspan="2">掺合料名称</td><td colspan="5">Ⅱ级粉煤灰</td><td colspan="2">试验编号</td><td colspan="2">××F-009</td></tr>
<tr><td colspan="2">配合比编号</td><td colspan="9">××-22</td></tr>
<tr><td colspan="2">成型日期</td><td>××年×月×日</td><td colspan="2">要求龄期</td><td colspan="2">26 天</td><td colspan="2">要求试验日期</td><td colspan="2">××年×月×日</td></tr>
<tr><td colspan="2">养护方法</td><td>标养</td><td colspan="2">收到日期</td><td colspan="2">××年×月×日</td><td colspan="2">试块制作人</td><td colspan="2">×××</td></tr>
<tr><td rowspan="5">试验结果</td><td rowspan="2">试验日期</td><td rowspan="2">实际龄期（天）</td><td rowspan="2">试件边长（mm）</td><td rowspan="2">受压面积（mm²）</td><td colspan="2">荷载（kN）</td><td rowspan="2">平均抗压强度（MPa）</td><td rowspan="2">折合 150 mm 立方体抗压强度（MPa）</td><td colspan="2" rowspan="2">达到设计强度等级（%）</td></tr>
<tr><td>单块值</td><td>平均值</td></tr>
<tr><td rowspan="3">××年×月×日</td><td rowspan="3">26</td><td rowspan="3">100</td><td rowspan="3">10 000</td><td>460</td><td rowspan="3">463</td><td rowspan="3">46.3</td><td rowspan="3">44</td><td colspan="2" rowspan="3">147</td></tr>
<tr><td>450</td></tr>
<tr><td>480</td></tr>
</table>

结论：

<table>
<tr><td>批准</td><td>×××</td><td>审核</td><td>×××</td><td>试验</td><td>×××</td></tr>
<tr><td>试验单位</td><td colspan="5">××工程公司试验室</td></tr>
<tr><td>报告日期</td><td colspan="5">××年×月×日</td></tr>
</table>

注：本表由建设单位、施工单位各存一份。

表 5-17 **混凝土抗渗试验报告**

编号：×××
试验编号：××-008
委托编号：××-0245

工程名称及部位	××工程　基础底板			试件编号	××-003
委托单位	××建筑工程公司			委托试验人	×××
抗渗等级	P8			配合比编号	××-22
强度等级	C30	养护条件	标养	收样日期	××年×月×日
成型日期	××年×月×日	龄期	33 天	试验日期	××年×月×日
试验情况： 由 0.1 MPa 顺序加压至 0.9 MPa，保持 8 小时，试件表面无渗水，试验结果：>P8					
结论： 根据《普通混凝土长期性能和耐久性能试验方法》（GBJ 82—2009）标准，符合 P8 设计要求					
批准	×××	审核	×××	试验	×××
试验单位	××工程公司实验室				
报告日期	××年×月×日				

注：本表由建设单位、施工单位、城建档案馆各保存一份。

表 5-18 **混凝土试块抗压强度统计、评定记录**

编号：×××

工程名称	××工程	强度等级	C30
施工单位	××建筑工程公司	养护方法	标养
统计期	××年×月×日至××年×月×日	结构部位	主体 1～5 层墙柱

试块组数 n	强度标准值 $f_{cu,k}$（MPa）	平均值 mf_{cu}（MPa）	标准值 sf_{cu}（MPa）	最小值 f_{cu}，min（MPa）	合格判定系数 $\lambda1$	合格判定系数 $\lambda2$
13	30	46.52	8.84	36.1	1.70	0.90

每组强度值 MPa									
50.4	36.1	40.8	39.4	58	37.7	36.8	57.3	56.7	51.6
57.5	42.5	39.9							

评定界限	☑ 统计方法（二）			□ 非统计方法	
	$0.90f_{cu,k}$	$mf_{cu}-\lambda_1\times Sf_{cu}$	$\lambda2\times f_{cu,k}$	$1.15f_{cu,k}$	$0.95f_{cu,k}$
	27	31.49	27		
判定式	$mf_{cu}-\lambda_1\times Sf_{cu}\geqslant 0.950f_{cu,k}$		f_{cu}，min$\geqslant\lambda2\times f_{cu,k}$	$f_{cu}\geqslant 1.15f_{cu,k}$	$f_{cu}\geqslant 0.95f_{cu,k}$
结果	31.49 > 27		36.1 > 27		

续表

结论： 该批混凝土符合《混凝土强度检验与评定标准》（GBJ 107—2010）验评标准，评定为合格		
批准	审核	统计
×××	×××	×××
报告日期	××年×月×日	

注：本表由建设单位、施工单位、城建档案馆各存一份。

六、支护工程施工试验记录

支护工程施工试验记录填表说明见表5-19。

表5-19　支护工程施工试验记录填表说明

项目	主要内容
填写单位	由相关检测单位提供，试验报告由具备相应资质等级的检测单位出具后随相关资料进入资料流程
相关规定与要求	锚杆应按设计要求进行现场抽样试验，有《锁定力（抗拔力）试验报告》；支护工程使用的混凝土，应有《混凝土配合比通知单》和《混凝土强度试验报告》；有抗渗要求的还应有《抗渗试验报告》；支护工程使用的砂浆，应有《砂浆配合比通知单》和《砂浆强度试验报告》

七、桩基（地基）工程施工试验记录

桩基（地基）工程施工试验记录填表说明见表5-20。

表5-20　桩基（地基）工程施工试验记录填表说明

项目	主要内容
填写单位	试验报告由具备相应资质等级的检测单位出具后随相关资料进入资料流程
相关规定与要求	地基应按设计要求进行承载力检验，有《承载力检验报告》；桩基应按照设计要求和相关规范、标准规定进行承载力和桩体质量检测，有相应资质等级检测单位检测报告：桩基（地基）工程使用的混凝土，应有《混凝土配合比通知单》和《混凝土强度试验报告》；有抗渗要求的还应有《抗渗试验报告》

八、预应力工程施工试验记录

预应力工程施工试验记录填表说明见表5-21。

表5-21　预应力工程施工试验记录填表说明

项目	主要内容
填写单位	试验报告由具备相应资质等级的检测单位出具后随相关资料进入资料流程
相关规定与要求	（1）预应力工程用混凝土应按规范要求留置标养、同条件试块，有相应抗压强度试验报告 （2）后张法有粘结预应力工程灌浆用水泥浆应有性能试验报告

☼小提示

桩基是由桩和连接桩顶的桩承台（简称承台）组成的深基础，简称桩基。桩基具有承载力高、沉降量小而较均匀的特点，几乎可以应用于各种工程地质条件和各种类型的工程，尤其是使用与建筑在软弱地基上的重性建（构）筑物。因此，在沿海以及软土地区，桩基应用比较广泛。

桩基种类繁多，施工工艺差异大，加之地层变化复杂，施工过程中可能会使桩身出现缩径、扩径、夹泥、离析、断桩等缺陷，当然施工后有机构开挖，碰撞也会引起浅部桩身缺陷。桩身缺陷的存在会改变基桩的正常工作性能和状况，从而对基础产生潜在危险。通过验收检测评价桩身完整性是保证基础安全的必然。大量的实践证明基桩的应变动力试验技术是判断桩身完整性十分有效的手段（方便、快捷、经济及测试数量大）。

九、木结构工程施工试验记录

木结构工程施工试验记录填表说明见表5-22。

表5-22　木结构工程施工试验记录填表说明

项目	主要内容
填写单位	试验报告由具备相应资质等级的检测单位出具后随相关资料进入资料流程
相关规定与要求	（1）胶合木工程的层板胶缝应有脱胶试验报告、胶缝抗剪试验报告和层板接长弯曲强度试验报告 （2）轻型木结构工程的木基结构板材应有力学性能试验报告 （3）木构件防护剂的保持量和透入度应有试验报告

十、幕墙工程施工试验记录

幕墙工程施工试验记录填表说明见表5-23。

表5-23　幕墙工程施工试验记录填表说明

项目	主要内容
填写单位	试验报告由具备相应资质等级的检测单位出具后随相关资料进入资料流程
相关规定与要求	（1）幕墙用双组分硅酮结构胶应有混匀性及拉断试验报告 （2）后置埋件应有《现场拉拔试验报告》

十一、建筑装饰装修工程施工试验记录

建筑装饰装修工程施工试验记录填表说明见表5-24，饰面砖粘结强度试验报告见表5-25。

表5-24　建筑装饰装修工程施工试验记录填表说明

项目	主要内容
填写单位	试验报告由具备相应资质等级的检测单位出具后随相关资料进入资料流程
相关规定与要求	（1）地面回填应有《土工击实试验报告》和《回填土试验报告》 （2）装饰装修工程使用的砂浆和混凝土应有配合比通知单和强度试验报告；有抗渗要求的还应有《抗渗试验报告》

续表

项目	主要内容
相关规定与要求	（3）外墙饰面砖粘贴前和施工过程中，应在相同基层上做样板件，并对样板件的饰面砖黏结强度进行检验，有《饰面砖黏结强度检验报告》，检验方法和结果判定应符合相关标准规定 （4）后置埋件应有《现场拉拔试验报告》

表 5-25　　饰面砖黏结强度试验报告

编号：×××

试验编号：××-0008

委托编号：××-00185

工程名称	×××工程			试验编号	××-001
委托单位	×××供电局			试验委托人	×××
饰面砖品种及牌号	彩色釉面陶瓷墙砖　××牌			粘贴层次	
饰面砖生产厂及规格	×××厂 100mm×100mm			粘贴面积（mm^2）	300
基本材料		黏结材料	砂浆	黏结剂	/
抽样部位	二层东侧外墙	龄期（天）	28	施工日期	××年×月×日
检验类型		环境温度（℃）	19	试验日期	××年×月×日
仪器及编号	×××				

序号	试件尺寸（mm）		受力面积（mm^2）	拉力（kN）	粘结强度（Mpa）	破坏状态（序号）	平均强度（Mpa）
	长	宽					
1	100	100	1 000	50	4.9		
2	100	100	1 000	50	5.3		5.10
3	100	100	1 000	50	5.1		

结论：

依据《建筑工程饰面砖黏结强度检验标准》（JGJ 110—1997）标准，符合饰面砖黏结强度要求

批准	×××	审核	×××	试验	×××
试验单位	××工程公司实验室				
报告日期	××年×月×日				

十二、钢结构工程施工试验记录

钢结构工程施工试验记录填表说明见表 5-26。

表 5-26　　钢结构工程施工试验记录填表说明

项目	主要内容
填写单位	试验报告由具备相应资质等级的检测单位出具后随相关资料进入资料流程
相关规定与要求	（1）高强度螺栓连接应有摩擦面抗滑移系数检验报告及复试报告，并实行有见证取样和送检 （2）施工首次使用的钢材、焊接材料、焊接方法、焊后热处理等应进行焊接工艺评定，有焊接工艺评定报告 （3）设计要求的一、二级焊缝应做缺陷检验，由有相应资质等级的检测单位出具超声波、射线探伤检验报告或磁粉探伤报告。《超声波探伤报告》（见表 5-27）、《超声波探伤记录》（见表 5-28）、《钢构件射线探伤报告》（见表 5-29） （4）建筑安全等级为一级、跨度 40 m 及以上的公共建筑钢网架结构，且设计有要求的，应对其焊（螺栓）球节点进行节点承载力试验，并实行有见证取样和送检 （5）钢结构工程所使用的防腐、防火涂料应做涂层厚度检测，其中防火涂层应有相应资质的检测单位检测报告 （6）焊（连）接工人必须持有效的岗位证书

表 5-27　　超声波探伤报告

编号：×××

试验编号：×××

委托编号：×××

工程名称及施工部位	×××工程　三层梁、柱		
委托单位	××工程项目部	试验委托人	×××
构件名称	钢柱/钢梁	检测部位	梁柱对接焊缝
材质	Q345B	板厚（mm）	10、12、14
仪器型号	UFD—308	试块	RB-1
耦合剂	CMC	表面补偿	4D6
表面状况	打磨	执行处理	GB 11345—1989
探头型号	5P10×10　70°	探伤日期	××年×月×日

探伤结果及说明：

钢结构现场安装焊缝，经超声波检测未发现超标缺陷，符合《钢焊缝手工超声波探伤方法和探伤结果的分级》（GB 11345—1989）中规定的验收要求

焊缝评定合格

批准	×××	审核	×××	试验	×××
试验单位	×××试验室				
报告日期	××年×月×日				

注：本表由建设单位、施工单位、城建档案馆各保存一份。

表 5-28　　　　　　　　　　　　　　　**超声波探伤记录**

编号：×××

工程名称	×××工程				报告编号		×××			
施工单位	×××钢结构安装公司				检测单位		×××			
焊缝编号（两侧）	板厚（mm）	折射角（℃）	回波高度	*X*（mm）	*D*（mm）	*Z*（mm）	*L*（mm）	级别	评定结果	备注
11GL-1K-N	10	70	/	/	/	/	/	I	合格	
11GL-1J2-S	10	70	/	/	/	/	/	I	合格	
11GL-1G-S	12	70	/	/	/	/	/	I	合格	
11GL-4K-N	10	70	/	/	/	/	/	I	合格	

批准	审核	检测	检测单位名称（公章）
×××	×××	×××	
报告日期	××年×月×日		

注：本表由建设单位、施工单位、城建档案馆各保存一份。

表 5-29　　　　　　　　　　　　　　　**钢构件射线探伤报告**

编号：×××

试验编号：×××

委托编号：×××

工程名称					
委托单位		试验委托人			
检测单位		检测部位			
构件名称		构件编号			
材质		焊缝型式		板厚（mm）	
仪器型号		增感方式		像质计型号	
胶片型号		像质指数		黑度	
评定标准		焊缝全长		探伤比例与长度	

探伤结果：

底片编号	黑度	灵能度	主要缺陷	评级	示意图
					备注
批准		审核		试验	
试验单位					
报告日期					

课堂案例

根据本单元所学的内容，填写下列表格。

混凝土试块抗压强度统计、评定记录

工程名称	××工程	强度等级	C30
施工单位	××建筑工程公司	养护方法	标养
统计期	××年×月×日至××年×月×日	结构部位	主体 1～5 层墙柱

试块组数 n	强度标准值 $f_{cu,k}$（MPa）	平均值 mf_{cu}（MPa）	标准值 sf_{cu}（MPa）	最小值 $f_{cu,\min}$（MPa）	合格判定系数	
					$\lambda1$	$\lambda2$
13	30	46.52	8.84	36.1	1.70	0.90

每组强度值 MPa									
50.4	36.1	40.8	39.4	58	37.7	36.8	57.3	56.7	51.6
57.5	42.5	39.9							

评定界限	☑ 统计方法（二）			□ 非统计方法	
	$0.90f_{cu,k}$	$mf_{cu}-\lambda_1\times Sf_{cu}$	$\lambda_2\times f_{cu,k}$	$1.15f_{cu,k}$	$0.95f_{cu,k}$
	27	31.49	27		
判定式	$mf_{cu}-\lambda_1\times Sf_{cu}\geqslant 0.950f_{cu,k}$	$f_{cu,\min}\geqslant\lambda_2\times f_{cu,k}$		$f_{cu}\geqslant 1.15f_{cu,k}$	$f_{cu}\geqslant 0.95f_{cu,k}$
结果	31.49 > 27	36.1 > 27			

结论：

该批混凝土符合《混凝土强度检验与评定标准》（GBJ 107—2010）验评标准，评定为合格

批准	审核	统计
×××	×××	×××
报告日期	××年×月×日	

学习单元二　建筑工程施工质量验收记录

知识目标

了解分部（子分部）工程质量验收记录的相关内容及表格的填写要求。

技能目标

通过本单元的学习，掌握分项工程质量验收记录的相关内容。

基础知识

一、分项工程质量验收记录

分项工程填写要求见表 5-30，《分项工程质量验收记录》与《分项/分部工程报验申请》填表范例分别见表 5-31、表 5-32。

表 5-30　　分项工程质量验收流程

项目	主要内容
填表要求	（1）分项工程的验收在检验批验收的基础上进行。构成分项工程的各检验批的验收资料文件完整，并且均已验收合格，则可判定该分项工程验收合格。 （2）每一分项工程完工后，由专业监理工程师组织施工单位项目专业质量（技术）负责人等进行验收，并填写验收结论。填写《分项工程质量验收记录》《分项/分部工程报验申请表》等表。 （3）《分项工程质量验收记录》是在检验批验收的基础上进行归纳统计，没有实质性验收内容

表 5-31　　（室内给水管道及配件安装）分项工程质量验收记录（范例）

编号：×××

单位（子单位）工程名称	×××工程	结构类型	框架剪力墙
分部（子分部）工程名称	室内给水系统	检验批数	11
施工单位	××建筑工程公司	项目经理	×××
分包单位		分包项目经理	

序号	检验批名称及部位、区段	施工单位检查评定结果	监理（建设）单位验收结论
1	一层给水管道及配件安装	√	
2	二层给水管道及配件安装	√	
3	三层给水管道及配件安装	√	
4	四层给水管道及配件安装	√	
5	五层给水管道及配件安装	√	
6	六层给水管道及配件安装	√	同意验收
7	七层给水管道及配件安装	√	
8	八层给水管道及配件安装	√	
9	九层给水管道及配件安装	√	
10	十层给水管道及配件安装	√	
11	地下室给水管道及配件安装	√	

说明：

分项工程验收前已完成给水系统试压、冲洗和消毒。

续表

检查结论	符合设计要求和施工质量验收规范规定，检查评定结果合格。 项目专业技术负责人：××× ×年×月×日	验收结论	同意验收 监理工程师：××× （建设单位项目专业技术负责人） ×年×月×日

注：1. 地基基础、主体结构工程的分项工程质量验收不填写“分包单位”和“分包项目经理”。

2. 当同一分项两栏存在多项检验批时，应填写检验批名称。

表 5-32　　分项工程报验申请表（范例）

工程名称：×××工程　　编号：×××

致：　××监理公司　（监理单位）

我单位已完成了 ××层　③~⑨/~轴×××~×××m 全楼的室内给水管道及配件安装工作，现报上该工程报验申请表，请予以审查和验收。

（1）施工试验记录，共计 3 页。

（2）分部工程质量检验评定记录，共计 1 页。

（3）检验批质量验收记录，共计 11 页。

承包单位（章）××建筑工程公司

项目经理×××

日　期××年×月×日

审查意见：

（1）所报附件材料真实、齐全、有效。

（2）所报分项工程施工质量符合施工验收规范和设计要求。

综上所述，该分项工程施工质量评为合格。

项目监理机构××监理公司××项目监理部

总/专业监理工程师×××

日　期××年×月×日

注：本表由施工单位填报，监理单位、施工单位各存一份。分项、分部工程不合格，应通知施工单位限期整改，直至合格，分部工程应由总监理工程师签字。

二、分部（子分部）工程质量验收记录

以建筑给水排水及采暖分部工程为例，分部（子分部）质量验收记录填写内容见表 5-33。

表 5-33　　建筑给水排水及采暖分部工程所含的子分部、分项工程

序号	子分部工程	分项工程
1	室内给水系统	给水管道及配件安装、室内消火栓系统安装、给水设备安装、管道防腐、绝热
2	室内排水系统	排水管道及配件安装、雨水管道及配件安装

续表

序号	子分部工程	分项工程
3	室内热水供应系统	管道及配件安装、辅助设备安装、防腐、绝热
4	卫生器具安装	卫生器具安装、卫生器具给水配件安装、卫生器具排水管道安装
5	室内采暖系统	管道及配件安装、辅助设备及散热器安装、金属辐射板安装、低温热水地板辐射采暖系统安装、系统水压试验及调试、防腐、绝热
6	室外给水管网	给水管道安装、消防水泵接合器及室外消火栓安装、管沟及井室
7	室外排水管网	排水管道安装、排水管沟与井池
8	室外供热管网	管道及配件安装、系统水压试验及调试、防腐、绝热
9	建筑中水系统及游泳池系统	建筑中水系统管道及辅助设备安装、游泳池水系统安装
10	供热锅炉及辅助设备安装	锅炉安装、辅助设备及管道安装、安全附件安装、烘炉、煮炉和试运行、换热站安装、防腐、绝热

分部工程报验申请表范例见表5-34，分部（子分部）工程质量验收记录填表范例见表5-35。

表5-34　　分部工程报验申请表（范例）

工程名称：×××工程　　　　编号：×××

致：××监理公司（监理单位）

我单位已完成了××～××/××～××轴全楼建筑给水排水及采暖分部工程施工工作，现报上该工程报验申请表，请予以审查和验收。

附件：

分部工程质量检验评定记录，共计1页。

质量控制资料，共计1页。

安全和功能检验（检测）报告，共计5页。

观感质量验收，共计1页。

承包单位（章）××建筑工程公司

项目经理×××

日　　期××年×月×日

审查意见：

所报附件材料真实、齐全、有效。

所报分项工程施工质量符合施工验收规范和设计要求。

综上所述，该分部工程施工质量可评为合格。

项目监理机构××监理公司××项目监理部

总/专业监理工程师×××

日　　期××年×月×日

注：本表由施工单位填报，监理单位、施工单位各存一份。分项、分部工程不合格，应填写《不合格项处置记录》，分部工程应由总监理工程师签字。

表 5-35　（建筑给水排水及采暖）分部（子分部）工程质量验收记录表（范例）

工程名称	××工程	结构类型	框架	层数	六层
施工单位	××建筑工程公司	技术部门负责人	×××	质量部门负责人	×××
分包单位		分包单位负责人		分包技术负责人	
序号	子分部（分项）工程名称	分项工程（检验批）数	施工单位检查评定	验收意见	
1	给水管道及配件安装	4	√	各分项工程检验批验收合格，符合施工质量验收规范要求，同意进行下道工序	
2	室内消火栓系统安装	9	√		
3	给水设备安装	8	√		
4					
5					
6					
7					
8					
质量控制资料		质保资料基本齐全，符合要求		同意验收	
安全和功能检验（检测）报告		报告齐全，符合要求		同意验收	
观感质量验收		好		同意验收	
验收单位	分包单位	项目经理：		年　月　日	
	施工单位	项目经理：		年　月　日	
	勘察单位	项目负责人：		年　月　日	
	设计单位	项目负责人：		年　月　日	
	监理（建设）单位	所有子分项工程均为合格，质量、安全及功能检验（检测）报告齐全，观感质量验收为好，建筑给水排水及采暖分部工程验收合格。 总监理工程师 （建设单位项目专业负责人）　年　月　日			

注：1. 地基基础、主体结构分部工程质量验收不填写“分包单位”“分包单位负责人”和“分包技术负责人”。

2. 主体结构分部工程验收勘察单位应签认，其他分部工程验收勘察单位可不签认。

单位（子单位）工程质量控制资料核查记录，安全和功能检验资料核查及主要功能抽查记录，观感质量检查记录见表 5-36～表 5-38。

表 5-36　单位（子单位）工程质量控制资料核查记录

工程名称		××××工程	施工单位	××××建筑工程公司	
序号	项目	资料名称	份数	检查意见	核查人
1	建筑给排水及采暖	图纸会审、设计变更、洽商记录	43	齐全	×××
2		材料、配件出厂合格证及进场检（试）验报告	66	完整齐全	
3		管道、设备强度试验、严密性试验记录	71	正确齐全	
4		隐蔽工程验收表	25	正确齐全	
5		系统清洗、灌水、通水、通球试验记录	14	正确齐全	

续表

工程名称		××××工程	施工单位	××××建筑工程公司	
序号	项目	资料名称	份数	检查意见	核查人
6		施工记录	52	完整齐全	×××
7		分项、分部工程质量验收记录	88	齐全	
8					

结论：

符合施工质量验收规范和资料管理规程规定。

施工单位项目经理：×××　　　　总监理工程师：×××

××年×月×日　　　　（建设单位项目负责人）××年×月×日

表 5-37　　单位（子单位）工程安全和功能检验资料核查及主要功能抽查记录

工程名称		×××工程	施工单位		××××建筑工程公司	
序号	项目	安全和功能检查项目	份数	核查意见	抽查结果	核查人
1	建筑给排水及采暖	给水管道通水试验记录	43	合格	符合施工规范规定	×××
2		暖气管道、散热器压力试验记录	66	合格	符合施工规范规定	×××
3		卫生器具满水试验记录	71	合格	符合施工规范规定	×××
4		消防管道、燃气管道压力试验记录	25	合格	符合施工规范规定	×××
5		排水干管通球试验记录	14	合格	符合施工规范规定	×××
6		/				

结论：

符合设计要求和施工质量验收规范规定

施工单位项目经理：×××　　　　总监理工程师：×××

××年×月×日　　　　（建设单位项目负责人）××年×月×日

表 5-38　　单位（子单位）工程观感质量检查记录

工程名称		×××工程					施工单位				×××建筑工程公司			
序号	项目		抽查质量状况									质量评价		
												好	一般	差
1	给排水与采暖	管道接口、坡度、支架	○	○	○	○	○	○	○	○	○	○		√	
2		卫生器具、支架、阀门	√	○	○	○	√	○	○	○	○	○	√		
3		检查口、扫除口、地漏	○	○	○	√	○	○	○	○	√	○	√		
4		散热器、支架	○	○	○	○	○	○	○	×	×	√			√
检查结论	基本符合施工质量验收规范规定 施工单位项目经理：×××　　　　总监理工程师：××× ××年×月×日　　　　（建设单位项目负责人）××年×月×日													

学习单元三　智能建筑工程质量检查验收专用记录表

知识目标

（1）了解智能建筑工程质量检测验收专用记录的一般规定。

（2）熟悉工程实施及质量控制表。

技能目标

（1）通过本单元的学习，掌握智能建筑工程质量检测验收专用记录的填写方法。

（2）掌握本单元中的“填表说明”。

基础知识

一、智能建筑工程质量检测验收专用记录表的一般规定

智能建筑工程质量检测验收专用记录表的一般规定见表 5-39。

表 5-39　　智能建筑工程质量检测验收专用记录表的一般规定

项目	内容与要求
填表要求	（1）《智能建筑工程质量检测验收专用记录表》是《智能建筑工程质量验收规范》（GB 503392003）（以下简称《智能规范》）的配套表格。 （2）根据《智能规范》第 3.1.1 条的规定：“智能建筑工程质量验收应包括工程实施及质量控制、系统检测和竣工验收”，这套记录表使用于检测验收和竣工验收阶段，工程实施及质量控制阶段的表格可参考使用此记录表。 （3）表格所列内容为智能建筑工程中子分部工程及分项工程中的质量控制点，检测验收时应严格遵照执行。因不同的工程中分项工程不同或分项工程中内容有所不同，在检测验收时，可根据工程中的实际情况和需要有所调整。 （4）表格的编号：表格的编号应布置在表格的右上角，具体格式如下： 编号：×.0.×　—　×　×　×　× 表格序号 规范中各章编排号 《智能规范》附录中的表格编号 （5）在工程实施及质量控制阶段，工程质量由施工单位、监理单位/建设单位负责组织工程自检，自检内容可参考记录表。但自检时应逐项检查，不得改为抽检。 自检项目表格的编号可援引表格的统一编号规定，但在最后应加上“（自检）”，例如：表×．0．×——××　××（自检） （6）全部验收记录表均为整个工程的重要文档，要认真填写，检测验收负责人应对表格填写内容签字并负责

二、工程实施及质量控制表

工程实施及质量控制表填表说明见表 5-40。

表 5-40　　工程实施及质量控制表填表说明

项目	内容与要求
填表要求	（1）根据《智能规范》3.2 节中对产品质量检查的要求和《智能规范》第 3.3.4 条第和第 3.3.5 条的规定，填写《设备材料进场检验表》（见表 5-41）。 （2）根据《智能规范》第 3.3.6 条的规定，填写《隐蔽工程（随工检查）验收表》（见表 5-42）。 （3）当需要对设计进行必要的变更时，应填写《更改审核表》（见表 5-43）。 （4）根据《智能规范》第 3.3.7 条的规定，填写《工程安装质量及观感质量验收记录》（见表 5-44）。 （5）根据各系统的试运行要求，由建设单位或使用单位填写《系统试运行记录》（见表 5-45）

表 5-41　　设备材料进场检验表

系统名称：综合布线系统　　工程施工单位：×××公司　　编号：×××

序号	产品名称	规格、型号、产地	主要性能/功能	数量	包装及外观	检测结果		备注
						合格	不合格	
1	超五类非屏蔽信息模块	N420.416	见检测报告	300	合格	√		检测报告、记录齐全

施工单位人员签名：×××	监理工程师（或建设单位）签名：×××	检测日期：××年×月×日

注：1. 在检查结果栏，按实际情况在相应空格内打“√”，左列打“√”视为合格，右列打“√”视为不合格。

2. 备注格内填写产品的检测报告和记录是否齐备。

表 5-42　　隐蔽工程（随工检查）验收表

系统名称：综合布线系统　　编号：×××

建设单位		施工单位		监理单位
×××公司		×××公司		×××公司
隐蔽工程（随工检查）内容与检查	检查内容	检查结果		
		安装质量	楼层（部位）	图号
	暗配管	√	三层	弱电 7
验收意见：符合相关验收规范及图纸要求				

续表

建设单位/总包单位	施工单位	监理单位
验收人：×××	验收人：×××	验收人：×××
日期：××年×月×日	日期：××年×月×日	日期：××年×月×日
盖章：	盖章：	盖章：

注：1. 检查内容包括：①管道排列、走向、弯曲处理、固定方式；②管道连接、管道搭铁、接地；③管口安放护圈标识；④接线盒及桥架加盖；⑤线缆对管道及线间绝缘电阻；⑥线缆接头处理等。

2. 检查结果的安装质量栏内，按检查内容序号，合格的打"√"，不合格的打"×"，并注明对应的楼层（部位）、图号。

3. 综合安装质量的检查结果，在验收意见栏内填写验收意见并扼要说明情况。

表 5-43　　更改审核表

系统（工程）名称：综合布线系统　　编号：×××

更改内容	更改原因	原为	更改为
三层经理办公室增加数据点	建设单位要求	1 个数据点	3 个数据点

申请：××× 日期：××年×月×日	分发单位	×××公司
审核：××× 日期：××年×月×日		×××公司
批准：××× 日期：××年×月×日		
更改实施日期：××年×月×日		

表 5-44　　工程安装质量及观感质量验收记录

系统（工程）名称：综合布线系统　　施工单位：×××公司　　编号：×××

设备名称	项目	要求	方法	主观评价	检查结果		抽查百分数
					合格	不合格	
100 对 110 语音配线架	模块安装	平整牢固	目测	符合要求	√		50%

续表

设备名称	项目	要求	方法	主观评价	检查结果		抽查百分数
					合格	不合格	
检查结果	100%			安装质量检查结论	合格		

注：1. 在检查结果栏，按实际情况在相应空格内打“√”（左列打“√”，视为合格；右列打“√”，视为不合格）。

2. 检查结果：K_s（合格率）=合格数/项目检查数（项目检查数如无要求或实际缺项未检查的，不计在内）。

3. 检查结论：K_s（合格率）≥0.8，判为合格；K_s＜0.8，判为不合格；必要时作简要说明。

4. 主观评价栏内填写主观评价意见，分“符合要求”和“不符合要求”；不符合要求者注明主要问题。

表 5-45　　系统试运行记录

系统名称：建筑设备监控系统　　建设（使用）单位：×××公司

施工单位：×××公司　　编号：×××

日期/时间	系统运行情况	备注	值班人
××年 6 月 6 日～××年 7 月 6 日	正常		×××
值班长签名：×××		建设单位代表签名：×××	

注：系统运行情况栏中，注明正常/不正常，并每班至少填写一次；不正常的在备注栏内扼要说明情况（包括修复日期）

三、检测记录

检测记录填表说明见表 5-46。

表 5-46　　　　监测记录填表说明

项目	内容与要求
填表要求	（1）本套记录表列出各子分部工程及分项工程中检测项目和内容。具体采用时，检测机构可根据不同的工程涵盖内容，对表格内容作出适当调整。 （2）根据《智能规范》第 3.4.5 条的规定，填写表 5-47～表 5-52（其中表 5-49 和表 5-51 为填表说明）

表 5-47　　　　智能建筑工程分项工程质量检测记录表

编号：×××

单位（子单位）工程名称	×××大厦	子分部工程	通信网络系统
分项工程名称	会议电视系统	验收部位	三层会议室
施工单位	×××公司	项目经理	×××
施工执行标准名称及编号	智能建筑工程施工工艺标准（GB50606—2010）		
分包单位		分包项目经理	
检测项目及抽检数量	检测记录		备注
1　单机测试	符合设计及说明书要求		

检测意见：合格

监理工程师签字：×××　　　　检测机构负责人签字：×××

（建设单位项目专业技术负责人）

日期：××年×月×日　　　　日期：××年×月×日

表 5-48　　子系统检测记录

编号：×××

系统名称	安全防范	子系统名称	入侵报警	序号	01	检测部位	一层
施工单位	×××公司					项目经理	××
执行标准名称及编号	《智能建筑工程质量验收规范》（GB 50339—2003）						
分包单位				分包项目经理			

	系统检测内容	检测规范的规定	系统检测评定记录	检测结果		备注
				合格	不合格	
主控项目	探测器设置	探测器盲区	无盲区	√		
一般项目						
强制性条文						

检测机构的检测结论：合格

检测负责人：×××　　　　××年×月×日

注：1. 检测结果栏中，左列打“√”为合格，右列打“√”为不合格。

2. 备注栏内填写检测时出现的问题。

表 5-49　　强制措施条文检测记录填表说明

项目	内容与要求
《智能规范》相关条文	5.5.2 计算机信息系统安全专用产品必须具有安全部计算机管理监察部门审批颁发的“计算机信息系统安全专用产品销售许可证”；特殊行业有其他规定时，还应遵守行业的有关规定。 5.5.3 如果与因特网连接，智能建筑网络安全系统必须安装防火墙和防病毒系统。 7.2.6 检测消防控制室向建筑设备监控系统传播、显示火灾报警信息的广致件和可靠性，检测与建筑设备监控系统的接口、建筑设备监控系统对火灾报警的响应及其火灾运行模式，应采用在现场模拟发出火灾报警信号的方式进行。 7.2.9 新型消防设施的设置情况及工程检测应包括： （1）早期烟雾探测火灾报警系统， （2）人空间早期火灾智能检测系统、大空间红外图像矩阵火灾报警及灭火系统； （3）可燃气体泄漏报警及联动控制系统。 7.2.11 安全防范系统中相应的视频安防监控（录像、录音）系统、门禁系统、停车场（库）管理系统等对火灾报警的响应及火灾模式操作等功能的检测，应采用在现场模拟发出火灾报警信号的方式进行。 11.1.7　电源与接地系统必须保证建筑物内各智能化系统的正常运行和人身、设备安全

表 5-50　　　　强制措施条文检测记录

编号：×××

工程名称	×××大厦			结构类型	框架
建设单位	×××公司			受检部位	
施工单位	×××公司			负责人	×××
项目经理	×××	技术负责人	×××	开工日期	××年×月×日
执行标准名称及编号	《智能建筑工程施工质量验收规范》（GB 50339—2003）				

条号	项目	检查内容	判定			
5.5.2	防火墙和防病毒软件	检查产品销售许可证及符合相关规定	A			
5.5.3	智能建筑网络安全系统检查	防火墙和防病毒软件的安全保障功能及可靠性	A			
7.2.6	检测消防控制室向建筑设备监控系统传输、显示火灾报警信息的一致性和可靠性	（1）检测与建筑设备监控系统的接口 （2）对火灾报警的响应 （3）火灾运行模式		B		
7.2.9	新型消防设施的设置及功能检测	（1）早期烟雾火灾报警系统 （2）大空间早期火灾智能检测系统 （3）大空间红外图像矩阵火灾报警及灭火系统 （4）可燃气体泄漏报警及联动控制系统		B		
7.2.11	安全防范系统对火灾自动报警的响应及火灾模式的功能检测	（1）视频安防监控系统的录像、录音响应 （2）门禁系统的响应 （3）停车场（库）的控制响应 （4）安全防范管理系统的响应			C	
11.1.7	电源与接地系统	（1）引接验收合格的电源和防雷接地装置 （2）智能化系统的接地装置 （3）防过流与防过压元件的接地装置 （4）防电磁干扰屏蔽的接地装置 （5）防静电接地装置				D

☼小技巧

A 表示符合强制性标准；B 表示可能违反强制性标准，经检测单位检测，设计单位核定后，再判定；C 表示违反强制性标准；D 表示严重违反强制性标准。

由多项内容组成为一条的强制性条文，取最低级判定为条的判定。

表 5-51　　　　系统（分部工程）检测汇总表相关条文

项目	条文内容
8.3.5 视频安防监控系统的检测	1. 检测内容： （1）系统功能检测：云台转动，镜头、光圈的调节，调焦、变倍，图像切换，防护罩功能的检测 （2）图像质量检测：在摄像机的标准照度下进行图像的清晰度及抗干扰能力的检测；检测方法：按本规范第 4.2.9 条的规定对图像质量进行主观评价，主观评价应不低于 4 分；抗干扰能力按《安防视频监控系统技术要求》（GA/T 367）进行检测 （3）系统整体功能检测。功能检测应包括视频安防监控系统的监控范围、现场设备的接人率及完好率；矩阵监控主机的切换、控制、编程、巡检、记录等功能

续表

项目	条文内容
8.3.5 视频安防监控系统的检测	对数字视频录像式监控系统还应检查主机死机记录、图像显示和记录速度、图像质量、对前端设备的控制功能以及通信接口功能、远端联网功能等 对数字硬盘录像监控系统除检测其记录速度外，还应检测记录的检索、回放等功能； （4）系统联动功能检测。联动功能检测应包括与出入口管理系统、入侵报警系统、巡更管理系统、停车场（库）管理系统等的联动控制功能 （5）食品安防监控系统的图像记录保存时间应满足管理要求 2. 摄像机抽检的数量应不低于20%且不少于3台，摄像机数量少于3台时应全部检测；被抽检设备的合格率100%时为合格；系统功能和联动功能全部检测，功能符合设计要求时为合格，合格率100%时为系统功能检测合格
8.3.6 入侵报警系统（包括周界入侵报警系统）的检测	1. 检测内容： （1）探测器的盲区检测，防动物功能检测 （2）探测器的防破坏功能检测应包括报警器的防拆报警功能，信号线开路、短路报警功能，电源线被剪的报警功能 （3）探测器灵敏度检测 （4）系统控制功能检测应包括系统的撤防、布防功能，关机报警功能，系统后备电源自动切换功能等 （5）系统通信功能检测应包括报警信息传输、报警响应功能 （6）现场设备的接人率及完好率测试 （7）系统的联动功能检测应包括报警信号对相关报警现场照明系统的自动触发、对监控摄像机的自动启动、视频安防监视画面的自动调入、相关出口的自动启闭、录像设备的自动启动等 （8）报警系统管理软件（含电子地图）功能检测 （9）报警信号联网上传功能的检测 （10）报警系统报警事件存储记录的保存时间应满足管理要求 2. 探测器抽检的数量应不低于20%且不少于3台，探测器数量少于3台时应全部检测；被检测设备的合格率100%时为合格；系统功能和联动功能全部检测，功能符合设要求时为合格，合格率100%时为系统功能检测合格
8.3.7 出入口控制（门禁）系统的检测	1. 检测内容： （1）出入口控制（门禁系统的功能检测） ① 系统主机在离线的情况下，出入口（门禁）控制器独立工作的准确性、实时性和储存信息的功能 ② 系统主机对出入口（门禁）控制器在线控制时，出入口（门禁）控制器工作的准确性、实时性和储存信息的功能，以及出入口（门禁）控制器和系统主机之间的信息传输功能 ③ 检测掉电后，系统启用备用电源应急工作的准确性、实时性和信息存储和恢复能力 ④ 通过系统主机、出入口（门禁）控制器及其他控制终端，实施监控出入控制点的人员状况 ⑤ 系统对非法强行入侵及时报警的能力 ⑥ 检测本系统与消防系统报警时的联动功能 ⑦ 场设备的接人率及完好率测试 ⑧ 出入口管理系统的数据存储记录保存时间应满足管理要求 （2）系统的软件检测 ① 演示软件的所有功能，以证明软件功能与任务书和合同书要求一致 ② 根据需求说明书中规定的性能要求，包括时间、适应性、稳定性等以及图形化界面友好程度，对软件逐项进行测试；对软件的检测按本规范第3.2.6条中的要求执行

续表

项目	条文内容
8.3.7 出入口控制（门禁）系统的检测	③ 对软件系统操作的安全性进行测试，如系统操作人员的分级授权、系统操作人员操作信息的存储记录等 ④ 在软件测试的基础上，对被验收的软件进行综合评审，给出综合评审结论，包括：软件设计与需求的一致性、程序与程序设计的一致性、文档（含软件培训、教材和说明书）描述与程序的一致性、完整性、准确性和标准化程度等 2. 出入口控制器抽检的数量应不低于 20%且不低于 3 台，数量少于 3 台时应全部检测；被抽检设备的合格率 100%时为合格；系统功能和软件全部检测，功能符合设计要求为合格，合格率为 100%时为系统功能检测合格
8.3.8 巡更管理系统的检测	1. 检测内容： （1）按照巡更路线图检查系统的巡更终端、读卡机的响应功能 （2）现场设备的接入率和完好率测试 （3）检查巡更管理系统编程、修改功能以及撤防、布防功能 （4）检查系统的运行状态、信息传输、故障报警和指示故障位置的功能 （5）检查巡更管理系统对巡更人员的监督和记录情况、安全保障措施和对意外情况及时报警的处理手段 （6）对在线联网式巡更管理系统还需要检查电子地图上的显示信息，遇有故障的报警信号以及和视频安防监控系统等的联动功能 （7）巡更系统的数据存储记录保存时间应满足管理要求 2. 巡更终端抽检的数量应不低于 20%且不少于 3 台，探测器数量少于 3 台时应全部检测，被抽检设备的合格率为 100%时为合格；系统功能全部检测，功能符合设计要求为合格，合格率为 100%时为系统功能检测合格
8.3.9 停车场（库）管理系统的检测	1. 检测内容： 停车场（库）管理系统功能检测应分别对入口管理系统、出口管理系统和管理中心的功能进行检测 （1）车辆探测器对出入车辆的探测灵敏度检测，抗干扰性能检测 （2）自动栅栏升降功能检测，防砸车功能检测 （3）读卡器功能检测，对无效卡的识别功能；对非接触 IC 卡读卡器还应检测读卡器距离和灵敏度 （4）发卡（票）器功能检测，吐卡功能是否正常，入场日期、时间等记录是否正确 （5）满位显示器功能是否正常 （6）管理中心的计费、显示、收费、统计、信息储存功能的检测 （7）出/入口管理监控站及管理中心站的通信是否正常 （8）管理系统的其他功能，如“防折返”功能检测 （9）对具有图像对比功能的停车场（库）管理系统应分别检测出/入口车牌和车辆图像记录的清晰度、调用图像信息的符合情况 （10）检测停车场（库）管理系统与消防系统报警时的联动功能；电视监控系统摄像机对进出车库车辆的监视等 （11）空车位及收费显示 （12）管理中心监控站的车辆出入数据记录保存时间应满足管理要求 2. 停车场（库）管理系统功能应全部检测，功能符合设计要求为合格，合格率为 100%时为系统功能检测合格 其中，车牌识别系统对车牌的识别率达 98%时为合格

表 5-52　　系统（分部工程）检测汇总表

系统名称：安全防范系统　　施工单位：×××公司　　编号：×××

子系统名称	序号	内容及问题		检测结果	
				合格	不合格
视频安防监控系统	1	规范 8.3.5	合格	√	
入侵报警系统	2	规范 8.3.6	合格	√	
出入口控制系统	3	规范 8.3.7	合格	√	
巡更管理系统	4	规范 8.3.8	合格	√	
停车场管理系统	5	规范 8.3.9	合格	√	
检测机构项目负责人签名：×××			检查结论	合格	
检测人员签名：×××				检测日期：××年×月×日	
注：在检测结果栏，按实际情况在相应空格内打“√”（左列打“√”，视为合格；右列打“√”，视为不合格）					

四、分部（子分部）工程竣工验收记录

分部（子分部）工程竣工验收记录填表说明见表 5-53。

表 5-53　　分部（子分部）工程竣工验收记录填表说明

项目	内容与要求
填表要求	（1）根据《智能规范》第 3.5.3 条的要求填写表 5-54 和表 5-55 （2）验收机构可根据需要增加检查验收内容，但表中多列内容必须进行逐项检查验收

表 5-54　　资料审查

系统名称：智能建筑分部工程　　编号：×××

序号	审查内容	审查结果				备注
		完整性		准确性		
		完整（或有）	不完整（或无）	合格	不合格	
1	工程合同技术文件	√		√		
2	设计更改审核	√		√		
3	工程实施及质量控制检验报告及记录	√		√		
4	系统检测报告及记录	√		√		
5	系统的技术、操作和维护手册	√		√		
6	竣工图及竣工文件	√		√		
7	重大施工事故报告及处理	√		√		

续表

<table>
<tr><th rowspan="3">序号</th><th rowspan="3">审查内容</th><th colspan="4">审查结果</th><th rowspan="3">备注</th></tr>
<tr><th colspan="2">完整性</th><th colspan="2">准确性</th></tr>
<tr><th>完整（或有）</th><th>不完整（或无）</th><th>合格</th><th>不合格</th></tr>
<tr><td>8</td><td>监理文件</td><td>√</td><td></td><td>√</td><td></td><td></td></tr>
<tr><td></td><td></td><td></td><td></td><td></td><td></td><td></td></tr>
<tr><td></td><td></td><td></td><td></td><td></td><td></td><td></td></tr>
<tr><td></td><td></td><td></td><td></td><td></td><td></td><td></td></tr>
<tr><td></td><td></td><td></td><td></td><td></td><td></td><td></td></tr>
<tr><td colspan="2">审查结果统计：
共 8 项，全部合格</td><td colspan="5">审查结论：合格</td></tr>
<tr><td colspan="7">审查人员签名：×××　　日期：××年×月×日</td></tr>
</table>

注：1. 在审查结果栏，按实际情况在相应的空格内打“√”（左列打“√”，视为合格；右列打“√”，视为不合格）

2. 存在的问题，在备注栏内注明

3. 根据行业要求，验收组可增加竣工验收要求的文件，填在空格内

注：本表由验收机构负责填写。

表 5-55　　竣工验收结论汇总

系统名称：智能建筑分部工程　　施工单位：×××公司　　编号：×××

工程实施及质量控制检验结论	通过	验收人签名：×××　××年×月×日
系统检测结论	通过	验收人签名：×××　××年×月×日
系统检测抽检结果	通过	验收人签名：×××　××年×月×日
观感质量验收	通过	验收人签名：×××　××年×月×日
资料审查结论	通过	验收人签名：×××　××年×月×日
人员培训考评结论	通过	验收人签名：×××　××年×月×日
运行管理队伍及规章制度审查	通过	验收人签名：×××　××年×月×日
设计等级要求评定	通过	验收人签名：×××　××年×月×日
系统验收结论	通过	验收小组（委员会）组长签名：××× 日期：××年×月×日

建议与要求：

验收组长、副组长（主任、副主任）签名：×××　×××

注：1. 本汇总表须附《智能建筑工程质量验收规范》附录 D 中所有表格，行业要求的其他文件及出席验收会与验收机构人员名单（签到）

2. 验收结论一律填写“通过”或“不通过”

学习案例

某一建设工程屋面分部工程完工后，建设单位项目专业负责人组织相关单位对屋面分部工程质量进行验收：屋面找平层、保温层，屋面卷材、涂膜防水层，密封材料嵌缝、细石混凝土屋面等分项工程均检验两批，评定结果均为合格。

想一想

1. 请填写本分部工程质量验收记录内容。
2. 参加验收的单位有哪些？

屋面分部工程质量验收记录

工程名称		机构类型	框剪	层数	地上 1 ~ 12 层
分包单位					
序号	分项工程名称	检验批数	施工单位检查评定记录		验收意见
1		2	合格		（内容略）
2		2	合格		
3		2	合格		
质量控制资料			完整		完整
安全和功能检验报告			完整		完整
观感质量验收情况			略		

案例分析

1. 屋面分部工程质量验收记录。

工程名称		机构类型	框剪	层数	地上1 ~ 12层
施工单位		技术部门负责人		质量部门负责人	
分包单位		分包单位负责人		分包技术负责人	
序号	分项工程名称	检验批数	施工单位检查评定记录		验收意见
1	屋面找平层、保温层	2	合格		（内容略）
2	屋面卷材、涂膜防水层	2	合格		
3	密封材料嵌缝、细石混凝土屋面	2	合格		
质量控制资料			完整		完整
安全和功能检验报告			完整		完整
观感质量验收情况			略		

2. 验收单位有：①分包单位；②施工单位；③勘察单位；④设计单位；⑤监理（建设单位）。

知识拓展

分部（子分部）工程质量验收要求

分部（子分部）工程的验收内容、程序都是一样的，可以一个子分部、一个子分部地进行质量验收，然后将各子分部的质量控制资料进行核查，对建筑给水排水及采暖分部工程有关安全及功能的检验和抽样检测结果的资料核查、进行观感质量评价等。

子分部工程质量验收由监理工程师组织施工单位项目负责人、专业项目负责人、设计单位项目负责人进行验收，对全部分项工程、质量管理、使用功能、观感质量等内容进行验收，共同签署验收意见。

分部工程质量验收由施工单位填写，验收结论由监理单位填写。对子分部工程质量验收、质量管理资料核查、安全、卫生和主要使用功能核查抽查结果、观感质量验收等方面进行检查。综合验收结论由参加验收各方共同商定，建设单位填写，填写内容应对工程质量是否符合设计和《建筑给水排水及采暖工程施工质量验收规范》（GB 50242—2002）要求及总体质量作出评价，四方签字盖章确认。

对有关安全及功能的检测和抽样检测结果的验收内容包括安全及功能和两个方面的检测资料。抽测检测项目在《建筑给水排水及采暖工程施工质量验收规范》（GB 50242—2002）中有明确规定。

分部（子分部）工程的观感质量检查，是经过现场工程的检查，由检查人员共同确定评价的“好、一般、差”。在进行检查时，要注意一定在现场，将工程的各个部位全部看到，能操作的应操作，观察其方便性、灵活性和有效性等；能打开观看的应打开观看，不能只看“外观”，应全面了解分部（子分部）的实物质量。观感质量只是辅助项目，评价内容只有项目，无具体化标准，由检查评价人员宏观掌握，如果没有较明显达不到要求的，就可以评“一般”；如果某些部位质量较好，细部处理到位，就可评“好”；如果有的部位达不到要求，或有明显的缺陷，但不影响安全或使用功能的，则评为“差”。评为差的项目能进行返修的应进行返修，不能返修的只要不影响结构安全和使用功能的可通过验收。有影响安全或使用功能的项目，不能评价，应修理后再评价。评价时，施工单位应先自行检查合格后，由监理单位验收。参加评价的人员应具有相应资格，由总监组织、专业监理工程师参加，在听取其他参加人员的意见后，共同作出评价，但总监理工程师的意见应为主导意见。

单位（子单位）工程质量竣工验收时，还要求主要功能项目的抽查结果应符合相关专业质量验收规范的规定。其主要功能抽测项目应为有关项目最终的综合性使用功能。通常监理单位应在施工过程中，提醒将抽测的项目在分部、子分部工程检查和验收时进行，来保证和验证工程的综合质量和最终质量。多数情况是施工单位检测时，监理、建设单位有关负责人都参加，不再重复检测，防止造成不必要的浪费及对工程的损害。主要功能抽测项目进行，可对照该项目的检测记录逐项核查，可重新做抽测记录表，也可以不形成抽测记录，在原检测记录上注明签认。

情境小结

本学习情境介绍了建筑工程施工试验记录，主要包括：土建工程施工试验记录、建筑工程施工质量验收记录和智能建筑工程质量检查验收专用记录。

土建工程施工试验记录讲述了施工试验记录、回填土施工试验记录、钢筋连接试验报告、砌筑砂浆施工试验记录、混凝土施工试验记录、支护工程施工试验记录、桩基（地基）工程施工试验记录、预应力工程施工试验记录、木结构工程施工试验记录、幕墙工程施工试验记录、建筑装饰装修工程施工试验记录和钢结构工程施工试验记录。

建筑工程施工质量验收记录讲述了分项工程质量验收记录和分部（子分部）工程质量验收记录。

智能建筑工程质量检查验收专用记录讲述了智能建筑工程质量检测验收专用记录表的一半规定、工程实施及质量控制表、检测记录及分部（子分部）工程竣工验收记录。

学习检测

一、填空题

1. 在完成检验批的过程中，由________负责人制作施工试验试件，之后送至具备相应检测资质等级的检测单位进行试验。

2. 必试试验项目包括：________、________、________。

3. 分项工程的验收在__________的基础上进行。

4. 根据《智能规范》第 3.3.6 条规定，填写__________。

5. 在工程实施及质量控制阶段，工程质量由________、________或________负责组织工程自检。

二、单项选择题

1. 隐蔽工程在隐蔽前应由（　　）通知有关单位进行验收。

A. 建设单位　　B. 监理单位　　C. 施工单位　　D. 设计单位

2. 电阻点焊必试试验项目有（　　）。

A. 抗拉强度　　B. 弯曲试验　　C. 梁板的水平筋连接　　D. 抗剪强度

E. 抗寒强度

3. 支护工程施工试验报告由具备相应资质等级的（　　）出具后随相关资料进入资料流程。

A. 建设单位　　B. 监理单位　　C. 检测单位　　D. 设计单位

4. 根据《智能规范》第 3.1.1 条的规定：智能建筑工程质量验收应包括（　　），这套记录表被使用于检测验收和竣工验收阶段，工程实施及质量控制阶段的表格可参考使用此记录表。

三、简答题

1. 简述施工试验记录的相关规定与要求。

2. 简述钢筋电阻点焊的内容。

3. 简述分项工程质量验收记录的填表要求。

4 简述视频安防监控系统的检测内容。

5. 简述出入口控制（门禁）系统的检测内容。

参考文献

[1] 宁平. 资料员岗位技能图表详解. 上海：上海科学技术出版社，2013.

[2] 本书编委会. 建筑工程资料员一本通. 哈尔滨：哈尔滨工程大学出版社，2008.

[3] 本书编委会. 资料员.《建筑施工企业关键岗位技能图解系列丛书》. 哈尔滨：哈尔滨工程大学出版社，2008.

[4] 北京建设委员会，北京市规划委员会. 建设工程资料管理规程（DBJ 01-51—2003）.

[5] 蔡高全. 建筑安装工程施工技术资料管理实例应用手册（第 2 版）. 北京：中国建筑工业出版社，2003.

[6] 建筑施工手册编写组. 建筑施工手册（第 4 版）. 北京：中国建筑工业出版社，2003.

[7] 国家标准—建设工程文件归档整理规范（GB/T 50328—2001）. 北京：中国建筑工业出版社，2002.

[8] 中国建设教育协会. 资料员专业管理实务. 北京：中国建筑工业出版社，2007.

[9] 戴成元. 资料员速学手册. 北京：化学工业出版社，2010.

[10] 高航海. 资料员工作表格填写范例. 北京：中国建材工业出版社，2010.

[11]《现场资料员岗位通》编委会. 现场资料员岗位通. 北京：北京理工大学出版社，2009.

[12]《资料员一本通》编委会. 资料员一本通. 北京：中国建材工业出版社，2008.

[13] 陈洪刚. 毕业就当资料员. 北京：中国电力出版社，2011.

[14] 吴金华. 资料专业管理实务. 北京：中国电力出版社，2011.

[15] 陈远吉，等. 资料员. 南京：江苏人民出版社，2012.

[16] 郭丽峰. 资料员. 北京：化学工业出版社，2008.

[17] 吕宗斌. 建筑工程资料管理. 武汉：武汉理工大学出版社，2005.

[18] 建筑工程资料管理规程（JGJ/T184—2009）. 北京：中国建筑工业出版社，2009.